新訳

神道神話の精神

J・W・T・メーソン
高橋ゆかり 訳 鎌田東二 監修・解説

作品社

新訳　神道神話の精神

日本の人々に捧ぐ

新訳　神道神話の精神＊目次

新訳　神道神話の精神　7

附録　265

凡例

一、本書はJ. W. T. Mason, *The Spirit of Shinto Mythology* (Tokyo: Fuzambo, 1939) の全訳である。

一、原註は◆印、訳註は▼印を付けた数字で示し、原註は巻末、訳註は左頁に掲載した。

一、〔 〕は訳者による補足である。

一、『古事記』と『日本書紀』の引用は、倉野憲司校注『古事記』、坂本太郎・家永三郎・井上光貞・大野晋校注『日本書紀』（ともに岩波文庫）を参照・使用した。漢字の旧字体は新字体に改めている。現代語訳は諸訳を踏まえて訳者が付した。

一、神名はカタカナ表記とし、各章の初出箇所は（ ）で漢字表記を併記した。原文で"Ama-terasu-oho-mi-Kami"または"Amaterasu"と記されているアマテラスオオミカミは、引用文を除き「天照大神」の漢字表記に統一した。

一、必要と思われる箇所には原文の英語を併記した。

一、附録として、アンリ・ベルクソンからJ・W・T・メーソンに宛てた書簡、メーソンのベルクソン訪問記、メーソンの講演録「ベルクソンと神道」を収録した。いずれも米国コロンビア大学C・V・スター東亜図書館所蔵の資料（一部は今岡信一良氏が所蔵し、後に同図書館に寄託されたもの）である。

一、ベルクソンの書簡は、二十通のうち五通（一九二六年十二月二十三日、同年十二月二十五日、一九三〇年十二月二十九日、一九三一年十二月十一日、一九三四年十月八日）は英語、それ以外の十五通はフランス語であり、いずれも手書きの原資料を訳出した。

一、書簡の封筒の住所や宛名は日本語式に順番を改めた。

一、メーソンによる訪問記や講演録は、タイプライターで打たれた英文原稿（「訪問記」一九三一年十二月十四日のみ手書き）を訳出した。

一、附録中の太字の日付は、ベルクソンの書簡は執筆日、メーソンの訪問記は訪問日。

新訳　神道神話の精神

序

神道神話の原初の作者たちは、分析家でも知識人でもなかった。彼らは新しい考えや進歩に関心を持つ大胆な活動家たちだった。人間関係や宇宙について思索した結果ではなく、潜在意識から湧き上がる実在の直観や内なる知識を物語にすることによって、彼らは生の根本概念を口承の形で表した。こうした直観的で精神的《スピリチュアル》な実在の理解と遠い昔の歴史的な出来事に関するおぼろげな記憶が結びついて、神道神話は形成されたのである。

太古の精神的真理の探求者たちにとって、物事の矛盾は問題ではなかった。神話でも哲学や科学でも同じように、矛盾とは実在の部分的な表出から生じる差異である。生命が自らとそれを取り巻く宇宙について有する直接の内なる知識は、自己表現の方法を間欠的に見いだすものであり、決して全詳細に及ぶことはない。神話は研究室の実験で真理の微光を放つようなものであるから、調和や一致の方法が見つかるまでは、矛盾があるように思えるだろう。

神話の作者たちが知的に分析することの少なければ少ないほど、合理的かつ厳密であろうとする関心が少なければ少ないほど、潜在意識的な知識はより自然に、自発的に表面化する。恣意的な自覚意識が内面から流れ出る知識の泉を分析しようとすればするほど、結果はより作為的になる。だが、自覚意識が先入観にとらわれることなく柔軟性を保っていれば、知性はより潜在意識的な意味に共鳴し、神話の意図を理解できるようになる。しかし、神話の作者が論理の正確さを実現しようとする自覚意識的な努力は、真理の流れを妨げてしまう。

神話の中には自覚意識の影響をより強く受けているものもあるが、神道の神話はこの点で比較的純粋である。それは日本人が自覚意識や自己表現を重点的に発達させてこなかったためである。日本人は環境や内面の働きに対する直接の反応により多く依拠してきた。そのため古代の神道の伝承は、中世や現代におけるさまざまな変化や影響の下に本来の意味を埋没させることがなかったのである。神話は過去幾世紀となく同じ形で今日もなお存在している。従って、伝承の内なる意味を求めることによって日本人の原始的心性《メンタリティ》に触れることができる。原始的とは、自覚意識的には未発達であるが、深遠な潜在意識的行動力と探求心を有するという意味である。

神道神話に登場するすべてのものが太古の日本人にとって有意義であった。そうでなければ、受け継がれてきた伝統の一部を形成するほど長く存続することはなかっただろう。しかし、われわれは原始的心性を見下すような偏見に満ちた自覚意識をもって神話に接するから、その意味が分からないのである。神道神話の精神を探求するには、真摯でなければならない。すなわち、より優れた心性を持つ者としてではなく、むしろ潜在意識が自己を現実世界に適応させるために獲得した生命と宇宙に関する知識を探し求める者として臨むべきである。伝説というのは、原作者にとっては理にかなった正常なものと思われていたことを常に忘れてはならない。

しかし、その探求には特別な困難が伴う。なぜなら神道の神話は生命の精神的解釈と日本文化の起源の歴史が結びついているからである。神話の中で名前が挙げられる人物はしばしば錯綜したいくつもの意味を持ち、それぞれが相互に独立している。二重人格は現代心理学で周知の事実であり、現実生活における二重人格は、当面の間どちらの人格が優勢であっても、その行動はつじつまが合う。けれども神道神話では、一個人の中に三重人格、四重人格が存在するため、ある人格が別の人格に入り込んでくるような物語では、行動が複雑化する。▼1 一つの行動が精神的と物質的の両方の意味を持つかもしれず、天気模様と同時に農業への影響、さらには部族間の争いを象徴するかもしれない。火を水で消すこと、征服を果たした英雄、海上の遠征、あるいは鉄の発見を表すものとして刀剣が用いられるかもしれない。原始的な生命観の洞察を深めるには、このような重なり合った意味を丁寧に分離していく必要がある。

　神道神話の根本となるのは、『古事記』と『日本書紀』の二書である。『古事記』の編纂者は『日本書紀』の作者よりも中国の影響を受けていないため、『古事記』のほうが本来の日本人の思想に近い。そのため本書では、『古事記』の本文を基本的な典拠としている。ただし、『古事記』には明らかな親九州的傾向があることを考慮しなければならない。『日本書紀』は『古事記』よりも詳細であり、同じ出来事に関して複数の異伝がある場合が多いため、意味を追究する上で役立つ。とはいえ、『日本書紀』は時に原始的伝承に対して合理的記述を加えている。それは純神道ではなく、根源的意味を表現している体裁をとりながら実は生硬な説明を試みたものである。『古語拾遺』は主に上古、特に紀元前一世紀における神道の偉大な改革者である崇神《すじん》天皇▼2の治世に関して価値がある。『万葉集』も時として参考になる。以上の書物

▼1　代表的な神話の登場人物として、須佐之男命《スサノオノミコト》は物語の中で暴風や干ばつ、雨雲などの自然現象を象徴するとともに、出雲の首長、海外からの開拓者、恋愛詩人、作刀用の鉄の発見者などを複合的に体現している。

▼2　崇神天皇は第十代天皇。実在した可能性のある最初の天皇とされ、御肇国天皇《はつくにしらすめらみこと》（初めて国を治めた天皇）とも称される。在位年代は諸説あるが、現在では西暦三－四世紀が有力視されている。

は神道の文献で最も古く、いずれも英訳されている。

神道の原初的伝承は、代々口頭で受け継がれてきた。『古語拾遺』は次のように述べている。「伝うる所に拠れば、上古の世には、まだ文字と云うものが無く、貴賤となく老少となく、唯々口から口に云い継ぎ語り伝え、前言往行能く存して忘れなかったそうだ」◆1（加藤玄智校訂、岩波文庫参照）。その結果として、発音が同じであるか、似通っていながら相互に意味の異なる言葉については、神話が最終的に文字化された時、あるいはそれ以前に、解釈上の混乱を来たした可能性がある。しかし、初期段階に表現上の困難があったことを考慮してさえいれば、神道の根本思想の大部分は明確に浮かび上がってくる。

本書で『古事記』を参照する場合は、バジル・ホール・チェンバレン▼3の翻訳第二版による。この版にはウィリアム・ジョージ・アストン▼4の補註とチェンバレン自身による極めて詳細な註釈が入っている。『日本書紀』の参照はアストンの翻訳によっており、その本文の多くの部分に彼の重要な註解が付されている。これら二つの翻訳書は、丹精を込めた学問的成果の模範である。この二書がなければ、古神道の伝承を外国人が英語で吟味する道はいまだ閉ざされていただろう。『古語拾遺』の参照は、加藤玄智▼5と星野日子四郎▼6の優れた翻訳による。

神道神話の物語を収めた主要な書物以外に、補足的価値のある英語の文献がいくつかある。筆頭に挙げられるのはアーネスト・サトウ卿▼7の「純粋神道の復活（The Revival of Pure Shinto）」（彼はShin-tau と呼ぶ）である。本論には本居宣長《もとおりのりなが》▼8と平田篤胤《ひらたあつたね》▼9が主導した十八－十九世紀の神道改革運動の概要や、同時代のほかの神道学者たちの見解の分析が含まれている。祝詞《のりと》という多くの儀式的朗誦がサトウとカール・フローレンツ博士▼10によって「古代日本の祭祀（Ancient Japanese Rituals）」と題して英訳されている。サトウとフローレンツはこの翻訳に重要な註釈を加えている。祝詞は神話時代以後の神職による神道の形式的発達を示す点で価値がある。「純粋神道の復活」と「古代日本の祭祀」の参照は、日本アジア協会が一冊にまとめた出版物（再版第二巻）による。アストンの『神道（*Shinto: The Way of the Gods*)』もためになる。

▼3 バジル・ホール・チェンバレン（Basil Hall Chamberlain、一八五〇－一九三五）は英国の言語学者・日本学者。一八七三（明治六）年に来日。東京帝国大学で日本語学、言語学を講じ、日本の文化・文学・歴史・神話などを研究して世界に紹介した。一八八二年に『古事記』を英訳。著書に『日本人の古典詩歌』『日本口語文典』『日本事物誌』など。

▼4 ウィリアム・ジョージ・アストン（William George Aston、一八四一－一九一一）は英国の外交官・日本学者。一八六四（元治元）年、駐日英国公使館の通訳生として来日、書記官となり、駐朝鮮英国総領事も務める。日本語に精通し、文法書を著したほか、一八九六（明治二十九）年に『日本書紀』を英訳。著書に『日本文学史』『神道』など。

▼5 加藤玄智（一八七三－一九六五）は宗教学者・神道学者。比較宗教学的立場から東京帝国大学、國學院大學などで神道を講じる。『神道の宗教学的新研究』『神道の宗教発達史的研究』『本邦生祠の研究』など多くの著書があり、英文による神道の海外紹介にも努めた。

▼6 星野日子四郎（一八七一－一九三四）は宗教学者・史学者。東京帝国大学国史科卒。法政大学教授、智山専門学校教授を務める。神道、仏教に関する著述や翻訳のほか、浮世絵研究にも顕著な業績を残した。号は朝陽。

▼7 アーネスト・サトウ（Sir Ernest Mason Satow、一八四三－一九二九）は英国の外交官・日本学者。一八六二（文久二）年、駐日英国公使館の通訳生として来日、駐日公使、駐清公使などを歴任。幕末から明治にかけて数々の外交交渉の場で活躍する。幅広く日本を研究し、著書に『一外交官の見た明治維新』『アーネスト・サトウ公使日記』など。

▼8 本居宣長（一七三〇－一八〇一）は江戸中・後期の国学者。賀茂真淵に入門し、古道研究を志す。『古事記』を実証的に研究し、三十五年をかけて『古事記伝』を完成。儒教や仏教などの外来思想を排して古道に帰るべきと説き、『源氏物語』の研究では「もののあはれ」論を展開した。

▼9 平田篤胤（一七七六－一八四三）は江戸後期の国学者。本居宣長の「没後の門人」を名乗り、古道説を継承、復古神道を大成する。その学問は国学のほか幽冥界、心霊研究にも及び、民俗学の先駆者的な役割も果たした。著書に『古史成文』『古史伝』『霊能真柱《たまのみはしら》』など。

▼10 カール・フローレンツ（Karl Adolf Florenz、一八六五－一九三九）はドイツの言語学者・日本学者。一八八九（明治二十二）年に来日。東京帝国大学でドイツ語、ドイツ文学、比較言語学を講じる。「大祓詞《おおはらえのことば》」を英訳、『古事記』『日本書紀』『古語拾遺』などをドイツ語訳した。

以上が私の用いた主な参考文献である。しかし、私は外国人批評家による神道解釈はあまり頼りにしていない。彼らの援助には感謝しているが、私は神道が現代の生活様式や思想傾向にも適用可能であることを示す神話の内なる意味と思われるものを表現しようと試みた。アンリ・ベルクソンの哲学に私は多大な影響を受けてきた。生命の創造的精神《クリエイティブスピリット》に関するベルクソンの研究は、本質において古神道が含意するものに極めて近いと考えられる。神話の中にはおそらくいまだ発見されていない真理があるとベルクソンは述べているが、私は神道にもこれが当てはまると確信している。

神話は日本人に絶えず創造的な影響を与え続けている。私が望むことは、私の誤りや記述の省略に対する批判が人々を促して、神話の根本概念の解明につながることである。純粋な神話時代は日本の上古における最初の統治者、神武天皇をもって終わるため、私の解釈もその治世で終結する。

神話時代の神道は今日の精神性から乖離《かいり》しており、現代の生活様式とは別に扱われなければならないと信じる人々に私は同意することができない。神話時代を指すいわゆる「神代」には、霊性的価値に対するより直接的な理解が存在したことを除いて、当時と現代との間に精神的な違いがあるとは考えられない。

サトウは神道復興期の日本の学者の中で最も影響力と学識があった本居宣長の近世神道に対する態度について「純粋神道の復活」で次のように論じている。

「本居は純粋神道を復活して現今の生活規範とする意図は毛頭ないとしている。彼の唯一の目的は、神代を真の姿で示すことである。(……)現代の習慣に反して古代の『神の道』を実践しようとすることは、実はその『道』に対する謀反であり、それに勝ろうとするに等しいことであろう。もし人が日常の営みの中で当局によってその時々に制定される法令に従い、一般の習慣に沿って行動するならば、神道を実践していることになるのである[◆2]」

サトウは本居がこうした論法によって、後に禁じられた原始的な慣行である異母きょうだい間の近親婚を擁護したと述べている。それは神代においては正しかったが、慣習の変化に伴い悪となった。しかし、いくつかの点で道徳の規準が変化するからといって、純神道が現代生活の規範となり得ることを否定する理由にはならない。純神道の教えによれば、生命というものは神話時代も今日と同じように自己創造的であり自己発展的だったのである。従って、神道は生活様式の変化を支持する。神道はすべての人間が神であり天上の神霊の物質的形態における連続であることを明確に示しているから、われわれの時代は神話時代と同様に神の時代である。

現代生活に対して純神道は直接的な関係を持たないというのが本居の本意であるとすれば、それは精神性における二元論的概念の提唱であり、心的不安の時代において最高の価値を持つ神道の根本的意味を損なうことになるだろう。神道神話は現代生活においても絶えず霊感《インスピレーション》の源泉となるものとして解釈できると私は確信している。私自身、神道の精神的真理を信じる者であり、その美と包容性が日本だけではなく世界中で広く理解されることを望んでいる。

私は、研究を助けてくれた日本のたくさんの友人たちに感謝しなければならない。本書の刊行はこれら友人たちの支援と励ましのおかげである。また、多くの示唆を与え、原稿を読んで訂正や改善をしてくれた妻に感謝する。

一九三九年十月　東京にて

J・W・T・メーソン

第一章　神道の創造的精神

神道の神話は何ら目的を表明することもなく、前置きもなく始まる。『古事記』の編纂者である太安万《おおのやす》侶《まろ》▼1は、七一二年に古《いにしえ》の伝承を初めて文字に書き記した際、中国の学問をあまり模倣せず、簡潔な要約と天地開闢の説明を加えて序文とした。七二〇年に成立した『日本書紀』は、中国哲学の陰陽論から始まり、大地の形成が脈絡なく述べられ、中国人のように天を抽象的な原理としている。本居宣長がこうした恣意性を非難するのは無理もない◆1。次のような文章で唐突に始まる『古事記』のほうが、原初の日本人の思想に近い。

「天地《あめつち》初めて発《ひら》けし時、高天《たかま》の原に成れる神の名は、天之御中主《あめのみなかぬしの》神。次に高御産巣日《たかみむすひの》神。次に神産巣日《かみむすひの》神。この三柱《みはしら》の神は、みな独神《ひとりがみ》と成りまして、身を隠したまひき（天地が初めてひらけた時、高天原に成り出た神の名は、天之御中主神、高御産巣日神、神産巣日神。この三柱の神は、単独の神として現れ、姿をお隠しになった）」

▼1　太安万侶（?－七二三）は奈良時代の文官。天武天皇の勅により稗田阿礼《ひえだのあれ》の誦習した帝紀・旧辞を元明天皇の命で筆録し、七一二（和銅五）年に『古事記』全三巻として献上した。

カミとミコト

『日本書紀』の一書にも同様にこれらの神々の記述があり、ミコト（尊）と称されている。バジル・ホール・チェンバレンはカミ（神）という称号を"Deity《ディエティ》"と訳しているが、英訳『古事記』の緒言において、適訳ではないと述べている。[2] 彼がDeityあるいはGod《ゴッド》を用いているのは、カミに近い言葉がほかにないためである。だが、カミや対をなす語であるミコトは、いかなる外国語にも翻訳することはできない。これらの言葉は神道独自の精神的観念を表すため、むしろ翻訳せずにおくべきである。カミもミコトも基本的には同じ意味を持つ。『古事記』はカミの語を好み、『日本書紀』はほとんど常にミコトを用いる。カミは高さや崇高さ、頂上などを指し、神道においては天上の存在または神霊を示唆する。ミコトは神聖な言葉や事物、あるいは神霊を意味する。どちらも純粋に神道に由来している。

カミやミコトがあたかもDeityやGodなどと同様の神学用語であるかのように恣意的に意味づければ、神道本来の意義をそぐことになる。なぜなら、カミやミコトは神聖な天上の存在だけではなく、万物に適用されるからである。チェンバレンは次のように述べている。「古代の日本人が『神格化した』と言えば、実際に意味するものを超えることになる。（……）それはいかにも、彼らには不可能だった想像力の飛躍があったと見なすことになるだろう」[3]

チェンバレンのこの言説は、古代の日本人の心性に対する批判を意図していた。だが、日本人には豊かな「想像」の能力が欠けていると難じることで、彼は神道が極めて純粋であると証言したことになる。想像力こそが、ほかのどのような原因よりも人間の霊性《スピリチュアリティ》に対する理解を混乱させてきたのである。神道の伝承は、想像的な心性を示しているのではなく、むしろ人間の霊的実在に対する単純で直接かつ直観的な理解に即している。霊性とは、その起源が物質的ではないものを意味する。未開民族の中にはこの事実に関する内面的知識を持つ人々もいるようだが、神道の根底をなすのはまさにそうした知識である。[2]

宇宙の神性

一般的に用いられるDeityやGodという語は、人間と神霊、また物質と神霊の隔絶を暗示する。通常の神学的意味では、それは二元論のみならず、しばしば三元論的な実在観につながる。すなわち、第一に宇宙から懸け離れて存在する神霊、第二にさまざまな過程によって神性の要素を獲得することもあれば拒否することもできる人間、第三に神性を所有することから永久に除外された自然界、物質および動物である。

神道にはそのような意味はない。従って、カミやミコトをいかなる外国語に翻訳することも不適切なのである。神道は、生物・無生物を問わずあらゆる形態の物質的存在と神霊との間に、何らの区別も認めない。すべては神性であるということが、神道の文字通りの意味である。シントウは日本語でカミノミチと読む中国語の表意文字（漢字）を発音したもので、カミの神聖な道を意味する。この言葉自体は、元の日本語であるカミナガラノミチの短縮形であり、あるがまま、またはいかようにあってもそれはカミの神聖な道であることを意味する。さらに簡潔に表現すれば、一切は神霊である。森羅万象は、神霊の進化が物

▼2　メーソンは、多くの民族が文明化の過程で失った原始的直観に基づく霊性を重んじていた。日本は世界の中で唯一、高度な物質的発展と原始的な潜在意識的直観の均衡を実現していると考察し、その根本となる神道に人類共通の価値を見いだした。こうした視点は未開社会の中に人間精神の普遍性を探った人類学者・クロード・レヴィ＝ストロースなどにも通じる。

質的形態をとったものである。

天上の神霊と物質的存在のいずれも神道にとってはカミである。神道によれば、天上の神霊は非物質性から出現し物質的形態へと進化するが、その過程で自己の神性を失うことはない。それは人間が人間性を失わないのと同じである。祖先を根絶することができない以上、カミあるいはミコトでないものは何も存在しない。天上の神霊は万物の始祖であり、本源である。神道神話の物語が進むにつれて、いかにあらゆる生命や自然界にカミもしくはそれに代わる語であるミコトの称号が与えられているかが分かるだろう。カミやミコトは、寓意表現でも比喩表現でもなく、むしろ神道の礎の一つを成すものである。この事実を理解しなければ、神道の一貫性はなくなり、その霊性的な意味も失われる。カミという言葉には神道で表現された最初の思想が含まれるため、神話がその意義を全面的に展開するに当たって、この言葉が何よりも重要であることを心に留めておかねばならない。

現代の思潮は、太古の時代に人間が直接かつ潜在意識的な知識において宇宙の霊性を自明の理として受け入れていたことを知らずに、古神道の考えに回帰しつつある。英国の最も著名な生物学者の一人、J・S・ホールデン博士[▼3]は、宇宙を物質的と考えるのは間違いだと主張した。彼は生命だけではなくすべての物質も生体的であると言明し、われわれの人格は全宇宙的環境（それ自体も人格を体現する）と同一の広がりを持ち、調和しているとした[◆4]。これと同じように、神道は外界および人間を普遍的な視座でカミと捉える一方、個々の創造的努力を、神霊が物質的活動を展開する手段として重視する。現代科学もまた、物質は根本的な事実としては存在しないことを発見し、神道の原理に向かいつつある。なぜなら、物質が非物質的な電子から生じるように、カミ（神霊）は、無限に多様な物質的形態への拡張を求める電子すなわち創造的原動力の非物質的な究極の根源として考えられるからである[▼4]。神道神話が天上の神々について「身を隠したまひき」と述べる時、神々は非物質的でありながら人格を持ち、潜在的に物質的特徴を備えた存在であることが暗に示されている。

神話には、最初の神は「高天原《たかまのはら》に成れる」とある。チェンバレンは、ここで用いられる日本語「成れる」は文字通り「生成する」の意味であると言い、本居宣長による定義「無《ナカ》りし物の生《ナ》り出る（かつて存在しなかったものが生まれる）」を引用している。[5] すなわち、自ら生まれた、自ら創造した、あるいはこれまで存在しなかったものが自発的に出現したことを意味するのだろう。神道のこの思想には、アンリ・ベルクソンが天賦の才によって著書『創造的進化』で現代哲学に広く知らしめた創造的原動力の原理を含んでいるように思われる。ベルクソンのこの著作はすべての神道学者によって研究されるべきである。高天原は、神道で神霊の創造的原動力の永続的本源、つまり霊的普遍性の観念の中心を示すために用いられる名称である。神話の作者たちは、高天原をどのように捉えていたのだろうか。アーネスト・サトウは、『日本書紀』のある箇所で、通常は高天原というべきところに空虚を意味する「虚中」という漢字が当てられていることに注意を促している。[6] これは天が非空間的なものであるという考えを示唆しているようである。

しかし、神道にとって、原始的観念が非物質性と空間的次元を明確に区別していたと考えることは必ずしも重要ではない。現代人の知力によってもこれらは区別できず、あえて試みれば混乱を来たす。幾何学は点について、長さ・幅・厚さのない「位置のみを持つもの」と定義する。だが、幾何学は点から長さ・幅・厚さのある立方体を展開する。これは数学における無から有への進化である。物質的な形を持たない

▼3　J・S・ホールデン（John Scott Haldane、一八六〇－一九三六）は英国の生物学者・生理学者。呼吸生理学の分野で顕著な業績があり、「ホールデン効果」で知られる。著書に『ある生物学者の哲学』など。

▼4　電子は原子の構成要素としてあらゆる物質を形作っているが、それ自体は目に見えない極微の素粒子である。『古事記』では高天原の神々が「隠身《かくりみ》」として非物質性を暗示しながら物質的特徴を備えた神霊として描かれていることなどから、メーソンは科学と神道に通底するものを見いだしていた。

点が線になり、平面になり、そして立方体になることをわれわれは自覚意識的に考えることができない。それは現代の神学的議論において天国や霊を非物質的なものとして想像することができないのと同じである。われわれは天国にも人々が住むものと思い、幻の中で物質的な衣服をまとった天上の霊を見る。幾百万もの現代人が天の声を聞いたという聖者の証言を受け入れている。同時に現代人は霊を物質的実体とは異なるものと捉え、天国は形態を超えた存在でありながら死後に各個人が永遠に休息する住処《すみか》だと考えている。現代科学において、電子は個体性や実体を持っており、さもなければ識別することはできない。しかし、同時にそれは非物質的である。

神道の神話では、天つ神すなわち神霊は実体的存在のように話し、行動する。そして天は物質的属性を持つものとして描写されている。潜在意識から湧き上がる霊性的観念を自覚意識において表現するのに、これほど単純な方法はない。また、古代の日本人は時として「天」という言葉を用いて遠い祖先が日本に移住してくる以前の故郷を表すため、伝承が複雑になる。

だが、神道では物質そのものが神性である。従って、物質と精神を完全に別の存在と見なす場合のようには、天を実体化することに根本的な矛盾はない。同時に神話は、天上の神々を非物質性、非空間性、不可視性という概念によって、地上に顕現した神霊と区別していたことを示している。例えば神話の中には、物質的な形態をとったカミと非物質的な天上のカミの区別を強調するかのように、人間を「目に見えるもの」[▼5]として言及する場面がいくつもある[◆7]。

天地は一つ

神話によれば、最初の神が自発的に出現したのは「天地《あめつち》初めて発《ひら》けし時（when Heaven and earth began)」

である。「地（earth）」と訳された言葉はクニで、より正確には「国（country）」を指す。だがチェンバレンは、古代においてクニは「土地（land）」のように曖昧な意味で用いられたものと考えて“earth”と訳したのである。[8] 古代の日本人は漠然と宇宙を念頭に置いていた可能性があるが、より具体的には日本以外のことは意味していなかったかもしれない。とはいえ、神話で日本の島々の「誕生」が描かれるのは、もっと後のことである。

「クニ」の意味をあまり厳密に検討しようとすれば、古代の神道人に過度な分析的意図を認めることになるだろう。神道の重要な事実は、天とあらゆる外界の物質をただ一つの起源を持つものとして結びつけようとする努力にあり、あたかも原初から絶えず主観的神霊がその主観性を保持しながら自己を客観化しようと欲してきたかのようである。太安万侶は『古事記』の序文で次のように述べている。

「それ、混元既に凝《こ》りて、気象未だ効《あらは》れず。名も無く為《わざ》も無し。誰れかその形を知らむ。然れども、乾坤《けんこん》初めて分れて、参神造化の首《はじめ》となり（そもそも、宇宙の混沌とした状態からようやく凝り固まってきたが、気象はいまだ現れず、名づけようもなく、働きもない。誰もその形を知らなかった。しかしながら、天地が初めて分かれ、三神が創造の始めとなり）」[9]

この記述は、古神道の伝承の一部を成すにはあまりに洗練されており、中国の主知主義の影響が見られる。とはいえ、気象の将来の展開は予測できないとする「誰れかその形を知らむ」という一文に、重要な神道の概念が含まれている。なぜなら、神話が後に示すように、神道は予知や全能者による宇宙の支配といった考えを完全に否定するからである。

▼5 『古事記』では「現《うつ》しき青人草《あおひとくさ》」、『日本書紀』では「顕見蒼生《うつしきあおひとくさ》」という言葉で、目に見えるこの世に生きる人々を表している。

天と地、すなわち神霊の主観性と客観性は、創造力の発現とともに始まった。そして創造的原動力が働き出すと、天と地は「分かれた」。しかし神話が示すように、それは天と地の間に分裂が存在するという意味での分離ではない。天が物質化したものが地だからである。神道の含意を理解するためには、地が天から「分かれた」というのは、天の主観性が自己を客観化したことだと解釈する必要がある。客観化とは、形態をとること、宇宙になること、より具体的には地球、さらに詳しく言えば日本になることである。というのも、神道神話は主として日本国民の歴史に関連して存在の始まりを説明するものだからである。神霊の物質的形成はこうして天の外的な客観化として起こったが、神話は同時に、天が一つの統一体として存続したことを示唆している。それはわれわれが祖先を統合された全体であるとともに個別的なものと考えるのに似ているかもしれない。

再び幾何学にたとえれば、非物質的な点は固体の立方体として展開すると考えられるとしても、非物質のままである。しかし、この比較は正確ではない。なぜなら、点は自らの活動によって立体化することはないが、神道では自己創造的な原動力が作用し、天の主観的精神から客観性が出現するからである。

従って、主観的精神と客観的精神の区別は本質的なものではない。実のところ「区別」という言葉を用いること自体が適切ではない。というのも、起こっていることは無形のものが外的宇宙の中で形態をとる過程の進行である。外的宇宙は神霊がこの目的のために自ら創造し、同時に神霊は内的で主観的な性質を保持している。つまり、神道において地は神霊の投影として見なされなければならない。それは単なる拡張力から出発するが、神霊に本来備わっている創造的原動力は、未来を知るすべを持たずに、全く新しい発展の領域を探し求める。これを、物質的自己発展を意図した神霊の冒険と表現しても、神話に込められた意義を曲解するものではないだろう。

故に、神道の意味を正しく理解するためには、古代の伝承では天と地の間に本質的な分離がないという解釈から始める必要がある。森羅万象は無限の様相に広がりながらも同じ本源を持つ天の神霊そのものである。神道においては、神霊が孤立状態に陥ることはあり得ない。物質性は神性の空間的表現であり、神性が自らの創造力によって自己を具現化したものである。

最初の統一の原動力

しかし、初めに強調されるのは統一という根本的事実である。万物の不可分な祖先の一体性は、「天地初めて発けし時」に現れた三柱の神のうち最初の神の名によって示される。『古事記』におけるこの神の名はアメノミナカヌシノカミ（天之御中主神）である。この神は神道神話が成立する以前の古い伝承に宇宙の主宰神として現れたのではないかという説がよく唱えられてきたが、そのような思想についての明確な記録は残っていない。もしそうした起源があったとしても、その概念は神道にとって異質であるため発展することはなかった。むしろ原初の神道神話の作者たちの心に訴えた最も重要な要素は神霊の統一された全体性であったというところに、神道の本義が表れているようである。アメノミナカヌシノカミの名の基本要素は中心ということであり、神道における永続的な結合を意味する。それは、後に続く個別の姿をとった神霊についてのあらゆる説明よりも優先されるほど根源的なものである。もしこの原理が神道で至上のものとして強調されなければ、神道の霊感《インスピレーション》の深遠性は弱まり、神道の伝承をその他の霊的神話から区別する際立った特徴は失われてしまうだろう。

アメノミナカヌシノカミに神道の基礎は始まる。天の神性が物質的自己発展を求めていかに多様な個別化した姿をとるとしても、神霊は一つの統合された全体なのである。すべての個別化した神霊を統合するものとしての中心をアメノミナカヌシノカミは象徴している。神道においてその名が主たる神として初めに挙げられなければならなかったのは当然である。

この神については、神話全体を通じてこれ以上言及されることはない。あたかも、霊的中心の根本的卓越性を一度述べれば、その継続をあえて強調する必要はないかのようである。しかし、神話の後段で天照《アマテラス》大神《オオミカミ》が天の統治者として描かれることで、天祖を通じた全人類と全自然の人格的関係としての統一という思想が展開される。神道におけるアメノミナカヌシノカミと天照大神の相違点は、前者が生命の進化が始まる前に存在した原動力としての神性の統一の原理を表すのに対し、後者は人間の心が神霊と自己との関係を深く理解しようとした時に自覚意識が必要とする、より具体的な人格的統一の霊感を示しているようだ。その霊感は、非人格的な原動力によってはもたらされないものである。

神話では、アメノミナカヌシノカミに物質的宇宙や人間の生命を支配する力を与えようとする試みは全く見られない。ヌシ（主）という称号には、天が地上の存在を支配するという意味は含まれていない。それはむしろ、中心や統一そのものの主要性を強調している。いわば二元論の否定であり、一元論を認めるものである。神道の一元論は、宇宙を天に起源を持つ自己創造的神霊であると捉えることによって展開される。

自己創造的な神

神道神話は創造というものを、宇宙の外に存在し働く神が独立した行為として物質や生命を生み出すことだとは考えていない。神道にはそのような神は存在しない。神道における創造とは、天から外界へと非物質性を具現化する神霊の力、エネルギー、衝動であり、多様な活動形態を発展させ、無数の方法で表現される。それは自己創造的な動きであり、その原動力は天の霊として拡張しながら自らを個性化する。あたかも太陽光線が多方向に進みながら同一であるように、個性化する一方で中心となる本源は保持されるのである。

現代の思潮傾向に極めて近いこうした神道の概念は、『古事記』においてアメノミナカヌシノカミと共に造化三神を成す二柱の天つ神の名によって示されている。すなわち、タカミムスビノカミ（高御産巣日神）とカミムスビノカミ（神産巣日神）である。二神の名で根幹かつ共通の部分は「ムスビ」であり、これは神道において最も啓発的な言葉である。▼6 古代の世界におけるほかのいかなる神話にも、同様の表現は見つからない。あらゆる原始的概念の中で唯一無二のものである。ムスビは通常、musu（ムス〔生む〕、producing）とbi（ビ〔驚くべき〕、wondrous）として翻訳される。ただしチェンバレンは、“bi”は動詞の終止形に過ぎないかもしれず、その場合Musubiは一語として捉えるべきだと主張している。◆10 W・G・アストンは、ムスビについて「自然界の外部にある力ではなく、自然に内在する力」と述べている。◆11 従って、ムスビを単に「生む」やそれに類似した語として説明することは、はるかに広範でより根源的な意味を無視することになる。それは宇宙に働く外的な生産力を意味するのではない。

ムスビは自然界に内在するものであり、切り離されて存在する創造力ではないということの事実こそが、神道に自己創造性という特質をもたらしている。“producing（生成する）”と訳されるムスビの真の意味は、自己生産的、自己発展的、自己成長的、自己創造的ということである。ムスビは自己努力の原動力であり、日本人の性格形成や日本民族の発展に根本的な役割を果たしてきた。ムスビは、宇宙と全生命をつくるという行為により被造物から隔絶している創造主としての支配的な神とは正反対である。創造的精神が自己

▼6 高御産巣日神《タカミムスビノカミ》、神産巣日神《カミムスビノカミ》の神名にもある「ムスビ（産巣日・産霊）」は、「ムスヒ」と清音でも読まれるが、本書の表記は原著の“Musubi《ムスビ》”に合わせた。

を拡張し、宇宙およびそれが包含する万物になることをムスビは意味している。そのため、物質と生命の進化とは、ムスビの原動力による神霊の自己進化である。それは別個の力によって導かれた進化ではなく、物質的形態をとった神霊の展開なのである。神霊は自己の活動や行為の自発性から生じる新しい方法や状況の下、自らの努力によって伸びゆこうとする。

伝承の原初にさかのぼるこのムスビの概念は、神道において今日まで続いている。アストンは、現代日本語のムスコ（男子）とムスメ（女子）は古代語のムスビと同じ「ムス」という要素を含むと指摘する。[12] 創造的精神と宇宙を一つのものとして表す意味において、ムスビは宇宙の創造的原理である。それは神道から、超然たる神に統制されたり、運命や因果の必然的法則に支配されたりする機械論的生命観を排除する。神霊は運命以上であり、因果律の機械論的作用以上のものである。ムスビは全く新しいものを創造する。ムスビを通じて無から有が生じ、非物質的なものが自らを物質化して活動する。だが、新しいものであるためにその結果をあらかじめ知ることはできない。

二つのムスビの相違点

しかしながら、神道神話では創造的原動力の形態を二つに区別することが可能であり、二柱のムスビ神の名が挙げられている理由はここにあると思われる。両ムスビ神は伝承の中で後にも何度か現れる。タカミムスビノカミは知的、人間的過程としての自己創造性を体現しているようである。この神は統治上の問題について天照大神の同伴者として協力している。その関連において『古事記』ではこの神を、個性的自己創造と協調的活動を統合するかのようにタカギノカミ（高木神、High-integrating-Kami）という別名でも呼んでいる。[13] また『古事記』によれば、この神はオモイカネノカミ（思金神、Thought-includer-Kami）の父である。オモイカネノカミは天の神々の討議にたびたび登場し、そこで表明された容認できる意見を取り上げて一つの方針にまとめる神である。[14] 故に神話の明らかな意図によれば、タカミムスビノカミは人間の心の成長という観点から、主に自覚意識の概念を表す神と解釈できる。

一方、生命は動物や植物の形態もとる。カミムスビノカミはこうした方面の神霊の進化を体現するものと考えられる。『古事記』のある伝承によれば、この神は赤貝と蛤《はまぐり》に関係があり、種子をもたらした神ともされている。また、神話の後段で鳥と種子を共に表す神として登場するスクナビコナノカミ（少名毘古那神）の父としても記述されている。[15]

原初の神道人たちがムスビの創造的原動力の方向性の違いについて詳しく検討したと仮定するのは度が過ぎるかもしれない。とはいえ、神話が展開するにつれて二柱のムスビの神が幾度も登場することで、タカミムスビノカミとカミムスビノカミとの間には一貫してこのような区別が設けられていたという結論が自然に導き出されるだろう。両神は発端においてはよく似ており、種類上の相違は暗示されていない。だが、古代の神道人たちはあたかも直観的に、創造的原動力は生命の多方面な進化が拡大する中でさまざまな方向をとるという事実、あるいはむしろ、進歩や自己決定的な活動を発展させる時、重点の置きどころを種々の方法で変えていくという事実を理解していたかのようである。二柱のムスビの神を挙げているのは、創造的原動力が示す主な重点の相違が知的と非知的方面にあることを表しているのだろう。本来ならば、植物、動物、人間の生命を意味する三柱のムスビの神が存在すべきだったといえるかもしれない。しかし神話は、一方では創造的活動の多様性を拡大する知性の力と人間性、他方では活動が狭い範囲に制約された動物・植物の生命の限定的な本能との間に本質的な区別があることを示唆しているようだ。ただし、神霊が人知に集中するとしても、動植物の本能に集中するとしても、すべてはムスビであり、同じ自己創造力の知的もしくは本能的な発動なのである。

生殖の神性

ムスビの神の出現の直後に、『古事記』はこう述べている。

「次に国稚《わか》く浮きし脂《あぶら》の如くして、海月《くらげ》なす漂へる時、葦牙《あしかび》の如く萌え騰《あが》る物によりて成れる神の名は、宇摩志阿斯訶備比古遅《うましあしかびひこぢの》神。次に天之常立《あめのとこたちの》神。この二柱の神もまた、独神と成りまして、身を隠したまひき（次に、国がまだ幼く浮いた脂のようで、海月《くらげ》のように漂っている時、葦の芽のように萌え上がるものによって成り出た神の名は、宇摩志阿斯訶備比古遅神、天之常立神。この二柱の神もまた、単独の神として現れ、姿をお隠しになった）」◆[16]

この記述は、大地がいまだ十分に形成されていないものの、居住可能な場所へと進化しつつあることを示している。天と地は「分かれ」ていたが、それは物質化が始まったという意味においてであり、大地はいまだ生命のための準備が整っていなかった。しかし、動植物の繁殖の原理は、二つのムスビの概念の出現による自然的な結果として存在した。葦牙《あしかび》は、農業的生産性の意味を持つ。「萌え騰《あが》」った「宇摩志《うまし》（素晴らしい）」葦の芽と結びついた脂とクラゲの比喩は、性的生殖を表し、男根を暗示するものである。神話の中でムスビの神に近接してウマシアシカビヒコジノカミ（宇摩志阿斯訶備比古遅神）が現れるのは、生殖がムスビに内在する原理であることを連想させる。

次のアメノトコタチノカミ（天之常立神）は、アストンの示唆によれば「天を常《とこ》しえに立たしめる」神を意味する。◆[17] この解釈は神道に即したものだろう。なぜなら、神道には天が存在しなかった時代という概念がないからである。『古事記』は「天地《あめつち》初めて発《ひら》けし時」という表現を用いているが、この「初めて発けし」というのは、天としての非物質性もしくは「純粋なる非物質性」とも呼ぶべきものと、大地や宇宙の物質化につながる非物質が進化する動きとの間に区別が始まった時を意味するのかもしれない。極めて現実的な意味において、自己創造的なムスビの神霊の起源あるいは生成は永遠であり、限りない変容の過程でありながら、純粋な非物質性そのものは変化することなく「立っている」のである。

以上の五柱の神は独神《ひとりがみ》として成り、身を隠したと『古事記』は述べている。独神として成ったというのは、別の外的な力によって生まれたのではないことを示唆する。それはまた、それぞれの神が独自の原理や原動力、もしくは傾向を象徴していることも意味する。あたかも、天には一定の根本的な動きがあり、それなしには天の神霊が不活発で静的なものになってしまうかのようである。五柱の神が「身を隠したまひき」というのは、天の神霊の多様な力が主観的で非物質的であることを暗示している。『古事記』はまた、五柱の神を「別天《ことあま》つ神」と記している。その意味は、神道の第一原理が神霊の原初的要素としてそれぞれ独立して存在することを改めて示しているようである。第一原理とは、アメノミナカヌシノカミが象徴する統一性、二柱のムスビの神が象徴する知的・非知的方面における個別的な自己生産性あるいは自己創造性、ウマシアシカビヒコジノカミが象徴する生殖力、アメノトコタチノカミが象徴する神霊の永続性である。本居宣長は別天つ神を世界の創造とは無関係の神々を意味すると解釈している。[18] だが実際には、二柱のムスビの神は神話の後段で国土の発展に重要な役割を果たすことになる。天の第一原理を世界の創造から切り離すことはできない。実のところ、第一原理が世界になるのであり、それらの原理なしには世界も存在し得ないのである。

重ねて言えば、神道は天と地が相異なる実体ではないことを示している。神話における分離の考えとは、天が非物質的な神霊であるのに対し、地は物質化した神霊であることを意味する。本質的な区別があるのではなく、〔非物質化と物質化という〕様相に違いがあるに過ぎない。天つ神は通常、高天原において最初に言及される神々を指し、国つ神は地上に最初に出現する神々を意味するが、両者の間に絶対的な違いの線引きはない。出雲の統治者・オオクニヌシ（大国主）を服従させるために遣わされた天の使者のように、天つ神が国つ神として「帰順」することはある。地上で生まれて天の統治者となった天照大神のように、国つ神が天つ神として帰順することもある。ここには根本的な矛盾はない。なぜなら、神道では物質も非物質も等しく神霊だからである。太古の神道人たちは天を原初の力の大本であり、万物の祖先の源泉であると見なしていた。神祖や生産力の伝承に関係する神々は天つ神と呼ばれた。これらの神々の客観的顕現およびすべての物質的なものは国つ神と考えられた。

初期の神道は本当に一元論的であったのかという疑問が生じるかもしれない。というのも、神話の冒頭では神霊としての神々が多くの個別的な姿で出現するからである。しかし、神道ではすべての個性化、すべての物質、すべての生命を神霊の形態と考えるという事実によって、一元論的な概念が成り立つ。存在には霊と非霊の二種類があるのではない。一切はカミあるいはミコトであり、常に神霊である。すべての神性は一つであるけれども、ムスビの原動力である神霊の創造的活動は、物質的形態の多様性、または非物質的な多様性に向かって進展もする。自己創造的発展という事実そのものが、新しい進歩の方向性や異なるあり方を無限に探求することを意味している。単調化された一意専心によっては、神霊を満足させることはない。神道は創造力を多種多様なものにする神性の力を個別化するが、同時に一切の個別性は、それぞれの相違点がいかに大きく見えるとしても、統合された一体性から現れ、見えない形で調和し続けている。万物は同一の中心的な天の本源を有するのである。

物質性としての精神

五柱の最初の神を「別天つ神」として特徴づけた後、神話は神霊の物質的進化の起源に焦点を移す。しかし、そこには天の主観的精神から客観的物質への突然の飛躍はない。その中間的段階が、『古事記』で次に現れるクニノトコタチノカミ（国之常立神）とトヨクモノノカミ（豊雲野神）の二柱の神の名によって示されているようである。この二神も同じく独神として成り、身を隠す。アメノトコタチノカミが天の永久的存立を象徴するように、クニノトコタチノカミも地に関して同様の意味を持つはずである。だが、物質化した形態としての大地ではない。というのも、この神は身を隠したと記されており、非物質性を暗示しているからである。つまり、天の基礎的、原初的、根源的な非物質性のほかに「準非物質性」とも呼ぶべきものが存在し、それが物質的形態へと進化することを意味しているようである。地が時間の中に存在する発端となった補助的もしくは副次的な非物質性は、それ自体は永遠の、時間を超越したものであり、クニノトコタチノカミによって象徴される。われわれが日常の経験で世界として認識する物質性は、こうした非物質性によって形成されているのである。物質的な大地には明確な起源があり、その物質的な始まりは神話で後述される。だが、神道神話は物質性の発展の前に、その本源である永久的な非物質性について描写しているように思われる。

こうした説明は、現代科学によって承認される。なぜなら、電子は物質における直接の非物質的起源であるが、電子自体が究極の非物質であるとは考えられないからである。科学的見解によれば、電子を超える、あるいは含むほかの非物質が発見される可能性がある。従って、非物質性の究極は天の神霊であるが、物質の発現に先立つ非物質的進化の漸進的な過程においては、それ以外の非物質性も存在するのである。

次の神、トヨクモノノカミの名をチェンバレンは“Luxuriant-integrating-master-Kami（豊かに結合する主の神）”と訳しているが、真の意味については疑問を呈している。というのも、「クモノ」は文字通りには「雲野（cloud-moor）」を意味するが、表音的に「結合する主（integrating-master）」を意味するために用いられたと考えられているからである。[◆19] この神は身を隠したと記されていることから、神話は非物質的原理を示唆していると推定できる。また、この神はクニノトコタチノカミと結びつけられているため、明らかに大地との関係が意図されている。この意味で、「結合する」と「雲野」の両方がこの神の名から連想される。結合とは、二つ以上の個体が一緒になるという意味であり、融合すること、一体化すること、協調することを指す。後述されるスサノオ（須佐之男）の婚姻の歌のように、神道神話では雲の比喩を生殖のための夫婦の秘め事、つまり男女が新たな生命を創造することの暗示として用いている。

そのため、雲野は、野における、あるいは野そのものの結合もしくは婚姻の結びつきを意味するのかもしれない。神話は後に、日本の島々はイザナギ（伊邪那岐）とイザナミ（伊邪那美）の夫婦の結合によって誕生したと説き、また泥や芽も結婚の産物であることを示唆している。だが神道は、自然界でそのような誕生が起こる前に、雲野すなわち自然を発現させる結合の原理あるいは原動力が非物質的な働きとして存在することを指し示しているのである。

出産の原動力

トヨクモノノカミは、そのため物質性が現れる前から存在する主観的で非物質的なエネルギーとしての出産の力を体現するものと見なすことができる。結合はこの非物質的な原動力の結果である。この原動力は生命と物質が現れるとともに作用し、婚姻を通じて生命と自然の協調および生殖をもたらすのである。「雲野」という表現は結婚を暗示しているが、それは人間に限定されるものではなく、全自然界に関わると考えなければならない。出産の原動力は生殖に対する普遍化された神霊的欲求である。それは新生のための結合を求める神霊の非物質的な力もしくは衝動である。そして、これは一つの神の名前の中にさまざまな関連する意味が含まれているという一例となる。なぜなら、自然および人間の新たな生命は結合によって出現するからである。

『古事記』が「次に成れる」として挙げる神々は、その名の意味するものを通じて、神話が自然な出産という方法による物質性の最初の出現を示唆しているという仮定を裏付ける。原始人の心には、出生という事実は非物質的な精神性から物質的な実体が現れることを示すものであり、従って神道が天から物質が発現するという概念を出産として表現するのは適切である。これらの神々は「独神と成りまして」とは記されていないため、その誕生は自発的なものではなく、性的交わりによるものだったと解釈できる。また「身を隠し」ていないということは、これらの神々が実際の物質性を表すことを意味しているようである。性的な出生というのは、神々がそれぞれ一組の男女として言及されていることでさらに明確となる。「妹」とあるのは「妻」を意味する。そして最後の一組であるイザナギとイザナミは、人間的な結婚と出産の原型となっている。神々は次のとおりである。

ウヒヂニノカミ（宇比地邇神）と妹のスヒヂニノカミ（須比智邇神）、ツノグイノカミ（角杙神）と妹のイクグイノカミ（活杙神）、オオトノヂノカミ（意富斗能地神）と妹のオオトノベノカミ（大斗乃弁神）、オモダルノカミ（於母陀流神）と妹のアヤカシコネノカミ（阿夜訶志古泥神）、イザナギノカミ（伊邪那岐神）と妹のイザナミノカミ（伊邪那美神）。

これらの神々の名は、大地が徐々に形成されていく様子を表すという意図を示している。▼7 泥、芽、そして生命が自然の進化の順序に沿って現れる。オオトノヂノカミとオオトノベノカミの一組（二神とも英訳名

▼7 大地の形成の解釈は、以下の英訳された神名に基づく。宇比地邇神《ウヒヂニノカミ》（Mud-earth-lord-Kami）と妹の須比智邇神《スヒヂニノカミ》（Mud-earth-lady-Kami）、角杙神《ツノグイノカミ》（Germ-integrating-Kami）と妹の活杙神《イクグイノカミ》（Life-integrating-Kami）、意富斗能地神《オオトノヂノカミ》（Elder-of-the-great-place-Kami）と妹の大斗乃弁神《オオトノベノカミ》（Elder-lady-of-the-great-place-Kami）、於母陀流神《オモダルノカミ》（Perfect-exterior Kami）と妹の阿夜訶志古泥神《アヤカシコネノカミ》（Oh-awful-lady-Kami）、伊邪那岐神《イザナギノカミ》（Male-who-invites-Kami）と妹の伊邪那美神《イザナミノカミ》（Female-who-invites-Kami）。

にElder（年長者）が付く〕は、人間的結婚による生命の進歩に適した地の完璧な外観〔Perfect exterior（オモダル＝面足る）〕が出現する前に、芽と生命が発達する長い期間があったことを示唆する。チェンバレンは、アヤカシコネノカミ（Oh-awful-lady-Kami）は“awful（畏怖すべき）”の代わりに“venerable（由緒ある）”と訳してもよく、そうすれば大地の成熟期という意味を強めることになると指摘している。[20] だがサトウは、男神を眺めた時に女神を満たした感情を表す語として“awful”がよいとしている。[21] この説明は男性との関係における後代の日本女性のしつけの典型となるものかもしれないが、神道における古代の女性の精神を表してはいない。なぜなら、この後に続く神話のエピソードで最初の人間的結婚が描かれる時、女性は男性の前に立って畏怖することなく、むしろ自ら結婚の申し込みをしているからである。もし畏怖ということが神の名の要点であるとすれば、それは生命の発展にふさわしくなった大地の完璧な外観への畏怖を意味するのである。

なぜ神道神話が物質性の出現と物質的進化を結婚に結びつけ、また出産の比喩をしきりに使うのかという理由を重視するのは当然である。神道において出産は、出現あるいは生成のみを意味するのではない。新たな生命の誕生は、非物質的なものが物質を創造すること、あるいは主観的なものが客観的になり、物質性そのものが拡大することを適切に象徴している。

また神話には、父性という事実が太古の日本人には十分に知られていなかったことが示されている。鳥の交尾を観察することで、男性は自分が子どもの父親であることを知ったという伝承もある。[22] このことは、人類学上の既知の事実と一致する。すなわち原始的部族は精霊が女性の中に入って身ごもると信じており、男性が妊娠に何らかの役割を果たしているという認識はない。それはおそらく、同衾《どうきん》の後、長い期間を経て最初の妊娠の徴候が現れるからだろう。太古の日本で男性が子どもを自分の子と理解した時、一切の実在物も同じように自然界の神秘的な婚姻の結合を通じて生じたという信仰が発達したのかもしれない。そうした考えは、全宇宙が神霊であり、物質は生気のない死んだかたまりではなく霊的実体の形態化であると見なした古代の神道人たちにとって不合理とは思われなかっただろう。従って、泥や芽さえも性の観点から言い表し、国土の誕生ということを述べるのは、本質的にあり得ないことではない。

さらに神道は、すべての神霊が一体であることを常に強調すると同時に、その一体性から生じる個々の多様性も受け入れる。結婚においては、男女の一体化が個人を生み出す。そのため、神話においてさまざまな出産の比喩が用いられるのはふさわしいことなのである。

第二章　歴史と天

神道神話は神霊的な関係を列記したものであるだけでなく、日本民族の始まりと初期の発展に関するおぼろげな歴史的伝承の物語でもある。神話における純粋に歴史的な部分はたどり難く、詳細については推測するしかない。明白な事実はわずかである。しかし、歴史的伝承には神霊的な意味が織り込まれているため、日本の古代史をさかのぼる神話の取り組みを吟味することが求められる。もし神道の神霊的な含意を明らかにするために歴史的記述を調べる必要がなければ、神話の歴史的部分の検討は専門家に任せたほうがよいだろう。だが、神道においては歴史と天が極めて密接に結びついているため、歴史を無視することはできない。

唯一の起源としての天

神道の考え方に従えば、日本人の歴史、そして推論的に全人類の歴史は、天に始まる。すべての生命と物質は天を起源とする。あらゆる国民の歴史は、その国民に具現化した非物質的な神霊の歴史である。

『古事記』の序文で太安万侶《おおのやすまろ》はイザナギ（伊邪那岐）とイザナミ（伊邪那美）を「群品《ぐんぴん》（万物）の祖《おや》」と言及している。[1]この表現の神道的な真の意味は、イザナギとイザナミは夫婦として結ばれた最初の男女であり、すべてのものは出産によって生じたということである。イザナギとイザナミを通じて出産の原動力が大地を出現させ、生命の創造につながった。とはいえ、イザナギとイザナミはいわば天の媒介者、もしくは過程に過ぎない。結婚という比喩を用いてその意味を表現し、非物質から物質的形態へと自らを客観化するのは天の神霊である。同時に、イザナギとイザナミは日本に到着した原初の移住者を体現しているようにも思える。この二つの意味が関連づけられており、しかも後者は前者のうちに潜在的に含まれているようでもある。

『古事記』によれば、天上の神々はイザナギとイザナミに「この漂へる国を修《をさ》め理《つく》り固め成せ」と命じたという。この命令は、大地の出現と、海外開拓者の上陸による日本の原始的な歴史の始まりの両方を示している。これら開拓者の子孫が神話を作り、やがて全日本を支配することになる。

　もしイザナギとイザナミが日本を野蛮な先住民から救った大胆で勇敢かつ創造的な航海者を表しているとするならば、二神は実際に国土を「修め理り固め成」したといえる。イザナギとイザナミの到来以前の国土は未発達な状態で「漂へる」ものであった。クリストファー・コロンブスがアメリカを生んだというのと同じ意味において、二神は国土を生んだのである。アーネスト・サトウによれば、日本語の語源学者の中には、海は日本人に日常の食料の多くをもたらすため、「海（Umi）」は「生む（Umu）」から派生したと説く者もいる。[2]だが、もし海の本来の意味が誕生の観念に関連していたとすれば、それは海を渡ってきた太古の開拓者によって日本が「生まれた」と関連づけるほうがよりふさわしい。しかし、発見という意味での誕生のほかに、国土は元をたどれば非物質的神霊の物質的子孫として宇宙に生まれたという神道的な意味もある。神話の中でも難解なこの部分は、二つの意味を併せて読み取る必要がある。

天と地の人格

二つの意味を象徴するかのように、イザナギとイザナミは天の神であるとともに地の神でもある存在として描かれている。『日本書紀』の一書によれば、二神はアオカシキネノミコト（青橿城根尊）の子であり、別の一書ではイザナギをアワナギノミコト（沫蕩尊）から生まれたとしている。[3] その意味は、二神が大地の縁と海の静かな泡あるいは波、すなわち開拓者の遠征隊の上陸に関係することを暗示している。同時に、イザナギとイザナミは出産の使命を帯びて高天原から出発した。それは創造の開始が天の行為であること、あるいは開拓者であった移住者たちの原郷を「天」として認識していることを意味する。

二神に国土を「修《をさ》め理《つく》り固め成せ」と命じた天つ神は、既に神話に登場した神々であろう。『古事記』の伝承によれば、その神々とは統合、自己創造、生殖、神霊の永続性を象徴する天つ神である。従って、イザナギとイザナミに国土の修理《しゅうり》固成《こせい》をさせた原動力は、宇宙の進化の根本的作用を包含している。それはまた、創造し、生殖し、合一しようとする生命力の結びつきも意味しており、その生命力の結合が新天地を探し求める先駆的開拓者を常に刺激するのである。『古事記』は、イザナギとイザナミの使命遂行に当たり「天の浮橋《うきはし》に立たして」と記している。

チェンバレンによれば、平田篤胤は天の浮橋という語を天の磐船《いわふね》と同一視する。一方、本居宣長は、これは実際の橋を指しており、日本の海岸沿いのある地点で自然の防波堤を形成している天橋立《あまのはしだて》にその痕跡があると考えている。[4] こうした解釈は、水と何らかの関連性があることを示す。ここで言及される天の浮橋は、太古の探検者たちが岩のように頑丈な船で海を渡って日本にやって来たことを表しているのかもしれない。後にしてきた故郷を「天」と呼ぶのもふさわしいことだろう。なぜなら、新たな国々への移住者やその子孫が自らの民族的起源の地をそのような言葉で語るのは珍しくないからである。それは人間の心の自然な傾向である。

イザナギとイザナミは天つ神から玉で飾った矛《ほこ》を与えられ、天の浮橋に立った。『古事記』には「その沼矛《ぬぼこ》を指し下ろして画《か》きたまへば、塩こをろこをろに画き鳴《な》して引き上げたまふ時、その矛の末《さき》より垂《しただ》り落つる塩、累《かさ》なり積もりて島と成りき。これ淤能碁呂島《おのごろじま》なり。その島に天降《あまくだ》りまして、天《あめ》の御柱《みはしら》を見立て、八尋殿《やひろどの》を見立てたまひき（その沼矛をさし下ろしてかき回すと、海水がこおろこおろと音を立て、矛を引き上げた時、その矛の先からしたたり落ちた塩が積もって島となった。これが淤能碁呂島である。その島に降臨し、天の御柱を立て、御殿をおつくりになった）」とある。[5]

矛はいくつかの解釈ができる。海水をかき回したというのは、開拓者たちの船が水を漕いで進んだことを暗示している。同時に、矛には開拓者たちが当然所持していたであろう武器の意味もある。

また、矛は玉で飾られたと表現されている。タマすなわち玉（宝石）は、神道では個人の神性、もしくは「霊《たま》」という言葉で表される個人の非物質的な不滅の人格を意味する。タマには接頭辞「ミ」が付いて神性が強調されるのが常である。そのため「霊」を指す言葉としては、実際には「御霊《みたま》」と呼ばれるべきであり、そこには物質的な意味はない。アストンは次のように述べる。「ミタマの歴史は、霊魂に関する物質的あるいは部分的に物質的な概念が比較的後世に発達したものであることを示唆している。（……）ミカゲ（御影）は、古代におけるミタマの同義語である[6]」。神道神話の中の玉（宝石）としてのタマの根本的な意味は、このように解釈することが妥当であろう。

神道の伝承における最初の男女であるイザナギとイザナミは、不滅の神性ともいうべき神道の観念と結びつけられるようになり、人間として個別化していながら、一つの玉が夫と妻の霊魂を表すように両者は一体であることが示唆される。なお、矛にはおそらく男根の意味もある。海水がこおろこおろとなり（チエンバレンは濃厚で粘り気があることを意味すると説明している）[7]、矛の先端から滴り落ちたという言及に関しては特にそうである。

オノゴロという語をチェンバレンは自己凝固あるいは自己凝縮の意味に翻訳している。[8]ゴロまたはコロは日本語のコオリ（氷）やコオル（凍る）と同じ語根を持つ。従ってオノゴロというのは、大地は最初、自己冷却によって形成されたという原始的な考えを暗示しているのかもしれないが、現にあった事実にも符合する。『古事記』によれば、オノゴロ島はイザナギとイザナミの間に生まれなかった唯一の島である。[9]二神が降り立つ前に、出産の場所が準備される必要があった。このことは自己冷却の過程によってなされたと述べられているが、それは自然界の現象に極めて忠実であるため、直接の潜在意識的な真理を示す一例と推論できる。同時に、その海水をかき回した矛も、男根の象徴として大地の形成過程に関わった。このように、身体的な出生と、大地の自然冷却による出生という二つの伝承が織り込まれている可能性がある。

これに相応する『日本書紀』のくだりでは、オノゴロ島を国土の中心の柱として描写しているとチェンバレンは指摘する。[10]そのため、『日本書紀』では初期の開拓者がほかの日本の島々を発見する前、オノゴロ島を中心的な居住地としたことを強調していると考えられる。しかし、『古事記』は二神がオノゴロ島に天の御柱を立てたと述べるのみで、『日本書紀』のような広義の表現はない。「天の」[▼1]御柱というのは、伝承においてある種の神聖な意味を暗示する。初期の日本への移住者は、トーテミズムが浸透していた地域から来たのかもしれない。なぜなら、太古の時代にはトーテム的な霊性観が極めて広範囲に普及してい

▼1　部族や血縁集団が特定の動植物を自分たちのトーテム（祖先を象徴する標識）として崇拝する信仰形態。トーテムを描いたり彫ったりした柱をトーテムポールという。

たからである。従って、オノゴロ島の柱はトーテムポールであった可能性がある。だが、もしそうだとすれば、後に神道が優勢になるに伴いトーテムの象徴は放棄されたことになる。トーテミズムは漠然とした自然の力に霊性を認めるものであり、太古の日本における原始思想の精神的傾向に影響を与えたのかもしれない。しかし、トーテミズムは精神的意味が曖昧であり、自己創造力を欠いていたことから、日本の開拓者たちが独自の生命観や自然観を発展させるにつれて、より明瞭で深遠な意味を有する神道に取って代わられることになった。

また、天の御柱は、同時に建てられた八尋殿《やひろどの》と共に、土着の先住民もしくは野生動物に対する防御柵を指している可能性もある。「尋」とは、チェンバレンによれば両腕を広げた時の手と手の間の距離を示すという◆[11]。その家屋は相当な大きさであったに違いない。伝承では「宮殿」を表すことを意図していたようだが、おそらく同じ屋根の下に多くの移住者を住まわせたのだろう。

最初の家庭と結婚

神話は次にイザナギとイザナミの結婚を物語ることで、二神を明確に男女として、すなわち神道の伝承における最初の男女として描写する。『古事記』の記述によれば、イザナギとイザナミは性に関する質問を交わして互いの身体を調べているが、それは父性の発見という事実を表していると思われる。イザナギとイザナミが発した言葉は、多くの論者から猥褻《わいせつ》であると見なされてきた。しかし、父性の事実を知らしめ、かつ家庭を築くことに伴う責任が人類に人間味をもたらした根本的な人知の拡大に、何ら猥褻な点があり得るはずがない。それどころか、結婚に至ったイザナギとイザナミの会話をこうした解釈を念頭に置いて読むことで、このエピソードは人類学および人間の精神発達史において極めて重要な事実となる。

なぜなら、それは結婚と家庭生活の誕生を表しているからである。神道の伝承において人間が結婚と家庭生活の制度から始まるという事実は、神道の根本となる創造的な意義を強調している。神道は結婚の中に、新たな生命の現れと、その新生命の創造的活動が家庭で準備されることを見る。生命はより高度な発展と継続的な進化を目指して絶えず自己を更新するものだと神道は考える。そのため結婚は神道にとって、天の神性が地上を若返らせるための最も有益な方法として常に主要な価値を持つものなのである。

イザナギとイザナミの結婚の会話に出てくる「みとのまぐわい」という日本語について、アストンは「不規律な偶然の交わりではなく、閨房《けいぼう》での契り」の意味であろうと指摘している。またアストンは、イザナギとイザナミの結びつきが正式な結婚であることを示すのに伝承は苦心していると考える◆[12]。だが実際にはそれだけではなく、神話が表現しようとしている父性の認識を通じて、結婚と父性的責任の起源そのものを物語っている。

神話によれば、二神が互いの身体を調べ合った後、イザナギはイザナミに、（天の御柱を）右回りに円を描いて進むよう指示し、自身は左回りに進んだ。二神が結婚に際して輪をなして歩んだことは、人類史上で最初のウエディングリングであったという表現がふさわしいかもしれない。このような原始的行為は、現代において結婚指輪を用いる慣習よりはるか以前のものであるが、同様の意味を有する。イザナギとイザナミによってつくられた結婚の輪は、男女の完全な一体化と共に、男女が交わることの必然性も象徴している。男女はそれぞれ反対方向に出発しても、本性の結合力によって互いに引き寄せられるのである。

二神は円を描いて歩み寄ると、女性のイザナミが最初に「あなにやし、えをとこを（あぁ、何と素敵な男性でしょう）」と声を上げた。イザナギは「あなにやし、えをとめを（あぁ、何と愛らしい乙女だろう）」と応じた。女性によって始められた称賛の交換が伝承に含まれていることは、古神道の時代の女性は現代日本よりも男性との関わりにおいてはるかに率直に自己表現をする習慣があったことを示唆している。彼女たちには神道的自由の概念と一致する自由があった。さらに、イザナミの言葉は事実上の結婚の申し込みであり、イザナギの答えはその承諾であると伝承では考えられている。神道における最初の結婚の物語で女性から男性に求婚しているということは、女性は選択の自由が許される関係の中ではさりげなく男性を誘うものであり、男性からのアプローチを受け身で待つものではないと太古の人々が理解していたことを暗に示している。この神話はまた、古代日本では若い男女が自分の感情に従って配偶者を選ぶことができ、親の指図で結婚したのではなかったという解釈も可能である。

この結婚によって生まれた最初の子はヒルコと呼ばれ、通常は「水蛭子（Leech-child）」と解されるが、アストンはより適切な意味は「日子（Sun-male-child）」であると述べている。[13] だが、前者の解釈のほうが、両親によって葦の船に入れられて流されたという伝承に当てはまる。二神は次にアワシマ（淡島）を生んだが、アワの意味の一つは「泡」である。『古事記』によれば、これらの二子はイザナギとイザナミの子のうちに数えられていない。[14] ヒルコは欠陥があるとして放棄されたが、神話はアワシマが否認された理由を記していない。ただし『日本書紀』では、アワシマがオノゴロ島や後にできる淡路島と同様に胞《え》（胎盤）と考えられたと合理化している。[15]『日本書紀』の編纂者によるこのような解釈は行き過ぎた詭弁であり、本来の伝承の一部を成しているとは考えられない。

ヒルコとアワシマの意味

イザナギ、イザナミの結婚と初めの子どもたちに関するこの神話が、実は太古の冒険者たちによる日本の誕生すなわち発見を描写しているとすれば、ヒルコとアワシマが否認されたことの意味を推測するのは難しくない。これらの島々（明確な位置は分かっていない）は、海外からの航海者たちが最初に到着した島のうち居住に適さなかった場所を指すと考えられるかもしれない。蛭《ひる》はおそらく上陸に際しての不快な連想を意味する。伝承には、ヒルコは葦船に入れられて流し去られたとあるが、もしヒルコが航海者たちの気に入らなかった島であったとすれば、流し去られたのは島ではなく、移住者たち自身が葦船に乗り込んで好ましくない環境から去っていったことになる。

同様に、アワシマもおそらく望ましくない上陸地を示しているのだろう。「泡」という意味に取れば海岸の荒波が想起される。もしそうであれば、移住者たちは上陸する危険を避けて、二番目に発見した島からも立ち去ったことになる。ヒルコとアワシマがイザナギとイザナミの子として数えられていないというのは、移住者たちがこれらの島々を放棄することになった何らかの困難をほのめかしている。

『古事記』によれば、イザナギとイザナミは相談して最初の子は良くなかったと判断し、その理由を尋ねるため天に昇った。天つ神は太占《ふとまに》で占った結果、結婚の儀式で女性が先に声をかけたために失敗したと語った。イザナギとイザナミは「また還り降りて改め言へ（再び帰り降りてやり直しなさい）」と告げられたと『古事記』にある。[16] 二神はそれに従って、今度はイザナギが先に「あなにやし、えをとめを（ああ、何と愛らしい乙女だろう）」と言い、それに続いてイザナミが「あなにやし、えをとこを（ああ、何と素敵な男性でしょう）」と繰り返した。その後、二神は多くの島々を順調に生み始めた。

この伝承は次のように解釈できるだろう。すなわち、最初に適当な居住地を探すことに失敗した後、先駆的航海者の中のある者たちはその冒険に満足せずアジア大陸の故郷に戻ったが、再挑戦するよう説得されたのかもしれない。もしくは故郷には戻らず、相談し、かつ占いをしたというほうがもっともらしい。もしオノゴロ島が実在し、彼らが最初に一時留まった場所であるとすれば、そこは彼らにとっての故郷と考えられ、伝承の中で「天」として語り継がれたのかもしれない。

イザナギとイザナミが初めに失敗した理由について、神話が天つ神に何ら完全な知識を与えていないことに留意する必要がある。神道の伝承における最初の天上の相談では、天に全能の特性を与えようとする試みはなされていない。伝承によれば、太占が命じられたという。古代に物事の決断を下す際、日本人が占いを行ったという記録は数多く残っている。この慣習が神道に含まれていることについては、神道における全能の否定の問題に関連して後に考察したいと思う。いずれにしても、この場合に占いが行われた記述があるという事実は、神話というものが、口承される長い過程の中で意味が混乱してしまった太古の歴史的出来事を真に叙述しているという仮定をある程度裏付けるものである。

イザナミに非があるとされたことは、女性が男性に対してより従属的となり、また男性が結婚の申し込みにおいて自らの主導権の理由を欲するようになった際、神話に後から加えられた伝承を表すものと思われる。男性は家庭生活を経済的に支える責任があるため、経済力に応じて結婚を申し込むタイミングを決める権利を持つことには正当性がある。古代の生活環境が経済的に複雑化するにつれて、結婚における女性の主導権は明らかに低下したのであり、神話はおそらくそのことを示唆している。

だが、適当な居住地を見つけることができなかった責任をイザナミに帰したことには、もっと直接的な原因があった可能性がある。結婚の申し込み者としてのイザナミの最初の描写は、太古の日本の開拓者の間で女性がある種のリーダーシップを持っていたことを示している。威厳のある人格を備えた日本人女性は昔から数多くいた。日本の伝承に初めて記録された海外遠征の企ては、女性である神功皇后《じんぐう》▼2によって率いられ、朝鮮に進出したのである。従って神話は、航海や指令が失敗した責任を女性に帰したことを暗示していると考えられる。遠征を指揮した女性、あるいはより可能性が高いのは助言を与えた女性によって、ヒルコやアワシマのような不適当な島を発見するという悪い結果がもたらされたのかもしれない。天つ神がイザナギとイザナミに対し、帰って男性が先に声をかけるよう命じたという神話の記述の真意は、その後の遠征の試みにおける主導権はもっぱら男性に委ねられたことを表しているのだろう。

上陸の成功

イザナギとイザナミが結婚の申し込みにおける優先権の問題を解決した後に生んだ最初の島は、『古事記』によれば淡道《あわじ》〔淡路〕、別名は穂《ほ》の狭別《さわけの》島と呼ばれた。穂の狭別の意味に関しては一致した見解がないが、チェンバレンは平田篤胤の解釈「穂之早別（Rice-ear-true-youth）」が最も良いとしており、[17]それは若き開拓者たちの直接の目的は食料を探すことにあったと示唆しているようである。第一の名である淡道は「泡の道」を表し、航海者たちが最初の上陸に失敗した後、適当な海岸を求めて泡立つ道を航海し続けたことを連想させる。

島の名称としての淡道は、伝承によって日本の本州と四国の間にある小島を指すと考えられてきた。事実、二神が次に生んだ島は四国であった。その名は『古事記』に伊予《いよ》の二名《ふたなの》島とある。「二名」はチェンバレンによれば「二つの名前」を表すが、その本来の意味は不詳であり、同様に意味が曖昧な「伊予」は四国全体の名称となった。[18]

新たな故郷を求める開拓者たちが小さな島々を定住地とせず、相当な広さの場所を見つけるまで探検を続けるのは自然なことだろう。実際、彼らはそうしたのである。日本列島に点在する幾多の小島を拒んだ彼らは、ついに四国を発見するに至ったが、四国は彼らの視界に入ってきた最初の大きな島だったようだ。

▼2　神功皇后は第十四代仲哀天皇の皇后。熊曾《くまそ》（九州南部）征伐のため仲哀天皇に同行したが、天皇は訶志比宮《かしひのみや》（香椎宮、福岡県）で急死。皇后は神託により、懐妊中ながら朝鮮半島に出陣して新羅を討ち、百済・高句麗も服属させる。帰国後、後の応神天皇を出産。約七十年間、摂政として君臨したとされる。

『古事記』は四国を「身一つにして面四つあり」と表現しており、あたかも人体が生まれ出たかのように、神話における誕生のモチーフが貫かれている。「身」は島全体であり、「面四つ」は四方の沿岸部または地方を指す。『古事記』の叙述によれば、四つの地方とその別名は次のとおりである。「伊予国《いよの》は愛比売《えひめ》と謂《い》ひ、讃岐国《さぬきの》（アストンは“Shaft Trees〔槍の木〕”と訳している）◆[19]は飯依比古《いひよりひこ》と謂ひ、粟《あわの》〔阿波〕国は大宜都比売《おほげつひめ》と謂ひ、土左《とさの》〔土佐〕国は建依別《たけよりわけ》と謂ふ」。最初の地方の名は島全体と同じ伊予である。しかし、ニューヨークがニューヨーク市とニューヨーク州の両方を表すように、一つの名前が二つの意味を持つことは珍しくない。三つ目の名前のアワ〔粟・阿波〕は、イザナギとイザナミの子として拒絶されたアワシマが、実際には上陸不可能な四国沿岸の一部だったことを暗示しているのかもしれない。

　これらの名前から、神話上の最初の移住者たちの活動を仮説的に再現することができる。新たな故郷として満足のいく場所を見つける最初の企てに失敗した彼らは、おそらく航海の途中で遭遇した小さな島々よりも広い場所を求めて、四国の海岸線すなわち泡の道〔アワジ〕に沿って進みながら、適当な上陸地を探したのだろう。

　移住者たちが上陸した時、新たな土地に与えた最初の名前は愛比売《えひめ》（Lovely-princess）〔現在の愛媛県〕であった。それはおそらく、休むことなく長い航海を続けた彼らが、姫のように美しく見えた現地の女性に魅了されたことを示唆している。あるいはこの名前を、待ち望んだ安息の地である島そのものにも当てはめたのかもしれない。

　次に彼らが考えたのは、先住民の敵対勢力から身を守ることだったであろう。四国の女性たちが魅惑的であったとすればなおさらである。従って、伝承が示す二番目の名前の讃岐〔現在の香川県〕、すなわち槍の木（Shaft Trees）は、その周辺に生えていた槍を作るのに有用と考えられた立派な若木を指すのかもしれない。また彼らは、自分たちの食物を探すことが急務であっただろう。故に、彼らが讃岐に与えた別名は飯依比古《いいよりひこ》（Prince-good-boiled-rice、王子でも満足できる食物）である。食物は三番目の名前にも含まれ、アワ〈阿波、現在の徳島県〉は「泡」とともに「粟」を意味する。大宜都比売《おほげつひめ》（Princess-of-great-food）は豊富な食物と、おそらくは女性たちによって調理がされていたことを表す。料理上手な女性たちは、飢えた男性たちにとって姫のように見えたのだろう。

最後の地方〈土佐、現在の高知県〉の別名である建依別《たけよりわけ》（Brave-good-youth、勇敢な好青年）は、おそらく開拓者たちが探検に満足したことを示しているのだろう。若者たちは爽快となり、活力を取り戻し、槍を用いて成功したために自分たちを勇敢な好青年と考えたのかもしれない。あるいは、その名声が子孫に受け継がれた最初の移住者たちへの感謝の思いを込め、後代になってこの称賛の言葉が伝承に加えられた可能性もある。

ほかの移住者の到着

最初の開拓者たちが四国に満足して居住地を築いていた一方で、『古事記』は次に海外からの別の遠征の記述に転じる。そもそも最初の移住者たちがどこから来たのか、確実なことを知るすべはない。しかし、もし本当に四国に定住したとすれば、彼らは南方から航海してきたのだろう。あるいは、中国の西海岸から九州と琉球諸島の間を通り、北に向かったのかもしれない。ただし、そのような見方は全くの推測に過ぎない。

とはいえ、伝承では最初の国生みの数々は四国が中心となっており、『古事記』にはその次に隠岐の付近で三子島《みつごのしま》が生まれたとある。三子は日本の本州の西端からそう遠くないところにある三つの小島を指す名前である。この島々は日本列島において本州を間に挟んで四国の反対側にある。位置的に、この島々には朝鮮もしくは満州平野、またはその両方から遠征隊が到達したと連想される。北方アジア人、あるいはさらに西方の部族もその中に加わっていたかもしれない。しかし、小島の面積は限られており、そこに定住することは望ましくなかったであろう。そこで航海者たちは本州の海岸沿いに南西へ進み、九州という大きな島に到着したに違いない。なぜなら、三子の後に生まれた島として、筑紫島《つくしの》という名で九州が言及されているからである。

後に神話において九州は極めて重要な役割を果たすことになる。天照大神《アマテラスオオミカミ》と弟のスサノオノミコト〈須佐之男命〉が誕生した場所であり、そして伝承上で日本の皇室の祖とされるニニギノミコト〈邇邇芸命〉のゆかりの地でもある。このように九州は、後に日本を統一し支配した優勢な開拓部族と密接な関係がある。九州への移住者が一時的に滞在した三子島の別名が天之《あめの》忍許《おしこ》呂《ろ》別《わけ》（Heavenly-great-heart-youth）であることの理由はおそらくここにあるのだろう。オシ（忍）は通常、大《オオシ》（great）の略語として訳される。チェンバレンは、オシは多くの神々や英雄の名に表れると述べている。[20] この場合にオシが使われたのは、おそらく九州移住者の特別な重要性を強調するためかもしれない。コロを"heart"と訳したのは、コロがココロ（心）に由来するとした平田篤胤の説に従ったものである。とはいえ、チェンバレンによれば、本居宣長はこの語に何らの意味も見いだし得なかった。[21] しかしその原義は、中央集権や支配という意味での中心（heart）であったのかもしれず、日本列島において三子島を最初の逗留地とした九州移住者が、最終的に他の部族に対して中央集権的な支配力を獲得した時になって、伝承に追加された可能性がある。

『古事記』によれば、筑紫島〈九州〉には四国と同じように四つの「面」すなわち沿岸地方があり、それぞれの面に名前が二つある。一つ目は島の名にちなむ筑紫国《つくしの》〈現在の福岡県周辺〉で白日《しらひ》別《わけ》とも呼ばれ、二つ目の豊国《とよ》〈現在の大分県周辺〉は豊日《とよひ》別《わけ》とも呼ばれ、三つ目の肥国《ひの》〈現在の熊本県周辺〉は建日《たけひ》向日《むかひ》豊久士比《とよくじひ》泥《ね》別《わけ》とも呼ばれ、四つ目の熊曾国《くまその》〈現在の九州南部〉は建日《たけひ》別《わけ》とも呼ばれた。

四地方の名のすべてに日（太陽）が用いられていることから、九州への定住はその子孫が日本で優勢となるに至った最初期の開拓者たちによるものだったことがうかがえる。なぜなら、太陽は天照大神を通じ、九州に関連して初めて神道神話に現れるからである。同様に、ワケ（若者）が名前の中で繰り返されていることは、おそらく太陽の絶えず若返らせる力を指しているのだろう。生命と活動を増強することは、深い神道的な重要性を有するのである。F・ブリンクリー大尉▼3は、熊曾にはボルネオ人が移住してきたと考えている。熊曾族とボルネオのソウ族の間には類似した風習があるためである。しかし、たとえそうであったとしても、ボルネオからの移民はイザナギとイザナミに象徴される移住者たちの到来より前のことだったとブリンクリーは推論している◆22。もしボルネオの信仰を持つ人々が九州に移住していたとしても、彼らが九州の伝統において何らかの主要な役割を果たしたとは思われない。

『古事記』の記述によれば、次に生まれたのは伊伎《いきの》〔壱岐〕島である。またの名を天《あめ》比《ひ》登《と》都《つ》柱《ばしら》といい、長崎から遠くない九州沿岸近くにあるため、原初の九州移住者に発見されたに違いない。この島が伝承に含まれたのは、その名前が特別な精神的意味を持つからであろう。それは神話の後段で天から九州に降臨したとされる天孫ニニギノミコトを称えて与えられた名であるかもしれない。ニニギノミコトは日本の皇統の祖であり、天比登都柱はそのことを指している可能性がある。小さな島はこのような意味を示すものとして特別な魅力を持つことがよくある。

▼3　F・ブリンクリー（Francis Brinkley、一八四一－一九一二）は英国のジャーナリスト・軍人。一八六七（慶応三）年、英国陸軍砲兵中尉として来日。勝海舟らに見いだされ、海軍砲術学校、工部大学校で教育に従事。『ジャパン・メール』紙の経営者兼主筆となり、日本の紹介に努めたほか、『和英大辞典』の出版にも携わる。

本土への定住

原初の移住者たちによる三度目の遠征は、おそらく伝承中の次の島々によって表現されている。最初の、港または停泊地を意味する津《つ》島はまたの名を天之狭手依比売《あめのさでよりひめ》といい、現在は対馬として知られている。もう一つの佐度《さどの》〔佐渡〕島の語源は不詳である。対馬は朝鮮の南端と日本本土の間に位置し、昔から朝鮮と日本の間を航行する船の停泊地となっており、太古の時代にもそのように利用されていたに違いない。津島と佐度島の誕生に続いて、『古事記』は大倭豊秋津《おおやまととよあきづ》島と呼ばれる日本の本州の誕生を記している。このことは、津島ともう一つの小島の佐度島を経て、日本の本土を目指して行われた朝鮮からの遠征を暗示する。津島の別名の天之狭手依比売は、本土から来た先住民の漁師たちが津島を拠点として朝鮮の冒険者たちをヤマト〔大倭豊秋津島〕に誘導したことを指すのかもしれない。

この三度目の遠征の移住者たちは、出雲地方の海岸沿いにヤマトの本州に到達したと考えられる。出雲の伝承には、古来朝鮮と関係があったことを示す多くの事例がある。一方、神道の神話において、出雲は九州に次いで重視されている。もし遠征隊が朝鮮の南岸から東に向かったとして、直進すれば対馬の北岸に達し、さらに直進を続ければ出雲に到達しただろう。神話では後にスサノオノミコトが天から降り立ったと記述していることからも、日本列島への太古の移住者が最初に到達した本州の地は出雲であった可能性が高いことがうかがえる。なぜなら、出雲は神道の伝承でこれほど早い時期に言及された本州における唯一の地域だからである。

こうした初期の移住については直接的な証拠がないため詳細に再現することはできないが、ある程度時系列▼4に伝承を形成しようとする力が働いていたようである。もしイザナギとイザナミの間に生まれた八つの島が恣意的に列記されたのだとしたら、本州であるヤマトの重要性を高めるために、日本の慣習で最も重んじられる第一子とするのが自然であっただろう。

だが、ヤマトの出現はより重要度が低い島々の後に続き、順序としては最後である。太古の遠征隊がそれぞれ異なる島に到着したという推論は、神話の持つ現実的な意味においても裏付けられるようである。そのため、実際の日本の発展よりもはるかに古い時代に、海外からの移住者によって三つの主要な定住地が築かれていたことを神話は示しているという仮定にはある程度の根拠がある。すなわち、四国にはおそらく中国沿岸かさらに南方から来た人々が居住したが、彼らはそれほど進取の気性に富んでおらず、神道の伝承では目立った役割を演じていない。九州には主に朝鮮人か強健なモンゴル・満州族、あるいはその両方が居住し、ヤマトの本州にある出雲には主に朝鮮人が定住した。その後の移住者たちは、アジア大陸に比較的近いことから出雲や九州へ向かったが、四国は神話の中で特別な役割を果たしていないことから、幾分顧みられなかったようである。

小さな島々の発見

イザナギとイザナミは、ヤマトの本州が出現したことによって完結した島生みの後で休息したことを『古事記』は暗に示している。「然《しか》ありて後、還ります時、――を生みき」とあり、島々の名が列挙される。チェンバレンは、イザナギとイザナミがオノゴロ島に帰ったという本居の解釈を引用しているが◆23、神話は二神が新たな冒険に復帰する前の不活動期間をほのめかしている。もしイザナギとイザナミが先駆的な日

▼4　淡道の穂の狭別島（淡路島）・伊予の二名島（四国）・隠伎の三子島（隠岐島）・筑紫島（九州）・伊岐島（壱岐島）・津島（対馬）・佐度島（佐渡島）・大倭豊秋津島（本州）のこと。

本の開拓者を象徴しているとすれば、最初に新たな生活の地に落ち着いた後、そこからさらに次の探検を始めるまでに一定期間が経過するのは自然なことである。

新しい生活環境を築くために必要な働きはかなり緩慢なものだったであろう。手に入れた快適さを放棄してさらに別の島々を発見しようと駆り立てられる衝動もなかったと思われる。四国、九州、出雲とその隣接地からなる広大な地域は、原初の部族が望むいかなる拡張にも十分な余地をもたらしたはずである。しかし、本土沿岸の海で操業する漁師たちは小さな島々を発見したと思われ、おそらくこれらが『古事記』に「還ります時」のこととして記されるさらに六つの島生みを指しているのかもしれない。島々の名前の意味は一部不明瞭であり、また関心を持つのも漁師に限られていただろう。一方、現実的な出来事は出雲や九州の主要な居住地で進行していた。

イザナギとイザナミの間に生まれた島々の名前に、『古事記』はカミやミコトの称号を与えていない。神道はあらゆるものを神霊と見なすことから、これは伝承の著しい省略であり全宇宙に神性を認める神道の概念と矛盾するように思えるかもしれない。だが、神話の省略は正しい。島であれ、いかなる形態の土地であれ、それ自体としてカミやミコトの呼称を要するような実体はない。土地とは、泥、岩、山、沼地、湖、そしてそれらの擁するすべての資源など、幾多の異なる実体の要素を含む名称である。これらの個別的実体がカミやミコトと認識される。島は通常、それを構成する個々の要素によってのみ意味を持つ。そして、このように個別化された自然こそ、神道が物質的形態をとった神霊として認めるものである。

神々の居住

実際、この直後に、自然界の事物が人間の生命と共にカミとして認識されている。『古事記』には、イザナギとイザナミは「既に国を生み竟《を》へて、更に神を生みき」とある。[24] それに続くさまざまな名称は、神道が自然界の一切を神霊と見なしていることを示しており、人間だけではなく、天上の諸力を表すのに用いられるのと同じカミという霊的な言葉が使用されている。

神話を解釈する際、イザナギとイザナミの国生み（日本の島々を指す）は原初の移住者を擬人化したものであると同時に、宇宙における物質の出現を表す可能性があると考えられている。しかし伝承は、ここに至るまで後者の意味に限定して（名前の使用は別として）物語を進めてきたように思われる。それはあたかも国生みと、生まれた国土への神々の居住を区別するかのようである。これに続く神々の説明は、神道においては生命のみならず物質を構成するすべての事物が神であることを強調する意図を表している。

『古事記』によれば、イザナギとイザナミが神生みを始めた時、最初に生んだのはオオコトオシオノカミ（大事忍男神、Great-male-of-great-thing-Kami）であり、チェンバレンは「大いなることに耐え忍んだ男神（Male-enduring-great-things-Kami）」の意味であろうと指摘する。[25] この解釈は、海を渡って日本に到着し、新たな故郷の開拓を始めるために大変な苦労を耐えてきた太古の移住者との関係をより直接的に示している。

次に『古事記』は、その他の神々を数多く列記し、神道の捉える全自然界の神性がいかに包括的なものであるかを物語る。そのうちの一柱はトリノイワクスブネノカミ（鳥之石楠船神）と呼ばれ、オオコトオシオノカミが海を渡って日本に来た太古の移住者を表すという推測の信憑性を高めている。海自体もオオワタツミノカミ（大綿津見神）と同一視され、山々も同様にオオヤマツミノカミ（大山津見神）と同一視されている。

この二柱の神は単に海や山を象徴するだけではなく、太古の首長たちの総称とも考えられるだろう。彼らは荒れ狂う波を乗り越えることでまず海上の支配に影響力を持ち、同様に山地を所有してそこに永住したのである。特にオオヤマツミノカミは土着の先住民の指導者も暗示する。なぜなら、神話は後にオオヤマツミノカミについて、その子どもたちが伝承上の重要な人物たちと結婚したことや、その他のさまざまな役割を果たしたことを記述しているからである。オオワタツミノカミもまた、後にニニギノミコトの息子の一人を通じて日本人に進歩を教えた海外の統治者という人間的な意味を持っている。

神話では、神霊的実体を持たない地域としての土地と、構成物や生産性をカミとして捉える土地が区別されることの例が、伝承のこの箇所で言及されるオオゲツヒメノカミ（大宜都比売神）によって明らかにされている。同じ名前は先に四国の粟地方の別名にも見られたが、「カミ」は省略されていた。名前が恣意的な地域のみを指す場合には、単に区切られた空間であるに過ぎないため、神霊の意味は含まれない。しかし、その名前が実際の土地の生産性に適用される場合には、カミとしての意味を持つ。

土地は単なる土地としてのみではカミと称されないが、その場所を特色あるものとする境界は独自の実体を持つと考えられる。その意味において、境界は神霊である。境界は土地の明確な個別性を生み出す上で積極的な役割を果たすと見なされる。そのため、二柱の境界の神が一覧の中に記録されている。すなわち、アメノサギリノカミ（天之狭霧神）とクニノサギリノカミ（国之狭霧之神）である。天の境界は、海外から来た太古の移住者の土地に適用された境界を意味したのだろう。彼らは日本に来る前にいた故郷は天であり、自分たちは天孫であると考えていた。地の境界は、先住民の地域を示すために用いられた、より威厳の低い言葉だったのかもしれない。先住民はおそらく新来者たちを、どこからともなく神秘的に訪れた優れた存在と見ていただろう。

そのほかに列挙された神々の一覧を見ると、風、季節、家屋、戸、水門、瓢箪、野、渓谷はすべて神霊とされている。直接的な含意だけではなく、人間を表す名前もある。神話は、自然の事物がその土地のさまざまな部族を指すことを意図していたようである。『日本書紀』には岩や草木が行動するものとして描かれている。そのうち、出雲では「磐石《いは》草木《くさき》に至及《いた》るまでに、咸《ことごとく》に能《よ》く強暴《あしか》る（岩石や草木に至るまで、すべて強暴であった)」とあり、オオクニヌシ(大国主)の国譲りでは、より端的に部族的意味と結びつけて「草木石の類を誅《つみな》ひ(草木、石の類いを誅伐し)」と言明している。◆26 しかし、自然界に用いる言葉であろうと人に用いる言葉であろうと、すべてカミを意味している。神道においては万物が神霊なのである。

この時に生まれた最後の神は火の神で、三つの名前を有する。ヒノヤギハヤオノカミ(火之夜芸速男神)、ヒノカガビコノカミ(火之炫毘古神)、そしてヒノカグツチノカミ(火之迦具土神)である。光をもたらす、つまり輝くことと、燃えることが火の特徴である。三番目の名前、ヒノカグツチノカミは、火が鎮まった後、すなわち火を始末したり調理や暖を取るために使われなくなったりした後も火がほのかにちらちら揺れることを表しており、持続的な照明の力を意味するのであろう。

第三章　神道における死

火の神を生んだイザナミ（伊邪那美）は大やけどを負い、壮絶な病の末に亡くなる。『古事記』によれば、イザナミの嘔吐からカナヤマビコノカミ（金山毘古神）とカナヤマビメノカミ（金山毘売神）が生じた。金属の山として毘古（彦）と毘売（姫）が挙げられることで結婚のモチーフは続いており、嘔吐から出生したということは、溶融した金属が噴出する様子と胃の内容物が吐き出される様子の類似性によって説明できるであろう。同様の比較に基づいて、伝承にはイザナミの屎《くそ》からハニヤスビコノカミ（波邇夜須毘古神）とハニヤスビメノカミ（波邇夜須毘売神）が成ったとある。

火の制御

火がもたらしたイザナミの死は、太古の人間が生活を発展させるために火を使いこなそうとして遭遇した苦難を象徴している。火はほかのいかなる力にも増して、原始時代の人間が生活水準を向上させるのに重要な手段であったが、多くの犠牲者も出したことだろう。しかし、神道は生命が自己を犠牲としながら前進していくものであることを知っている。そのことは、太古の人間にとって最も有益な進歩の力である火を生んだイザナミの死が物語っている。

神道の伝承に現れたこの最初の死に対する神話の扱いには、出産における全女性の苦しみを強調しようとする明らかな意図も見られる。火による突き刺すようなやけどの比喩ほど分娩時の痛みを如実に表現するものはないだろう。原始時代の母親は産屋の中で付き添いもなく一人で出産する習慣があったため、その痛みはひときわ激しかった。この点は神話で後述される。

イザナミの火による死は、神話における金属と粘土（ハニ）の最初の出現と時を同じくしている。それらはごく自然に火と関連づけられているが、神話はさらに、火は生命を滅ぼす一方で、生命は金属や粘土の製品を作り出すために火を制御する方法を学ぶということも意味しているようである。『古事記』はイザナミが葬られた場所を「出雲国と伯伎《ははきの》国との堺の比婆《ひば》の山」としている。伯伎と比婆の語源は不詳であるが、[1]古代の出雲は良質な鉄の産地として知られ、また豊富な粘土にも恵まれていた。従って、金属と粘土への言及は、イザナミの死因としての火に関わるだけではなく、その逝去の場所の近くであったと推測される埋葬地にもふさわしいものである。

末期の苦しみの中で、イザナミの尿《ゆまり》からミツハノメノカミ（弥都波能売神、意味は不詳だが明らかに水を表す）[2]とワクムスビノカミ（和久産巣日神）が成った。さらにワクムスビノカミの子として、トヨウケビメノカミ（豊宇気毘売神）が生まれた。ここで神話は、火を操ることの発見がもたらしたもう一つの有益な結果として、おそらく水で煮炊きした食物を指しているのだろう。調理された食物は、その発見から間もない頃には驚くべき成果であったために擬人化されたのかもしれない。豊穣な（トヨ）食物（ウケ）という描写は見当外れではなく、おそらく女性の料理人であることを強調するために毘売（姫）が加えられたのだろう。

最後の出産を終えて、イザナミは「遂に神避《かむさ》りましき」と『古事記』は述べている。この表現は、死を表す言葉の中で消滅の意味に解されるものを避けようとする神道の努力を示している。『日本書紀』は、後に神話に現れるオオクニヌシ（大国主）の死を「隠れましき」と記している。[3] こうした神話中の言い回しは妥当である。なぜなら、神道は死の観念を忌み、神霊を滅び去るものとして表すことを拒むからである。神霊がとる物質的な肉体の形態はすべて衰え、実質が変化する。しかし、死後も神霊は存続することを神道は示唆している。どのような方法で存続するのか、あるいは死後には何が起こるのかについて、神道は何も言わない。神道の最大の関心事は常に、生ける実体としての神霊の進歩にある。死に際して「神避りましき」というのは、物質的生命としての神性の進歩発展から個別的に退くことである。神道はそのような隠退を、神霊がいまだ回避する手段を生み出せずにいる錯誤として遺憾とするのである。

死の国

みまかった後のイザナミをイザナギ（伊邪那岐）が発見した場所は、『古事記』では黄泉《よみ》の国と称され、チェンバレンは文字通り“Yellow Stream（黄色い泉）”と訳しているが、黄泉の国というのは中国的な表現であり、神道的ではない。[4] スサノオノミコト（須佐之男命）は、根《ね》の堅州《かたす》国《くに》と呼ばれる死後のイザナミがいる地を訪ねようとした。[5] これは『古事記』によると、神話の後段でオオクニヌシがスサノオノミコトに会いに行くよう指示された場所を表す言葉と同じである。[6] チェンバレンは『古事記』でこの言葉を“Nether-Distant-Land（地下の遠い国）”すなわち“Hades（冥府）”と訳しているが、語源は不詳だという。[7] しかし、『日本書紀』ではスサノオノミコトが根の国への追放を宣告されたとあり、アストンはこれを“Root Country”と訳している。[8] 根の国は根の堅州国の省略形であると思われる。なぜなら、どちらの言葉も出雲に降り立ったスサノオノミコトに同じ関係で結びつけられているからである。

神話で後に登場するスクナビコナノカミ（少名毘古那神）は、『古事記』には国土を去って「常世国《とこよのくに》に度《わた》りましき（常世の国にお渡りになった）」と記されている。[9]『古事記』では同じ言葉が、純粋な神話時代から長い年月を経た後、垂仁天皇[1]が香《かぐわ》しい橘の実〔非時《ときじく》の香《かく》の木実《このみ》〕を探すため多遅摩毛理《たじまもり》を遣わした場所の名前として用いられている。[10]常世の国の語源は不明瞭だが、チェンバレンは中国か仏教から取り入れたものであると示唆している。[11]加藤玄智と星野日子四郎は英訳『古語拾遺』の中で、常世の国にはおそらく三つの異なる意味があると述べる。すなわち、第一には文字通り永遠の国、永遠の至福の国あるいは極楽のことであり、第二には永遠の夜闇の国もしくは冥府のことであり、第三には地上に存在するが日本からはるか遠い国のことだという。[12]

これらのさまざまな言葉の意味を考え合わせると、神話は神霊が死後に退く場所が根の国であり、永遠にして香しく遠い極楽であると考えているように思えるかもしれない。しかし、常世の国はおそらく中国か仏教に由来するというチェンバレンの指摘に留意する必要がある。というのは、語源的考察はさておいて、永遠の至福の国や極楽という概念は、死後の生に対する神道の無関心と調和しないように思われるからである。とはいえ、根の国は明らかに神道により近く、神道独自の言葉である可能性がある。根の国は、万物の根源の地、すなわち天と解釈できるだろう。同時に、もしこの言葉を墓場に当てはめるとすれば、墓場は若返りと再創造の国と見なされなければならない。なぜなら、肉体は朽ち果てても新しい土壌の形成を助け、そこに生じる暗闇に埋まった根から、新たな生命が現れ出るからである。

死後のイザナミをイザナギが見つけ、自分のもとに帰るよう求めた時、イザナミはヨモツカミ（黄泉神）に相談してみると答えたと『古事記』にある。[13]これより少し後に月の神が生まれた際、『古事記』の記述によればイザナギはこの神に夜の食国《おすくに》（チェンバレンは“the Dominion of the Night”と訳している）を治めるよう命じた。[14]ヨモまたはヨミは、夜や闇の意味に由来するのかもしれない。ヨミは外国人が日本の死者の国に対して通常使う言葉で、チェンバレンは"Hades（冥府）"と訳している。◆15 神話は黄泉を閉ざされた墓場の国として描いているようであり、物質的身体がそこから脱出して活動的な生へと戻ることはできず、すべての重点が肉体の腐敗に置かれている。このように、黄泉と根の国には違いがある。黄泉は一般に考えられているとおりの墓場、すなわち肉体が安置され腐朽する場所である。根の国は、肉体が変容を遂げる墓場であり、地下にある根の国から新しい生命が発現するのである。それはまた、祖先の本源である天上の根の国であり、肉体の死によって非物質的な神霊が帰還する場所であるのかもしれない。

出雲と死

イザナギが黄泉の軍勢の追跡から逃れることになる出口は黄《よ》泉《もつ》比良《ひら》坂《さか》といい、後に「出雲国の伊賦夜《いふや》坂《ざか》」と名づけられたと『古事記』は記している。カール・フローレンツは、伊賦夜は揖屋《いや》に縮まって今も出雲に存在する地名であり、ヨミは島根県出雲にある地名であると述べ、さらに「古代の日本人が黄泉の国を出雲地方の一角に位置づけたことは疑う余地がない」と付け加えている。◆16

もしそうだとすれば、出雲を死の国あるいは墓場と称したのは、朝鮮が起源だったのかもしれない。おそらく朝鮮人が移住したと考えられる出雲は、開拓に携わった冒険者たちが故郷を離れて海の彼方の新たに発見された国へ向かうのを見送った友人や親類にとって、危険で不吉な遠い場所であっただろう。そのため、出雲は渡航者に最後の別れを告げた人々から死の国と見なされていたとも考えられる。

▼1 垂仁天皇は第十一代天皇。崇神天皇の第三子。天照大神を伊勢の地で皇女・倭姫命《やまとひめのみこと》に祀らせたのが伊勢神宮の起源となる。不老不死の果実を求めて多遅摩毛理《たじまもり》を常世の国に遣わしたが、果実を入手して帰った時に天皇は崩御していた。

出雲はまた、日本で最も古い開拓地の一つであったため、根の国という呼称は国土の根源の一つという意味で適用されたのかもしれない。同時に、出雲を墓場の国とする伝承があったことから、根の国、および省略しない形の根の堅州国は、誤って死の国と解釈されたものの、本当は出雲そのものを意味していた可能性がある。スサノオノミコトが根の堅州国に追放された後、出雲に降り立ったことは、このように説明できるだろう。一方、スサノオノミコトが墓場の国としての黄泉を支配したという伝承は、実際には出雲を指す根の国を現実的に統治したことと混同されたのかもしれない。後述されるオオクニヌシが根の堅州国のスサノオノミコトを訪ねた物語もまた、このように説明し得るだろう。

出雲の語源は湧き出る雲と一般に解釈され、神話が後に示すように、閨房《けいぼう》を覆い隠す雲を想起させる。そのため、出雲は墓場の国と考えられてきたかもしれないが、その名称は結婚の意味を通じて誕生の国を表しており、あたかも神道が新しく発現する生命によって死を克服することに関心を示しているかのようである。

イザナギの悲嘆

しかし、死は生の愛着を断ち切る。イザナギはイザナミの逝去に深い悲嘆を表した。古代の神道人の間では、夫婦の愛情を人為的な禁欲主義に強いられた外見の下に隠すようなことはなかった。イザナギは、妻の命が一人の子の命と引き換えになったことを嘆き悲しんだ。『古事記』によれば、イザナギはイザナミの枕元や足元に腹這いし、その涙からナキサワメノカミ（泣沢女神）が成った。この神は香山《かぐやま》の畝尾《うねお》の木《こ》の本《もと》に鎮座すると、チェンバレンが引用した平田篤胤の解釈にある。◆[17] カグの意味は完全には定まっていないが、平田は鹿に由来するとしており、チェンバレンもこれを最も妥当と考えている。◆[18] もしこの説明が認められるなら、温和な鹿と神社の結びつきは、夫婦の愛の精神を表していると捉えられるかもしれない。この象徴は神道にふさわしいものだろう。なぜなら、そのような愛から新たな生命が現れ、男女の人格が個々に発展すると同時に夫婦が一体となるからである。

　イザナギの号泣と山に住まう涙の神の誕生に関しては、さらに踏み込んだ解釈が可能である。涙は、山火事を消すための小川を表しているのかもしれない。この神話は火の出現に基づいている。イザナミを悼んで慟哭した後、イザナギは刀を抜き、その誕生が妻を痛ましい状況下で死に至らしめたヒノカグツチノカミ（火之迦具土神）の首を斬ったと『古事記』は伝えている。『古事記』によると、この刀の名はアメノオハバリ（天之尾羽張）といい、別名はイツノオハバリ（伊都之尾羽張）という。[19]さらに物語が進むと、イツノオハバリノカミ（伊都之尾羽張神）は、天の安河の川上の首長であり水をせき止めて逆流させた神として『古事記』に描かれている。[20]従って、イザナギが火の子の首を斬った「刀」は、実は消火に使われた水であったようにも思われる。刀はこの比喩に一致するよう、支配や克服の意味を表すために用いられたのかもしれない。

『古事記』は、火の子が殺された時に、その刀と血と体から成った十六柱の神の名を挙げている。これらの神々は猛威を振るう山火事と、それが鎮圧されて救われた森林を表すと読み取ることができるだろう。火の子の血から生まれた最初の三神は、イワサクノカミ（石拆神）、ネサクノカミ（根拆神）、イワツツノオノカミ（石筒之男神）であった。これらの神々は、森林の石や根を裂くほどの猛火が暴威を増し、その炎はあらゆる岩石を飲み込んで圧倒的な力で焼き尽くしたことを暗示する。一方、D・C・ホルトム[2]は、激しい雷雨を意味すると述べている。[21]

　続いて火の子の血から成った三神は、ミカハヤヒノカミ（甕速日神）、ヒハヤヒノカミ（樋速日神）、タケミカヅチノオノカミ（建御雷之男神）である。タケミカヅチノオノカミは、またの名をタケフツノカミ（建布都神）、トヨフツノカミ（豊布都神）ともいう。これらの名は、一帯をなめ尽くした迅速な火と閃く炎を鮮明に示している。破壊的な火をタケ（勇猛）と称し、また神霊と捉えるのは、完全に神道に即している。神道はあらゆる活動を霊的なものと見なし、鎮圧者に対して反撃する火にも勇敢さを見いだすからである。

　このほかに成った二神は、クラオカミノカミ（闇淤加美神）とクラミツハノカミ（闇御津羽神）である。これらの名の意味は不明だが、共通するクラは暗闇を表す。[◆22] 荒れ狂う大火の描写に続く暗闇は、火が消えたこと、つまり火の子が死んだことを示唆している。

　暗闇の出現の次に名前が挙げられる八神は、火の子の屍体の異なる部位から成ったと説明されている。一連の出来事の最後に現れることから、これらの神々は火災を免れたものを意味すると推測できる。いずれの神の名にもヤマ（山）が含まれるが、名前自体は山地のさまざまな様相を表しているに過ぎない。すなわち、マサカヤマツミノカミ（正鹿山津見神）、オドヤマツミノカミ（淤縢山津見神）、オクヤマツミノカミ（奥山津見神）、クラヤマツミノカミ（闇山津見神）、シギヤマツミノカミ（志芸山津見神）、ハヤマツミノカミ（羽山津見神）、ハラヤマツミノカミ（原山津見神）、トヤマツミノカミ（戸山津見神）である。ここに列挙される山の数が「八」であることは、火の子に関連して不特定多数を表している。[▼3] あたかも原始時代には山火事が至るところで発生したことをほのめかしているようである。しかし、山々は火の子の屍体から生成（または再生成）したとされていることから、炎を克服または阻止する手段は発見されたのであった。

イザナギのイザナミ訪問

神話は次に、イザナギがイザナミを連れ戻したいと願い、死の国である黄泉へ探しに行く物語になる。『古事記』は黄泉で両者が出会った場所を「殿」と呼び、イザナミが戸から出て夫を迎えたと記している。

この物語は、妻に先立たれた夫がその墓を訪れる夢のようにも読める。最初に妻が自分に語りかけてきたと想像した時には御殿のように思われたが、後には生者と死者を分かつ忌まわしい場所と化すことになる。神道はこの神話を通して、死に対する態度を示している。

『古事記』によれば、イザナミが黄泉の御殿から出てきた時、イザナギは「吾と汝と作れる国、未だ作り竟《を》へず。故、還るべし（私とおまえが作った国は、まだ作り終えていない。だから帰ってほしい）」と語った。妻の死に際して、イザナギは人間らしい自然な愛着を表し、過剰ともいえる悲嘆の情を露わにして喪失を悼んでいた。だが、イザナミと巡り会えたにもかかわらず、イザナギは愛情を抑制して、さらに多くの国を作るため、つまりより多くの子を生むためにだけ自分のもとへ帰ってきてほしいと伝えたに過ぎなかった。

　これに先立って、イザナミの死に打ちのめされたイザナギは、死別の原因となった火の子を斬り殺したのであった。しかし、妻と対面した今は何ら表立った感情を示さない。イザナミを単に子を生む者として見ているかのようだ。この突然の態度の変化は、かつて男性が女性に公然と愛情を示していたことに対する批判として神話に加えられた可能性がある。後代の社会規範では、男性による愛情表現を強調しないことが求められたためである。女性の価値は、主に人口を増やしたり男性や家族のために働いたりすることにあると見なされた。女性に対するこうした異常な態度は、夫婦関係の発達において後から生じたもので

▼2　D・C・ホルトム（Daniel Clarence Holtom、一八八四 - 一九六二）は米国の宣教師・日本研究者。一九一〇（明治四十三）年、バプテスト派から派遣され来日。関東学院教授、青山学院神学部長などを歴任する傍ら神道を研究。著書に『現代日本と神道ナショナリズム』など。その神道研究は戦後、ＧＨＱ（連合国軍最高司令官総司令部）の「神道指令」にも影響を与えた。

▼3　「八」は多数や多様性、無限を表す。神道神話には「八百万《やおよろず》の神」「八十神《やそがみ》」「八尋殿《やひろどの》」「八俣《やまた》の大蛇《おろち》」「八雲《やくも》」など八の付く言葉が頻出する。

あり、夫の自然な感情に基づくものでないことは、イザナミの死をイザナギが嘆き悲しんだ事実からも明らかである。イザナギの激しい愛情表現は、『古事記』の記述ではほとんど理想化されている。にもかかわらず、続く黄泉の戸口での対面で、イザナギは単にもっと多くの子を生むために戻ってきてほしいという冷たい言葉をイザナミに告げるのである。

イザナミは、イザナギの言葉の意味を理解していたようであり、その答えは辛辣で非難めいている。『古事記』によれば、イザナミは「悔しきかも、速《と》く来ずて。吾は黄泉戸喫《よもつへぐい》しつ（残念です、あなたが早くいらっしゃらなくて。私は黄泉の国のかまどで煮炊きしたものを食べてしまいました）」と言い放った。アストンはこの表現について、ある土地の食物を食べた以上はそこに留まらなければならないという広く普及した考えを指すと述べている◆23。すなわち、墓場（黄泉）に入った以上、戻る道はないということである。

だが、イザナミはなぜ夫に、もっと早く来なかったのは残念だと言ったのだろうか。それは自分の死後、夫が会いに来るのが遅かったという意味ではないだろう。イザナギは、より多くの子を生むために帰ってきてほしいとイザナミに言った。イザナミの答えは、自分が死ぬ前、出産で苦しんでいた時にイザナギが助けてくれなかったことに対する非難であった。出産の苦悶からイザナミを蘇生させることで、死を免れる望みがあったにもかかわらず、早く来なかったのは残念だということである。

産屋

これがイザナミの批判的態度の本当の理由であったようだ。イザナギを責めたことは、分娩中に母親が助けもなく隔離される産屋の制度に対する女性の反抗として読むことができる。後にイザナギが産屋に言及していることから、イザナミは野外や住居で亡くなったのではないと推測される。イザナミの死は、何の援助もない産屋の中で起こったのである。古代において（明治時代に至ってさえも）、日本の妊婦たちは地域社会から離れた産屋で子どもを出産するのが習わしであった。この過酷な慣習は、血を死の象徴として忌み嫌う神道に起因するとされてきた。だが、より有力な理由は、父性というものの知識がなかった時代にさかのぼる。

かつて子どもは非物質的神霊の働きとして母体に宿ると考えられていた。すべての生命は霊的起源を持つという信念は、おそらくこの説から始まったのだろう。この説はトーテム族の間で受け入れられてきたとされ、子どもはトーテムの霊によって母親の内に現れると見なされたのである。太古の日本への移住者がトーテム族の地域から来たとすれば、彼らはトーテム信仰を日本にもたらしたはずである。以来、産屋の慣習は、妊婦を人の目から隔離することで目に見えない神霊と直接結びつけるものとして発展した可能性がある。この慣習がしっかりと定着し、当初の理由が忘れ去られ、子どもは夫によって授かると知られるようになった後も、産屋は続いたのである。

神道は生まれてくる命を歓迎するため、この過酷な制度が神道の影響に由来するとは考えにくい。神道は出産を恐れず、むしろこれを喜ぶ。赤ん坊は生後なるべく速やかに神社へ連れて行かれ、乳児期から神道に触れるようになる。けれども、母親は出産によって亡くなることもある。そのため、神道の死に対する忌避感が、少なくともこの慣習の改革を怠ったと言わざるを得ない一因となったのかもしれない。

しかし、イザナミは出産の苦しみの中で助けを得られなかったことを嘆き悲しみ、そのような改革をしようとした可能性がある。イザナミは即座に絶命したのではなく、臨終の苦悶は長引き、死が近づく間にも次々に出生が起こったと伝えられている。神話の中には、イザナミに何らかの助けが与えられたという形跡はない。神道の神話において、イザナミは子を生んだ最初の母親である。そして、男性が父性について無自覚であるのに対し、女性は当初から産屋の制度に反対したが、成果はなかったということが推察される。未開民族の女性は文明化された女性に比べて虚弱ではなく、出産に当たって通常ほとんど手助けを必要としない。しかし、周囲の状況が変わり、神経系がより敏感になってからも女性たちに援助を与えないとすれば、それは原始状態に固執することである。イザナミは最初の女性であると同時に、進歩する文明を擬人化した存在でもあることは、その多くの子どもたちの名が示している。そのため、イザナギに対するイザナミの非難は正当であると解釈するのは、人道主義的見地からも理にかなう。

　イザナギはその時、イザナミの悲嘆の声には何も答えなかった。だが、イザナミを後に残してイザナギが黄泉を脱出する際の両者の別離の言葉は、夫に対するイザナミの最初の非難に関連しているようである。苦悶の末に出産したイザナミは、今や死の化身となり、『古事記』によればこう言い渡した。「かく為《せ》ば、汝の国の人草《ひとくさ》、一日に千頭絞《くび》り殺さむ（私はあなたの国の人間を一日に千人絞め殺しましょう）」。イザナギはこう答えた。「汝然為《しかせ》ば、吾一日に千五百の産屋立てむ（おまえがそんなことをするならば、私は一日に千五百の産屋を建てよう）」。これをもって一日に必ず千人が死に、千五百人が生まれると述べられている。◆24

「かく為ば」というイザナミの言葉が何を指しているのかは『古事記』に書かれていない。イザナミはイザナギに離れていてほしいと望んだのであり、恐ろしい経験をしたイザナギが黄泉に戻ることを願ったとも考えにくい。『日本書紀』の一書によれば、この言葉はイザナギが「絶妻之誓」を立てた後に発したとされている。◆25 だが、死者は離婚をしない。また、たとえイザナギがそのつもりであったとしても、なぜイザナミは国の人口を減らそうと欲したのだろうか。

『日本書紀』の別の一書によれば、イザナギが脱出する際、ヨモツチモリビト（泉守道者）という番人がイザナミからの最後の伝言をこのように告げている。「吾、汝と已《すで》に国を生みてき。奈何《いかに》ぞ更に生《い》かむことを求めむ。吾は此の国に留りて、共に去《い》ぬべからず（あなたとの国生みは既に終わりました。なぜさらに生む必要があるのでしょうか。私はこの国に留まるつもりなので、一緒には行けません)」[26]。この伝言は、両者の最後の言葉のやりとりが、より多くの子を生むために戻ってきてほしいというイザナギの初めの要求の続きであることを示唆している。それはあたかも、何の援助もない産屋で凄惨な経験をしたイザナミが、女性を単に子を生む者とする考え方に反抗しているかのようである。従って、『日本書紀』と『古事記』の記述を考え合わせると、イザナミによる別れの脅し文句は次のように解釈できるだろう。「私たちはもう十分に子を生みました。もしあなたが、私の苦痛に満ちた死を引き起こした産屋の制度を強要し続けるならば、あなたの国にはさらに多くの同じような死がもたらされるに違いありません」。続くイザナギの答えは、「おまえが出産の死神となって母親を殺すならば、私は死を上回る数の産屋を建てよう」という意味であろう。産屋への嘲弄的な言及から、イザナギはイザナミの不満の理由を理解していたことがうかがえる。

イザナギの黄泉からの脱出

イザナミは黄泉の御殿の戸口でイザナギを責めたのだったが、当初は生き返ることを望み、ヨモツカミに相談してみると言った。そして、自分の姿を見ないようにとイザナギに伝えて、再び黄泉の国に戻っていった。だが、待ちきれなくなったイザナギは、黄泉の国に入り、櫛《くし》の歯に火を灯して見た。すると、イザナミの身体には蛆《うじ》がたかり、腐敗して八柱の雷神が現れていた。イザナギは逃げ出したが、イザナミは「吾《あれ》に辱《はぢ》見せつ(私に恥をかかせましたね)」と叫び、黄泉醜女《よもつしこめ》を遣わして後を追いかけさせた。

イザナミの怒りは、初めは産屋で援助が与えられなかったことによるものだったが、イザナギが屍体を目撃したことでさらに増大した。イザナギの心の中にあったであろうイザナミの帰還に対するいかなる望みも、朽ちかけた屍体を目にした後には消え去ったことをイザナミは確信した。「吾に辱見せつ」という叫びは、女性心理への深い理解を示している。

太古の時代も現代と同様に、女性は醜く不快な姿をしている時には男性に見られたくないということをこの神話は明らかにしている。男女関係における根本要素の一つは、女性の美が男性の功利性に豊かな影響を与えることである。女性が男性をとりこにするのは、女性の美の力によるところが極めて大きい。それが失われれば、男性は疎遠になりがちである。それが続く間は、女性の力は強まっていく。イザナギに対して墓の中を見ないよう要求したイザナミは、この事実を察知していたのである。自分の不浄な姿を目にすれば、イザナギの心の中にあった審美的魅力の観念は崩壊し、元の関係には決して戻れないことをイザナミは知っていた。そのため、イザナギが腐りかけた屍体を覗き見た際、イザナミは激怒したのである。「醜」女を遣わしてイザナギを追いかけさせたというのは、実はイザナミの美が失われ、外的な美意識もなくなったことで、イザナミ自身の醜さがイザナギを一目散に逃走させたことを意味している。神話が描き出すように、現実生活においても男性は、女性の美的な影響力が消え失せて雷のようになる時、しばしば逃げ出すものである。

黄泉醜女が追い続ける中、イザナギが黒御鬘《くろみかづら》を取って投げ捨てると、それは葡萄《ぶどう》に変わった。そして、醜女が止まって葡萄を食べている間にイザナギはいくらか逃げた。だが、醜女はなおも追ってきたため、櫛を取って投げ捨てると、それは筍《たけのこ》となり、醜女は同じように食べた。続いて、雷神と千五百の黄泉軍《よもついくさ》が追跡に加わった。イザナギは後ろ手に剣を振り回したが、追跡は生者と死者の境界である黄泉比良坂まで続いた。坂のふもとには桃の実が三つなっていた。イザナギが待ち構えて桃の実を追っ手に投げつけると、彼らは残らず退散した。

このように、物語は最後まで悪夢のように恐ろしさを増していく。しかし、この物語から、神道における死の理解について、以下のような洞察を得ることができる。

（一）死者が生き返ることはない。肉体の再生はない。なぜなら、イザナミはイザナギのもとへ戻らなかったからである。

（二）死者は別の形態で生き続ける。イザナギの肉体は朽ちても、その人格は存続した。肉体は滅びるが、非物質的な神霊は不滅である。この信念のさらなる表れは、神話で後に語られる、天から降臨した人間としての神に死すべき運命という報いが与えられた物語に見られる。『日本書紀』には「顕見蒼生《うつしきあをひとくさ》は、木の花の如に、俄《しばらく》に遷転《うつろ》ひて衰去《おとろ》へなむ（目に見えるこの世に生きている人々は、木の花のようにしばらくで移ろって、衰えてしまうでしょう）」と表現されている。◆27 重点は、死すべき存在としての「顕見蒼生（目に見える人々）」に置かれている。目に見えない神霊は、その呪言には含まれていない。

（三）生命は出生の継続によって死を克服する。イザナギは、千人が死んでも、千五百人が生まれると宣言した。

（四）生者が死を避けることは可能なはずである。イザナギはイザナミの屍体の在処《ありか》を訪ねたが、それでも死を免れた。生命は、出生を続ける以外の方法でも死を克服することができる。イザナギが死の追跡者たちを追い返した三つの桃の実は、生きた現実であり、黄泉の国の外で生育する最初の植物であった。イザナギの鬘《かつら》と櫛から生じた葡萄と筍は死の領域の産物だったため、死を食い止めることができなかった。しかし、桃の実に具現化した生命は、死を退却させたのである。『古事記』によれば、イザナギは桃の実に向かってこう告げた。「汝、吾を助けしが如く、葦原中国《あしはらのなかつくに》にあらゆる現《うつ》しき青人草《あをひとくさ》の、苦しき瀬に落ちて患《うれ》ひ惚《なや》む時、助くべし（おまえは私を助けたように、葦原中国に住むすべての人々が苦しみの中にあって憂い悩む時には助けてあげなさい）」。◆28 つまり、生命は苦難の中にある生命を、とりわけ死の脅威にさらされている時には、「汝、吾を助けしが如く」助けなければならない。従って、神道は人間にとって死がなくなる時を待ち望んでいる。その時がもし科学的発見によって達成されたとしても、神道の霊性的信条は何一つ変更を必要としないだろう。『古事記』には、イザナギが桃の実にオオカムズミノミコト（意富加牟豆美命）という名を与えたとあるが、これは死に立ち向かった生命に対する一種の祝福であり、神道にいかにもふさわしい。

イザナミ自身が姿を現した時、イザナギは黄泉比良坂を巨大な岩で塞いだ。そして互いに最後の脅し文句を交わした。『古事記』には、イザナミはその後ヨモツオオカミ（黄泉津大神）、またはチシキノオオカミ（道敷大神）と称されたとある。二つの名前の意味は、イザナミはイザナギを追って生の道までたどり着いたが、墓場に戻り、その体は永遠にそこに留まっているということである。イザナギが死への道を封鎖した岩にも、『古事記』ではチガエシノオオカミ（道反大神）、ヨミドノオオカミ（黄泉戸大神）という二つの名が与えられている。これは、死がそこで生から追い返され、生死を隔てる扉が閉ざされたことを表す。神道は、生命の進歩において墓場という人類の発展を阻むものに二度と遭遇することがないよう、死の扉を永久に封印することを望んでいるのである。

第四章　禊と悪

『古事記』によれば、黄泉の出口を去ったイザナギ（伊邪那岐）は、「『吾はいなしこめしこめき穢《きたな》き国に到りてありけり。故、吾は御身《みみ》の禊為《みそぎせ》む。』とのりたまひて、筑紫《つくし》の日向《ひむか》の橘《たちばな》の小門《をど》の阿波岐《あはき》原に到りまして、禊ぎ祓ひたまひき（「私は実にいやな、醜い、穢《けが》れた国に行ったものだ。だから身体の禊をしよう」と仰せになり、筑紫の日向の橘の小門の阿波岐原に出でて、禊祓《みそぎはらえ》をなさった）」という。◆[1] イザナギが禊をするために九州を意味する筑紫へ行ったというこの記述は、『古事記』で黄泉の出口を出雲の伊賦夜坂《いふやざか》に位置づけた数行後に続いている。◆[2]

出雲の排斥

黄泉から脱出した後、できるだけ速やかに禊をするのが自然だと思われるが、神話ではなぜイザナギが遠方の九州まで赴いたことになっているのだろうか。その答えは、神話のこの部分が基本的に、出雲族と対立して日本の支配的勢力となった九州族によって編まれたためと思われる。黄泉におけるイザナギとイザナミ（伊邪那美）の恐ろしい邂逅の地を出雲に定めたのは、この地方に対するある種の排斥であった。九州族の価値観からすれば、死の国である出雲は神道の禊を行う場としてふさわしくなかったのかもしれない。死との接触を経験した後のイザナギの禊には、支配部族にとって最初の定住地である九州のほうがより満足のいく場所だったのだろう。

さらに、より重要なことは、イザナギが伝承上の天の統治者となった天照大神《アマテラスオオミカミ》を禊の後に生んだことである。出雲族は九州の支配者に服従することになったため、天の統治者の生誕地として出雲は適していなかったのだろう。神道の伝承において、天照大神は天の統治者であるだけではなく、地上における祖先が九州に由来する歴代天皇の天祖であるとされている。そのため、神話がイザナギの禊の地を部族が最初に定住した九州に位置づけたことは妥当である。その他の場所では、九州族の支配と統一の伝承にそぐわなかっただろう。

イザナギの禊の地が九州の日向《ひむか》地方の橘《たちばな》の付近とされているのは、特別な意味があるのかもしれない。チェンバレンによれば、橘は柑橘類の木の総称であり、日向は「太陽に向かう」ことを意味する。[3] 後世に禊の儀式の拠点となる神社は、おそらく木立から始まったのだろう。樹木は今日に至るまで、神社建築の主要な環境をなしている。そのため橘は、実体はないものの萌芽時代の神社と見なすこともできる。橘すなわち蜜柑《みかん》は、後に『古事記』の垂仁天皇の治世の段で「非時《ときじく》の香《かく》の木実《このみ》（いつでも香り高い木の実）」と呼ばれ、遠く離れた歓喜の国を意味する常世の国に自生していたことが示唆されている。[4] 蜜柑が九州に自生していたかどうかは定かではないが、神話はイザナギの禊の場所の付近の木立を、その伝説的な香《かぐわ》しさから橘と称しているように思われる。従って神社もまた、神道の霊性的価値を信じるすべての人にとって香り高い場所なのである。

禊が「太陽に向かう」ことを意味する日向で行われたのも伝承にはふさわしい。なぜなら、太陽そのものがこの直後から神道において高い象徴的地位を占め始めるからである。神話はイザナギの禊に関連して橘と日向の地名を挙げることで、単に場所を表すだけではなく、名前の意味を通じてこのような趣旨も込めようとしたようである。神話は常に、用いる名称によって内なる意図を指し示しているように思われる。

禊の準備

身を清める前にイザナギは衣服を脱ぎ捨てた。『古事記』には脱衣の描写で、イザナギの衣服からさまざまな神が生じたとある。これらの神々の誕生は、イザナギがまさに味わったばかりの経験や、これから行う禊に対する自らの考えを如実に表している。神話はあたかも、神道においては人間の思考そのものも神霊であり、独自の非物質的な実在性を帯びるという事実を強調しているかのようである。イザナギの抱いた「カミの思考」は次のようなものだったであろう。[1]

杖を投げ捨てた時に成ったツキタツフナドノカミ（衝立船戸神）は、黄泉の出口を塞いで追っ手がそれ以上来られないよう突き返したことを示している。これはイザナギの脱出において最も鮮明な記憶であり、真っ先に脳裏に浮かんだに違いない。アストンは仮説として、禊の儀式中に人々が近づき過ぎないよう通告するための杭を立てたことを意味するのかもしれないと指摘する。だがチェンバレンは、『日本書紀』

▼1　伊邪那岐《イザナギ》が身に着けていたものから成った神々に関するメーソンの解釈は、以下の英訳された神名に基づく。衝立船戸神《ツキタツフナドノカミ》（Thrust-erect-come-not-place-Kami）、道之長乳歯神《ミチノナガチハノカミ》（Road-long-space-Kami）、時量師神《トキハカシノカミ》（Loosen-put-Kami）、和豆良《ワズラ》比能宇斯能神《イノウシノカミ》（Master-of-trouble-Kami）、道俣神《チマタノカミ》（Road-fork-Kami）、飽咋之宇斯能神《アキグイノウシノカミ》（Master-of-the-open-mouth-Kami）。

におけるイザナギの黄泉からの脱出では、イザナギは杖を投げ捨て、おそらくイザナミに向かってであろうが「此《これ》よりな過ぎそ（これ以上来るな）」と言ったことに注目している。[5] このほうがツキタツフナドノカミの説明としてはより自然なようである。

帯から成ったミチノナガチハノカミ（道之長乳歯神）は、イザナギが逃げた際に持ちこたえなければならなかった長い疾走を指す。

嚢《ふくろ》から成ったトキハカシノカミ（時量師神）は、鬘《かつら》や櫛を緩めて地面に投げ捨てた時に葡萄や筍になったことを示唆する。

衣から成ったワズライノウシノカミ（和豆良比能宇斯能神）は、イザナギが脱出に成功した際、その心が事態の把握に向かったことを暗示する。

褌《はかま》から成ったチマタノカミ（道俣神）は、イザナギが黄泉の出口を脱すると、道が褌のように分岐し、一方は死の国へ、他方は生の国へ向かっていたことを示す。

冠から成ったアキグイノウシノカミ（飽咋之宇斯能神）は、冠の開口部と暗い内部が、逃れてきた黄泉の開いた入り口と暗黒の住処《すみか》を思い出させたことを意味する。

こうして悲劇的な記憶を断ち切ったイザナギは、目の前の小川に注意を向け、身を清めるのにふさわしい場所を探し求めた。イザナギの観察の様子は、左の手纏《たまき》から成った三柱の神と右の手纏から成った三柱の神の名の意味に明確に表現されている。すなわち、オキザカルノカミ（奥疎神）、オキツナギサビコノカミ（奥津那芸佐毘古神）、オキツカイベラノカミ（奥津甲斐弁羅神）、ヘザカルノカミ（辺疎神）、ヘツナギサビコノカミ（辺津那芸佐毘古神）、ヘツカイベラノカミ（辺津甲斐弁羅神）である。[6]

イザナギは、上流は水の流れが速過ぎ、下流は遅過ぎると気づいた。そこで、中流に潜って禊をした。黄泉の国で付着した汚垢《おこう》を洗うと、そこからヤソマガツヒノカミ（八十禍津日神）とオオマガツヒノカミ

（大禍津日神）が成った。そして、『古事記』[7]には「次にその禍《まが》を直さむとして、成れる神の名は、神直毘《かむなほびの》神。次に大直毘《おおなほびの》神。次に伊豆能売《いづのめの》神」とある。

悪の意味

神道神話におけるこの最初の禊の儀式は、死と接触したことの悪によるものであるという事実を重視しなければならない。死は生命の敵であるため、神道の伝承では死に対する忌避感が常に強調されている。生命が直面する根本的な問題はいかに生きるかであり、生者が死と関わることは悪なのである。神道は生命を、天上の神霊が物質界に現れ出るための方法と見なしている。もし死が最上であるとすれば、神霊は客観的活動におけるムスビの創造力を拡大するために物質的形態を自ら展開させ続けることができない。

死は、物質化した神霊のあらゆる進歩発展の前に立ち塞がる。物質的形態をとった神が生きた存在を通じて発展することができるのは、経験と実験によってのみである。神道において、神は自己の物質的運命について絶対的な支配力を持っていない。神霊が物質界で自己のために完璧な形態を創造するよう命じ得る方法はない。神霊の活動は、空間内の冒険で徐々に得られた新しい知識によって限定される。地上の生命を完全に破壊し、神霊の実験を台無しにするほどの圧倒的な災難の可能性は絶えず存在している。

従って、死は生命が闘わなければならないあらゆる悪の中で最も危険なものである。死は神霊の進歩にとって最大の障害であり、新たな誕生を繰り返すことによってのみ克服される。神話の中でいつも誕生が重んじられているのは、生ける形態をとった神霊は生命の自己増殖の努力によって死を乗り越えるため、何よりも誕生への敬意を最高位に引き上げなければならないという神道の理解を示す方法である。

けれども、死は神霊に敵対する何らかの破滅的な源によって人間にもたらされた悪ではない。神霊が客観的宇宙に進出することは自己創造的な動きであり、それ自体も神霊である世界の中で試行錯誤しながら、ゆっくりと手探りで進んでいくのである。神霊の進化が生み出す新たな状況は、良い場合もあれば悪い場合もある。神霊の進歩発展に有利な影響を及ぼすこともあれば、その発展を妨げることもある。生命の神霊は結果を予知することはできず、良く見える結果が真に有益なのか、悪く見える結果が実は良いものなのかを事前に知る確実な手段を持っていない。経験こそが教師なのである。

だが、ただ一つの悪だけは、実験的な試みなしに、生命にとって最大の障害であると常に認識されなければならない。死は、もしその数が誕生を上回った場合、逃れることのできない完全な非物質性に神霊を追いやることができる唯一のものであるという独特な地位を占めている。神道は非物質性から外界へ進出する神霊に最大の関心を寄せるため、死を諸悪の根源と見なしている。故に、神道神話で最初の禊の儀式は、死と接触したことによる汚穢《おわい》を払うために行われたのである。

神道におけるほかのすべての悪も同じ観念に基づいており、生命の進歩を阻害する恐れがあるもの、あるいは生ける神の発展を実際に妨げるものは何であれ、不純と見なされる。神道にとって悪とは、生命の障壁となるものである。それは生命の前方へ向かう流れを阻むものであり、神霊がムスビの自己発展の働きによって前進するためには克服されなければならない。

しかし、悪そのものも神である。それは全宇宙が神霊であるとする神道の信念の根本原理となる。そのため神話ではイザナギの禊の描写で、一切の悪を神と名づけている。すなわち、ヤソマガツヒノカミ（八十禍津日神）とオオマガツヒノカミ（大禍津日神）である。ヤソ（八十）は「多数の」「すべての」という一般的な意味を持つ。この二柱の悪神は、すべての悪と大いなる悪を指している。神道では善悪を区別することなく、万物を神霊と捉える。実のところ、悪とは物質的個性を拡大する自己発展の努力における神霊の無知に適用される言葉である。悪は、地上における神の進歩に寄与しない狭い知識である。これをより広い知識に置き換える方法が見つかっていないか、あるいはその有害な影響についての一般的な合意がないために、悪は存在し続けている。自己決定的なムスビの精神は、自らの創造物に対する実験的な再調整によってのみ神の生命運動を前進させることができる。

ムスビの神霊が「新しい」ものを創造できるというまさにその事実が、新しいものは結果が分かる前に試されなければならないことを意味する。もし新しいものの結果が予知できるとすれば、それは新しいものではあり得ず、創造的原動力は機械論的原動力に取って代わられるだろう。ムスビの実験的な試みが失敗すれば、悪が生じる。正しければ、善が生じる。しかし、いずれの場合でも、そこに働いているのは個人的にも集団的にも自己の発展を求める神霊である。それぞれが自らの利益を求める個人や集団は、衝突することもあるだろう。だが、個人と個人の間、もしくは個人主義と集団精神の間のあらゆる衝突は神の闘争であり、神性の活動なのである。

ここには、創造的原動力の根本的基礎と、生命を支配する全能の力の否定が、神道の原始的な潜在意識の理解として例示されている。神道において悪は、人間を惑わせ、徳と正義の道から逸脱させようとそそのかす別個の霊的実体としては認識されていない。神道に悪魔は存在しない。

神道における罪

神道における罪は神学的な意味を持たない。なぜなら神道では万物が神霊であり、もし神学というのが超然たる神と人間の関係の研究を意味するならば、神道神話に神学はないからである。神道では人間と神の間に隔絶はない。日本語の「ツ」または「ツミ」は悪や罪と訳されるが、実際は過失を意味する。その神道的な含意は「自己過失」であり、いかなる神の法則に対してでもなく、神霊が自らに対して犯す過ちである。過失が生じるのは、神としての人間が未来の出来事について完全な事前知識もなく、また有害と判明した過去の方法を変え得るだけの十分な自己開発力もないままに、物質的発展の道を模索しなければならないからである。アーネスト・サトウによれば、当初ツミは罪悪という考えを含まず、人間の行為や外見において単に不快なものを表していたという。[8] この言葉の意味は、神道精神と完全に合致している。

神話の中で悪や罪が正式に言及されたのは、イザナギが死に接触したことに関するものが事実上は最初である。だが、神話ではこれより前にイザナミがイザナギに結婚を申し込んでいたことが、過失という観点から悪の初めの例と考えることもできる。けれども、古代の神道では悪の観念がとても曖昧であったため、天の神々自身にもイザナミの過ちを認識できず、それを見極めるために占いをしなければならなかった。このように、天の神々はある行為が悪であると任意に宣告する方法を持っていない。それは人間自身がなすべきことである。なぜなら、伝承によれば天の神々は占いという方法、つまり無知のために責任を恣意的に負わせる人間的な手段に頼ることを余儀なくされたからだ。根本的に、神道では神霊による悪や罪と、過失や無知の間に、程度の差以外の区別はない。

カール・フローレンツは、「アシキワザ（悪しき業）」と「ケガレ（穢れ）」には明確な区別がなく、両者はツミ（罪）の正しい意味を成すと見なしている。そして、「ワザワイ（禍）」の観念について「災禍は神罰と考えられたため」、副次的にのみ罪の意味に含まれたとしている。[9]

しかし、神罰として災禍が人間に降りかかるという考え方は、純粋な本来の意味において、全く神道的ではない。神道神話の中で災禍というものは、そのように位置づけられていない。事実、神話にはいかなる神学的意味においても、天上の力によって人間に罰が科されたことを実証できるような例はない。天の報復として人間に災禍が降りかかるという観念は、中国起源で日本に入ってきたことは確かなようである。中国人は、皇帝が人民の安寧に関して天に責任を負っており、もし災禍が起これば、天が統治者の人格や言動に落ち度があったことを罰したのだと見なした。そのような考え方は神道的信念とは全く異質であり、日本人には持ち得ないものである。

ハンセン病は日本において、神罰という輸入された意味で災厄と見なされ、この病気を指すテンケイビョウという言葉は「天の刑罰としての病」を意味している。[▼2] しかし、「天」という言葉そのものが中国に由来する。遠い昔から日本がこうむってきた最悪の災禍は、地震の猛威であった。だが、神道神話の中には、地震を天による罰や災禍として記述している箇所はない。日本の伝承において天から人間への罰ということが言及されている場合は、輸入された外来の原理として受け止めなければならない。それは純粋な神道に起源を持つものではない。フローレンツが述べるように、それは副次的な考えである。

悪または罪としてのツミは、「包む」や「隠す」を意味するツツミに由来すると考える学者もいる。この含意は、悪事の発覚を避けるだけではなく、ハンセン病などの恐ろしく伝染性のある変形を隠そうとする欲求も示唆している。生命の発展を重視する神道は、健康的な生活に特別な配慮をしなければならない。健康は生命の進歩に不可欠なためである。特に不健康な状態が一目瞭然であった場合は、心身の傷病の跡が障りとなったのであろうし、それを隠そうと欲するのは当然のことであっただろう。「隠すこと」から派生したツミの最初の意味は、道徳原則の理解の始まりと、個人が自らの過失行為を認識してそれを隠そうとする不安の表れを暗示しているのかもしれない。

▼2　かつてハンセン病は宗教観や迷信に基づき「天刑病」「業病」などと称されることもあった。日本では一九〇七（明治四十）年に法律「癩予防ニ関スル件」が制定され、国による患者の強制隔離政策は一九九六（平成八）年に「らい予防法」が廃止されるまで続いた。

神道における道徳

神道には、天から授けられた不変の道徳律はない。この事実は、神道が一部の外国人批評家から非難される原因となっている。また、中国思想が伝来した後の日本人をも困惑させ、本居宣長が、日本人は生来道徳的であるため天による倫理上の導きを必要としないという教説を考え出すことにつながった。だが、神道をムスビの観点から、また普遍的な創造的神霊として理解することは、天が人類に道徳的指導を与えることは不可能と認めることを意味する。人類そのものが、全く新しい方向へと進出する天の神霊なのである。天は、経験に先立って行為の規則を定めるという意味では、自らの動きを支配しない。一方、天上の神は確かに道徳律を創造するが、それは地上の姿をした神霊が生命を進歩させる手段として倫理を知る必要を経験から学ぶのと同じである。

従って、神道における道徳は、知識の発達を通じて人間が進化させる原則である。天が人間に服従を命じるような道徳律は、二元論を認めることを意味する。つまり天の立法者が、違反すれば罰するという脅しとともに人間に対して順守を強要することになる。そのような考えは、神道の徹底した一元論とは相容れない。神道の意味するところによれば、道徳とは人間が自ら作り出さなければならない行動様式である。もし神道が神学的な道徳観念を受け入れるとすれば、それは人間と神性の分離を認めることになり、純神道が外来の革新によって損なわれたことを意味するだろう。

神道のいかなる意味においても、天は法の違反者に罰を科すことはできない。なぜなら、法の違反者自身が物質的形態をとった神霊であり、道義に反する行為につながる自己の過失や判断の誤り、利己主義に対処する手段は地上の神霊が自ら創造すべきだからである。

神霊は普遍的一体性であるが、普遍性を保持しながらも形態上は個別化している。この普遍性という事実が、天は個人を支配しているとか、普遍的な道徳律は個人が自らの利益のために無条件で服従するように作られているといった、神道にとっては誤った考えを時として引き起こすことがある。そのような教説を否定する神道は、個人とは多様な方法で新たな発展を模索する普遍的存在であり、道徳原則とは集団に属する個人が経験を通じて自分たちの進歩に資すると理解している手段のことである、と説いているように思われる。そのため、神道に確固たる道徳律が欠如していることは、倫理的教説を拡大する余地があるだけでなく、生命の進化における異なる環境や条件によって道徳の意味にさまざまな見解が存在することの許容にもつながる。

神霊としての禊

神道において禊は、神霊を呼び覚ます清めの過程に基づいたさまざまな意味合いがある。禊には、物質的形態をとった神霊が自己発展の中で犯した過ちを悟るという意味があるだろう。また、神霊とは普遍的な側面において個体を超えた存在であることを個人が認識するという意味もあるだろう。禊は、個体性が生命のすべてではなく、物質には独自の優位性や実体性はないと心に思い起こすことによって、神性に対する個人の理解を拡大する。個人が神霊の全体的な進歩を促すために自己の役割を果たす責任を理解した時、心と禊は一致したといえるだろう。

禊を求めたイザナギは、うかつにも死に接触したことで生命の発展を危険にさらすという罪を犯したのだった。もし黄泉の国で捕らえられていたら、死を免れ得なかっただろう。その場合、イザナギを中心とする神霊の発展は、早々に終焉を迎えていたはずである。経験不足で衝動的過ぎたイザナギは、十分な用心をせずに墓場の暗黒領域へ立ち入った。イザナミを生者の世界に連れ戻したいというイザナギの願望は、いたずらに自分の生命を危うくしたことで、結果的には悪の行為となってしまった。神道においては、悪い結果を招けば無知そのものが悪となる。イザナギの弁明はおそらく、イザナミと共にさらに多くの国を生みたかったということであろう。しかし、両者が国土をさらに拡大する必要はなかった。イザナギは、死が生命の息の根を止めかねない状況にわが身を置いた。たとえそれが無知によるものであったとしても、イザナギはこの罪のために禊を必要としたのである。イザナギの禊の終わりに、自己を超えた普遍的なるものとの交わりへと個人を高めるというこの儀式の意味が、神霊の一体性を人格化した天照大神の誕生によって明らかにされる。

イザナギの禊は、超然たる天上の神と自己との和解を意味していたのではなかった。神道の禊には、そのような含意はない。それは人間が天の神霊との親和を求めるためのものではない。禊行とは、個人が象徴的に普遍的神霊へと接近することである。この意味で、個人はすべての神霊が一体であると認識することによって自らを浄化する。禊は神霊が自己と調和することであり、物質的形態をとった神霊が、天上の神の子孫であると自覚するところに意義がある。

神学的罰の否定

神道の禊の儀式で天の神霊に捧げられるとされる供物は、神道本来のものではない。イザナギは供物を捧げなかった。供物は後代になって、神職の便益のため、または自らに科す償いとして、あるいは食物が人間の活動にもたらすエネルギーに対する感謝を象徴的に示すために生じたものである。イザナギが穢れた衣服を投棄したのは、供物としてではなく、死に接触した物品を除去するためであった。フローレンツは「罪人による供物は、最初のうちはおそらく穢れていると考えられた私物に過ぎず、それらは水に投棄

された。しかし、時がたつにつれて罰というものが発生した」と考察している。◆10

だが、神道の禊の儀式において、罰というのは神学的な贖罪の意味を持たない。それは天から命じられるものではない。罰は、罪の再犯を防ぎ、かつ自己規律の刺激とするため、神霊としての人間が自らに科すものである。神話の中には、イザナギとイザナミが結婚の申し込みを誤った罪に対して天から罰が科されたという記述はない。両者は方法を改めるよう告げられただけである。また、イザナギは火の子の殺害に関して罰せられなかったが、これは「合法的」な処刑と見なされたのであろう。さらにイザナギは、黄泉の国への侵入に対しても罰せられることはなかった。神道では、地上の形態をとった神霊は自分自身に罰を科すのである。それを怠れば、無秩序や規律の欠如の結果に苦しむことになる。

故に、神道において悪は、神霊自身の過ちによって生み出されたものと考えられている。天は人間を裁くことはない。なぜなら、人間は何ら予知能力もなく物質的な方法で自己を発展させる天の神霊だからである。天罰は創造的活動の妨げとなる。神道において天罰とは、天の神霊が行うべきこと、つまり予見できない方法で実験と経験によって物質的活動を拡大させたことに対して、天が自らの物質化した霊的自己を処罰することになるだろう。

禊は、人間の洗浄方法に基づく。『古事記』にはイザナギが「禊ぎ祓ひたまひき」と、あたかも二つのことが一体であるかのように述べられている。イザナギは水で身を清めた。人は汚れると入浴する。悪は身体の外面的な汚れから生じるが、内面の汚れからも生じる。汚れを取り除くことに集中すれば、外的な身体の汚れは水によって清められる。水はまた、よこしまな悪を追い払おうと専念することによって、心の汚れを除去することの象徴でもある。

イザナギの禊は、自発的なものであった。神道における真の禊は、同じようにすべて個人の発意によって始められなければならない。すると、個人の心の中には、内面的あるいは自覚意識的な神霊の普遍性の理解によって喚起された正しさの感覚が生じる。神霊の普遍性に対して、個人は額ずくのである。『古事記』によれば、イザナギが禊をした時に三柱の神が成った。すなわち、カムナオビノカミ（神直毘神）、オオナオビノカミ（大直毘神）、イヅノメノカミ（伊豆能売神）である。

　イヅの意味は不明だが、チェンバレンは、本居宣長がイヅをアキヅと解釈してイザナギとイザナミの初期の子の一人であるハヤアキヅヒメ（速秋津比売、別名は水戸神《ミナトノカミ》）に関連づけていることを指摘する。[◆11]つまり、イザナギは水中で禊をしたことによって心の内で悪の矯正が促され、その心からは直毘神が現れて悪の影響を精神的に根絶したことを暗示する。このような神道的意味において、人間は悪の結果を自ら矯正するのである。しかし、矯正という心の働きは、人間が個人を超えた普遍的神性と真に一体になったと感じる時に作用するようである。なぜなら、イザナギは浄化されるにつれて、神霊の一体性という観念を生み出したからである。

　イザナギの禊で次に生じた神々は、イザナギが相当な時間水浴していたことを示唆する。『古事記』は、神々の名を次のように記している。水の底ですすいだ時に成ったソコツワタツミノカミ（底津綿津見神）とソコツツノオノミコト（底筒之男命）。水の中ほどですすいだ時に成ったナカツワタツミノカミ（中津綿津見神）とナカツツノオノミコト（中筒之男命）。水の上ですすいだ時に成ったウワツワタツミノカミ（上津綿津見神）とウワツツノオノミコト（上筒之男命）。

　水がカミやミコトと名づけられているのは、禊のための特別な流れだったからではなく、神道では水そのものが神霊だからである。『古事記』が水の深度に応じてカミとミコトの名称を交互に与えているのは、おそらくその意味が同一であることを強調するためだろう。この時点で、かつ水に対してこのように称したのは適切と思われる。なぜなら、神話ではこの直後にスサノオノミコト（須佐之男命）――その称号はカミではなくミコトである――が生まれるからであり、またスサノオノミコトは雨雲の擬人化として、すべての水を再体現する存在といえるからである。

『古事記』には、三柱のワタツミ（海神）は阿曇連《あづみのむらじ》らによって祖神として崇められており、阿曇連らはそのワタツミの子、ウツシヒカナサクノミコト（宇都志日金拆命）の子孫であると説明されている。この名称は、すべての解釈者を当惑させてきた。だが、チェンバレンは、阿曇連はおそらく海《あ》人持《まつもち》に由来するという橘守部の説を引用している。◆[12] 従って、イザナギが禊をした水流は、いかなる意味においても禊のために確保された特別な水ではなく、漁に最適なごく普通の水流であったということになる。

また、『古事記』は三柱のツツノオ（筒之男）について「墨江《すみのえ》の三《み》前《まへ》の大神なり」▼[3]と述べている。チェンバレンによれば、スミの語源は不詳だが、スミノエは語呂合わせでスミヨシとも呼ばれ、「住むによし（住吉）」を意味する。◆[13] おそらくイザナギは禊をした水流を、留まるのによいところと思ったのだろう。そう解釈すれば、イザナギが水の底と中と上において長い間水浴をしていたことの説明がつく。

ワタツミの子、ウツシヒカナサクノミコトの名の「ウツシ」は、「現在」または「生きている」を意味するウツツに由来しているのかもしれない。◆[14] 名前の残りの部分の意味は不明瞭だが、ウツシをこのように訳すことには意義があると考えられる。それは、禊を終えたイザナギが、死に直面したことの悪を取り除き、生きた現実として蘇ったことを示唆しているのだろう。つまり、神道の禊の儀式は、参加するすべての人を霊的に蘇生させるものなのである。

「現在」あるいは「生きている」を意味するウツシは、禊が生命による死の克服という神道の理想を象徴している可能性がある。この解釈は、イザナギが神話から姿を消す際の描かれ方によってもある程度裏付けられる。『日本書紀』には、イザナギは「幽宮《かくれみや》を淡路の洲《くに》に構《つく》りて、寂然《しづか》に長く隠れましき（幽宮を淡路

▼3　住吉大社（現在の大阪市住吉区）の祭神。

の地につくって、静かに長くお隠れになった）」とあり、また、天に昇って使命を報告したとも書かれている。[15]『古事記』には、イザナギは「淡海《あふみ》の多賀に坐《ま》すなり（淡海の多賀に鎮座なさっている）」とあり、そこに永住したことが示されているようである。タガの語源は不明だが、アフミは現代の発音では、日本の本州中央部にあるオウミ（近江）である。[16]

『古事記』の伝承が近江をイザナギの隠棲の地とした理由は、禊に由来するのかもしれない。アフミは淡海であり、近江の湖すなわち日本最大の内陸水域である琵琶湖を指す。神道で最初の禊の儀式にふさわしい「水の記念碑」である。

　しかし、隠棲に先立ち、神話は禊に続いてイザナギを生涯のクライマックスへと導き、その最も偉大な子どもたちの誕生を描いている。

第五章　象徴と人格

イザナギ（伊邪那岐）は禊を終えると、水から上がる際に誰もが行うように、目の水気を拭い、鼻をかんだ。『古事記』によれば、その時に左目から天照大神《アマテラスオオミカミ》が生まれ（左が日本で上座となったのはおそらくこの出来事に由来する）、イザナギから天の統治を任された。右目からはツクヨミノミコト（月読命）が生まれ、夜の食国《おすくに》の統治を委ねられた。鼻からはタケハヤスサノオノミコト（建速須佐之男命）が生まれ、海原の統治を命じられた。

天照大神の現実性

神道のすべての神々には、人格性と象徴性が共に存在する。しかし、天照大神の特徴を考察する際には、ほかの神々以上に、人格性と象徴性だけではなく現実性も念頭に置かなければならない。天照大神を通して、神道は神霊の普遍性という最高の観念に達する。天照大神の名称にある「テラス」は、チェンバレンが指摘するように、「天を明るくする」という意味での「照らす」ではなく、「輝く」を意味することが

『万葉集』の権威によって確証されている。◆[1] 照らすというのは、天が無知を一掃する、あるいは人間が惰性的にたどっていけるように天が進路を明るくするという意味がある。神道にそうした意図があったとすれば、天照大神は機械論的で神学的な神格となり、神道自体も神霊をムスビの自己創造的なものと捉える本来の観念を発展させることができなくなっていたであろう。天照大神の誕生は、神道におけるムスビを破壊したのではない。それどころか、後に神話が示すように、両者は調和的に共存しているのである。

　天照大神は天に輝く神であり、太陽を意味するが、太陽以上の存在でもある。神道では、万物が神霊である。従って、太陽そのものも神霊であり、神性の自己集中的なエネルギーの貯蔵体として人格を有する。地上の形態をとった神霊はそれによって生き、自己発展を遂げる。太陽の光がなければ、われわれの知るような生命は存在し得ず、神霊が自己を自然や動物、人間に具現化することは死によって不可能となっただろう。そのため、神道が太陽に示す敬意は、個々の存在に物質的生存の手段を与えてくれる永久的なエネルギーの源泉に対する敬意なのである。

　さらに、太陽はエネルギーの集約を表すため、生命の中心の象徴としてふさわしい。太陽の中心的エネルギーからすべての個体は生命を維持する力を得る。太陽は空に存在し、空は人間のさまざまな天上の概念を象徴するため、神道で天照大神と称される太陽の人格が天の統治者と考えられているのはごく自然である。太陽がなければ個体は存在し得ないのだから、太陽を通じて普遍なるものが地上のあらゆる個体を「統治」していることになる。神道には神霊の創造的活動と自己発展を強調したいという絶えざる願望があるため、地上の進歩を促す天の原動力に注意を集中させるには、空に輝くエネルギーの天体以上に適したものはない。

　太陽は神霊の力の自己進化した中心であり、地上の生命に輝きをもたらす。地上の生命は神霊が太陽の力を利用して自己進化した個別の物質的形態である。太陽が伝承に現れるのは天地開闢から長い時を経た後であるため、神道神話は現実味に欠けるとよくいわれる。同様の批判は、聖書の天地創造の物語で太陽が遅れて出現することに対してもなされている。しかし、神道における太陽は、空にあるエネルギーの球体以上の存在である。天照大神はエネルギーの擬人化された形態としての太陽であると同時に、神霊の普遍性を象徴する人格でもある。天照大神が神話のこの時点で出現したのは主に後者の役割においてであり、その後、現実の太陽と同一視された。天照大神は、天に輝く統治者としての天照大神は、太古の日本人が神霊の普遍性という人格化された概念を発展させるまでは、生まれ出ることはできなかったのである。

天照大神がイザナギの目から生じたことは、人間が霊的普遍性の真理を見始めたことを暗示している。実際、太陽を見るまでは、人間にとって太陽は生まれたことにならない。盲目の人には、太陽はいまだ生まれざる神秘である。さらに言えば、人間の霊的洞察力が統一された全体としての宇宙を認識するまで、人はそうした意味を心に留めて意識的に行動することはできない。もしそれができた時、その思想を表現する最も自然な方法は、天の統治者という観念を通してである。しかし、神道における「統治」は全能の形をとるのではなく、ムスビの自己創造性と調和していることを再び強調しておかなければならない。活動と進歩発展に対する神道の根本的な関心は、天の統治者の人格と、人間の独立した行動を可能にする空の中心的エネルギー源を結びつけているという事実によって顕著に示されている。

天照大神の人格

天照大神が太陽として地上のエネルギー源であるからといって、神道は神霊を機械論的な方法で表現すると考えてはならない。神霊は、自己から切り離してエネルギーを作り出すのではない。エネルギーは、神霊が自己の物質的維持のためにとる一形態である。神道において、神霊は人間の人格であるのと同じように実質的な意味で太陽なのである。万物が神であるということを現実として受け入れない限り、神道を理解することはできない。神道が天照大神を通じて太陽を神と称するのは、象徴的な言葉で表現しているのではない。人は継続的な訓練によって、精神または肉体の力を蓄えることができる。この力は自己の一部であり自ら生み出したものであると同時に、人はその力がそれ自体で存在し、必要に応じて呼び出せると考える。人は自分の力を利用すると言い、その力を自己の人格を支えるものとして誇りにすることもあるが、それを自己の人格とは別なものと見なすこともできる。実際、多くの人が力を「崇拝」しているといわれる。おそらくこのような観点で、神霊によって創造された太陽のエネルギーの意味を、個別の人格を持ちながら普遍化された人格も備えたものとして把握することができるかもしれない。

　科学の権威であるJ・S・ホールデン教授は、そうした結論を次のように裏付けている。「自然を取り巻く世界は、単なる物理化学的あるいは生物学的な世界ではなく、われわれの身体が人格を備えているのと同様に、人格が具現化されている◆[2]」。これは純粋な神道である。神道はさらに、宇宙において個体化された万物は神的人格であると同時に、一切の個性は天照大神に象徴される天上の人格として統合されていると主張する。神道では心の中のあらゆる観念も個々の人格を持つ。これはイザナギが禊に際して思考した内容がカミと称されたという『古事記』の記述に表れている。しかし、相異なる観念は個人の心の中で統一されている。同じように、すべての個人は天の神霊において統合されており、あたかも個々の観念が人間の心から現れるように、個性は天の神霊から生じるのである。

　個人の人格は、人間がそれによって活動し得る物質的形態以上のものである。われわれは自らの人格について考える時、自分の性格と物質化された姿を結びつける。だが、それぞれの生きている人格は無形であり、物質的な身体以外のものである。

　神道が天照大神を人格と見なす時、われわれは自分の経験から人格は生きた身体の内に存在するはずだという結論を導きがちである。しかし、そのように限定する根拠はない。人格は、自己の内よりも、むしろ書物や芸術作品、行為の中に現れるものである。われわれの人格を生み出すような新しい思想はどこから来るのだろうか。それは以前にはなく、聞いたこともなかった。しかし、突然啓示を受けたかのように、偉大な天才は世界を動かすような思想を表現することがある。その思想は自己創造的であり、ひとりでに生まれた非物質的な現実性である。それは神霊の身体的な姿を通じて自己を表すが、本質は物質的活動に専念する非物質的な人格である。実際、神道において天照大神は非物質的な姿で存在する。これに対するいかなる反論も、神道が天照大神を太陽という物質的な表象に加えて非物質的な神格として認識することで蓄積してきた極めて現実的な価値観を覆すことはできない。

天照大神は、ほかの天つ神と同じように生きた人格として語り、行動する。非物質的神霊の内なる真実を表現するのに、人類はこれ以上の象徴的方法を見いだせていない。だが、神社では天照大神もほかのいかなる祭神も形態を備えた個人として示すことはない。神社の神の象徴的な姿は、神職の目からさえ隠されている。加藤玄智教授は、存命中の人物をその功徳や影響力の大きさから神として祀る神社が建立されたさまざまな例を発見した。しかし、肉体を持つ個人は神社において霊的な崇敬を受けるべきではない。真の神道人は、神社に表された非物質的人格に霊的な敬意をもって頭を下げるのである。従って、霊的実在としての天照大神の普遍的人格も、同じように非物質的なものとして畏敬されている。

『古事記』によれば、天照大神が天の統治者に任命された際、イザナギは天照大神に自分のミクラタナノカミ（御倉板挙之神）と称する玉の緒の首飾りを授けた。この首飾りの名は、恵み深く人類に食物（家の棚に貯蔵する）をもたらす太陽と天照大神を同一視している。ここにも、天照大神の天上の統治は天と地における神霊の協力と結びついているという神道の暗示が見られる。天の神霊としての天照大神は太陽を通じてエネルギーを集中させ、地上の植物としての神霊はそのエネルギーを貯蔵して、人間としての神霊の創造的活動を支える。このような協調がなければ、多様に個別化した形態の神霊の間に相互適応は起こり得ない。神霊のあらゆる形態は、神性の原初の一体性に共通の祖先を有するからこそ、生命の営みを可能にする協力的活動が存在するのである。

神道における天と地の不二の原理は、天照大神が天の統治者となる前、地上に生まれたという伝承によってさらに裏付けられる。▼[1] この思想は、太陽が地上の人間に見えるようになった時に生じたと考えることで象徴的に表現されている。しかし、この思想は素朴な象徴主義以上のものである。神道は、天と地の間に本質的な区別をしない。もし地上の生命としての神霊に太陽のエネルギーを吸収する能力がなければ、「エネルギー」という言葉は無意味になるだろう。天上の統治者が地上に生まれたことは、天照大神と地上の生命の協調を示唆している。太陽にエネルギーを蓄積すること、そしてそれが地上に到達した際に吸収することという神霊の二つの過程は、まさに一つなのである。

しかし、神霊のエネルギーを蓄えることを擬人化した天照大神は、地上に留まることはできなかった。なぜなら、太陽のエネルギーは結集され、中心に集められた後、地上での利用のために分散され、新しい形をとらなければならないからである。太陽の光は太陽と地上の生命を結びつけ、それによって神霊は地上での活動のためのエネルギーを天から運ぶ。この意味で天照大神の統治は、自身の生まれた地上世界における物質的な創造活動を絶えず鼓吹する。

イザナギが神話における最初の禊を行った直後に天照大神が伝承に登場していることは、神道にとって二重に適切である。もし浄化が深く実感されれば、神霊の普遍性が認識されるだけではなく、神道において天の統治者が呼び起こすような霊的活性化の感覚が生じるはずである。さらに、浄化は太陽光線の自然な効果である。イザナギが死を逃れて神道で最初の禊をした後に天照大神が出現したことは、天に輝く神の物質的恩恵にこのような精神的意味を付加している。

月は太陽と結びついていることから、神話では自然の成り行きとして太陽のすぐ後に月を誕生させている。

夜の神

ツクヨミノミコト▼2がイザナギの右目から生じたことは、これに先立って天照大神が視覚から生じたのと同じ妥当性がある。なぜなら、月もそれを見る者にとって存在するからである。

　しかし、月の神に与えられた名称の正確な意味に関しては、不明な点もあるようだ。チェンバレンによれば、ツクヨまたはツキヨは古典時代から今日に至るまで美しい月明かりの夜を意味しており、神話のこの部分で伝承が月を指し示そうとしていることは間違いない。だが、ツクヨミノミコトの名で「夜」と訳される「ヨミ」は、チェンバレンがさらに述べるように黄泉すなわち死者の国を意味する可能性もある。◆3多くの国々のさまざまな伝承が月を死と関連づけているが、それはおそらく夜の暗さと静けさ、そして月の不気味な影に起因している。

　それと同時に、美しい月明かりの夜はロマンスと求愛の時であり、結婚と出産による生命の再生にもつながる。日本の古代には、後の時代よりもロマンスや自由な求愛が盛んであった。イザナギとイザナミ

▼1　高天原を治める天照大神は天つ神の代表であるが、父の伊邪那岐《イザナギ》が「筑紫《つくし》の日向《ひむか》の橘《たちばな》の小門《をど》の阿波岐《あはき》原」で禊をした後、地上で誕生している。メーソンは、万物は神霊であるという視点から、天と地の不可分性を重視する。

▼2　原著はチェンバレンの英訳に基づき“Tsuki-yomi-no-Kami（ツキヨミノカミ）”としているが、本書では凡例に示した日本語文献の神名を用いている。

（伊邪那美）、スサノオ、オオクニヌシ（大国主）、ニニギノミコト（邇邇芸命）に関する伝承は、いずれも恋愛の経験を物語っている。そのため、月の性質はヨミという言葉を通じて死を表すともいえるが、ヨミを墓場の国の代わりに美しい月明かりの夜と結びつけることで、神道では月が性愛をかき立て、新しい誕生の源になるものと見なすこともできる。

この解釈は、神道が物質的存在となって現れる生命に関心を持つことと一致するものであろう。イザナギがかろうじて死を免れた後、禊によってさまざまな出生がもたらされた。月は二重の意味を象徴しているのかもしれない。すなわち、夜の闇が死に接近しているように見える一方で、月の光のロマンスが死を追い返し、生命の自己再生の刺激となっているのである。

しかし神話は、実際に生命を繁栄させているのは月明かりではなく太陽の光であることを強調している。というのも、『日本書紀』には月の神が食物の神であるウケモチノカミ（保食神）を殺害したことによって、太陽と月はその後、永久に昼と夜に分離したと記述されているからである。[4] 死せる天体としての月は単に太陽の光を反射するだけであり、月が求愛や生命の出現に及ぼす影響は、太陽に由来するともいえる。だが、もし月がなければ夜空はロマンティックに照らされることもないだろう。そのため、月も生命を再生させるための愛の力を呼び覚ます役割を担っていると主張できるかもしれない。このように解釈すれば、月は神道において重要な位置を占めていることになるが、神話にはわずかな記述しかない。それはおそらく、日本人の生活において結婚のロマンスが次第に重んじられなくなったからとも考えられる。

暴風雨の神

イザナギの鼻からタケハヤスサノオノミコト（通称・スサノオ）が成り出たことは、特に当を得ている。

浴後には、かなり荒々しく鼻をかむことがよくある。スサノオは神話全体を通じて激烈な人物として登場し、その第一の性質は暴風雨を象徴する。スサノオは『古事記』においてカミの代わりにミコトの称号を与えられた最初の重要人物である。イザナギの禊の水流を表す水のミコト[3]も同じ称号を有するのは、おそらくスサノオと水の関連性に対する特別な敬意からであろう。なぜなら、前述したようにミコトという語を用いることには、何ら劣位的な意味はないからである。カミとミコトはいずれも同じように神性あるいは天上の存在を指す。『日本書紀』の一書では、天照大神もミコトと称されている。[5]どちらかといえば、ミコトのほうがカミよりも神道的な意味がより明確である。ミは神性を表す極めて古い表現であり、コトは事物や人を意味するためである。

　伝承が後に示すように、ミコトは日本の天皇の神道的称号の一部であり、その神的人格を強調している。スサノオがミコトと称されていることは、『古事記』でその他の天つ神や国つ神には必ずといっていいほどカミが用いられているのに対して際立った特徴となっている。『日本書紀』では全体的に称号としてカミよりもむしろミコトが好まれている。もしスサノオがミコトと名づけられたことに特別な理由があるとすれば、その快い響きのためかもしれない。スサノオノミコトと称するほうが、スサノオノカミよりも音の調和がよくとれている。

　神話におけるスサノオの多面的な性格は、根底にある意味を注意深く吟味しないと、かなりの混乱を引き起こすことになる。スサノオは嵐の猛威だけでなく、干ばつ、雲、移住、結婚、農業共同体、部族の指導者、恋愛詩人、作刀用の鉄の発見者なども象徴しているようである。神話の中でスサノオの性格は極めて鮮明に描かれているため、実在の人物であったか、あるいは海外からの開拓者による日本への初期の定

▼3　底筒之男命《ソコツツノオノミコト》、中筒之男命《ナカツツノオノミコト》、上筒之男命《ウワツツノオノミコト》を指す。

住が行われた時代に生きた人物たちを複合した可能性が高いと推測される。スサノオの性格は開拓者の欠点と美点を共に示している。すなわち、荒々しく粗野で奔放であるが、素朴な勇敢さがあり、寛容で根は優しい。

　イザナギがスサノオを海原の統治者にしたと神話が述べている事実は、スサノオがイザナギの鼻から誕生したことで最初に明らかにされた水との関連性の継続を表している。しかし、この場合の海原というのは、先に登場したオオワタツミノカミ（大綿津見神）の名が示唆するような意味で海の統治を任されたわけではない。スサノオは具体的には雨や雲を体現している。海原の統治というのは、海から水蒸気を雲の中に引き上げ、雨として降らせるという意味において海原を支配したということであろう。

スサノオと干ばつ

『古事記』によれば、天照大神と月の神は委任を受けた後、それぞれの統治を担った。だが、スサノオは二神の例にならわず、「八拳《やつか》須《ひげ》心《むね》の前《さき》に至るまで」激しく泣き叫んだ。つまり、スサノオは長い間号泣し続けたということである。スサノオは雨を象徴しているため、この描写は激しい嵐があったことを指していると考えるのが自然であろう。ところが、『古事記』は次のように正反対のことを述べている。

「その泣く状《さま》は、青山は枯山の如く泣き枯らし、河海は悉《ことごと》に泣き乾《ほ》しき。ここをもちて悪しき神の音《こゑ》は、さ蝿《ばへ》如《な》す皆満ち、万《よろづ》の物の妖《わざはひ》悉に発《おこ》りき（その泣く様子は、青山も枯山になってしまうほど咽喉をからして泣き、川や海の水もすっかり干上がってしまうほどであった。このために、悪い神の騒ぐ音が五月の蝿のように満ち、ありとあらゆる災いが起こった）」◆6

　これは長く続いた干ばつの記述である。あまりにも干ばつが深刻であったため、草木は枯れ、水は干上がり、「悪しき神」すなわちさまざまな害虫が繁殖期の蠅のように満ちて、至るところに災いをもたらした。神話の作者たちは、雨の神の号泣とこれほど激しい（あるいはいかなる規模であろうと）干ばつの発生をどのようにつじつまを合わせようとしたのだろうか。むしろ、涙の雨によって大地には草木が生い茂り、水域の水かさが増したとすべきではなかったのではないか。

　雨の統治者が泣いて干ばつが起こったというのは、「逆向きの号泣」があったことを意味する。雨には二つの泣き方がある。一つは、雲から地上に水が降る時に「泣く」。もう一つは、後に雨として降るため地上の水蒸気が雲の中に引き上げられる時、逆方向に「泣く」。このように地表の水蒸気が上昇して雲を形成しなければ、雨が降ることはない。この働きは「逆」の泣き方であり、目には見えないが、泣くことと呼べるだろう。神話はスサノオの号泣を、こうした意味で描写している。

「逆」という表現は、古代において残忍性や、まっすぐでないことと同義語であったようである。神話の後段で『古事記』に記述されるスサノオの天上での破壊的行為は、天照大神の機織《はたお》り部屋に斑馬《ふちこま》を「逆剝《さかは》ぎに剝ぎて」投げ入れた時に残虐さの極みに達する。◆7『日本書紀』にはスサノオが馬の皮を生きたまま剝いだと記されているが、これは現代の西洋の"to skin alive（生皮を剝ぐ）"という表現に相当する並外れて残酷な行為である。ずっと時代が下って仲哀天皇▼4の頃には、「生剝、逆剝」などあらゆる罪の類いが探し出されたと『古事記』は述べている。◆8逆向きに皮を剝ぐということ自体は、何らかの有用な目的のために動物の皮革を得る通常の方法と見なされるかもしれない。しかし、スサノオが天の馬の皮を生きたまま剝

▼4　仲哀天皇は第十四代天皇。ヤマトタケルノミコトの第二子で神功《じんぐう》皇后の夫。熊曾《くまそ》（九州南部）征討の途中、訶志比宮《かしひのみや》（福岡県）で崩御。殯《もがり》に際して行われた国の大祓の記述に「生剝《いきはぎ》、逆剝《さかはぎ》、阿離《あはなち》、溝埋《みぞうめ》、屎戸《くそへ》、上通下通婚《おやこたはけ》、馬婚《うまたはけ》、牛婚《うしたはけ》、鶏婚《とりたはけ》、犬婚《いぬたはけ》の罪の類を種種求《くさぐさま》ぎて」とある。

いだ時、逆向きに行ったことによって、すべての逆になされる行為には特別な残虐性の意味が付加されることになったようだ。アストンによれば、本居宣長は生剝ぎを逆剝ぎと同様に「不当な」剝ぎ方を意味すると考える。[9] だが、スサノオの行為は天照大神に向けられていたという特別な状況であったために、逆向きの行為が残忍性の観念に結びつけられ、しかも馬が生きたまま皮を剝がれたという事実によってそれが強調されたのだろう。

干ばつは農耕民にとって過酷なことである。日本は農業国であるため、雨が降らないことは深刻な苦悩をもたらす。長期にわたる干ばつのさまざまな伝承が重大な災難として神話に取り込まれたのも当然であろう。神話はそれらを「逆向きの号泣」で泣くことを暗示する暴風雨の神、スサノオとして擬人化した。このことは、雲がどのように形成されるかに関する若干の知識も示唆しているようである。

『古事記』は、スサノオがイザナギから託されたとおりに自らの領域を統治せず、イザナギの命令に背いたために国土が干ばつに見舞われたと述べている。しかし、「逆向きの号泣」という解釈が認められるならば、スサノオは実のところ、泣き出すと同時に統治を始めたことになる。スサノオは地上から引き上げられる水蒸気の姿となって空に昇り、雲を作った。スサノオの統治はこれ以外の方法で始められたはずはない。なぜなら、もし地上の水分が上昇して雲とならなければ、雨が降ることはないからである。実際、天照大神が自らの統治を始めるまでは、スサノオは雨としての統治に着手することができなかった。雲に水蒸気を引き上げるのは太陽であり、その際に利用する最大の水域は海である。おそらくスサノオが海原の統治を委任されたのは、それが理由の一つかもしれない。従って、神話を現実のように解釈すれば、太陽としての天照大神は、スサノオが自らの統治権を行使する前に、スサノオを空へ引き上げることから天の統治を始めなければならなかったのである。しかし、神話は過酷な干ばつの責任を、ただちに統治権を行使しなかったスサノオに帰しているように思われる。こうして、スサノオは生涯のまさに最初の段階から不当な非難の犠牲となったようであり、それは後々まで明らかな意図によって続いていく。

　スサノオの人格がこのように貶められたのは、おそらく神話が天照大神を支配的な部族の居住地である九州とより直接的に結びつけているためであろう。両居住地の間には対立関係があった。出雲の首長であるスサノオは、その行動や名前が気性の激しさを示しているが、神話には九州の影響によって成らず者として登場する。スサノオは『日本書紀』よりも『古事記』においてより悪く描かれている。なぜなら、『古事記』の物語は、出雲に関することをほとんど重視しない九州の伝承の露骨な働きかけに基づいて編纂されたように思われるからである。『日本書紀』の記述は、偏りがより少ない。こうしてスサノオの人格は、輝く太陽が地上からその姿を隠してしまう雨雲に偏見を持つかのように、不当な評価をされてきたのである。

スサノオの出雲への熱望

　スサノオが激しく泣いていた時、イザナギが統治の任務も果たさずになぜそのような振る舞いをするのかと尋ねると、スサノオは「僕《あ》は妣《はは》の国根《ね》の堅州《かたす》国に罷《まか》らむと欲《おも》ふ。故、哭《な》くなり（私は妣の国、根の堅州国に行きたいのです。だから泣いているのです）」と答えたと『古事記』は記している。◆[10] スサノオの人格は、今や雨から出雲の首長へと変貌しようとしている。チェンバレンは、日本の権威者たちが正当な根拠もなく、スサノオの答えから「亡き（deceased）」という表現を省いたと指摘する。◆[11] おそらく省略したのは、死をできるだけ回避しようとする神道の意向に従っているのだろう。しかし、ここでスサノオは亡き母に会いたいという望みを示してはいない。スサノオは自らの行きたい地を指して「妣の国」と呼んだのである。その場所の名をスサノオは「根の堅州国」と述べ、チェンバレンは『古事記』で “Nether Distant Land（地下の遠い国）」と訳しているが、意味は不明瞭と註を付している。[12] このスサノオの発言は通常、母すなわちイザナミを訪ねることを希望したと解釈され、スサノオの愛情深い性質を表すものとされている。だが、根の堅州国という語の使用には二重の意味が込められているようである。神話は九州をスサノオの出生地としているが、スサノオは九州を母の国と見なさず、またそこに留まろうという願望も表明していない。

スサノオが行くことを望んだのは、母が逝った地である。神話はこの場所を明確に出雲と特定している。イザナギが逃れてきたイザナミの墓場の出口は『古事記』で伊賦夜坂《いふやざか》と呼ばれ、出雲にあると位置づけられている。[13] さらには、先にも触れたように、出雲は古代には墓場の国と見なされていたため、この場合の根の堅州国（その意味は「根の国」にも関係する）は出雲そのものに当てはまる。事実、スサノオが最終的に旅立った際、神話では出雲へ行ったことになっている。この伝承は、スサノオの心の中で出雲と亡き母の国を結びつけることによって、スサノオは（推論すれば天照大神と月の神も）誕生の仕方から男親しかいなかったように描かれているものの、イザナミが母であったという暗示を遅ればせながら神話に織り込もうとしているようである。

スサノオと歴史

スサノオが誕生後すぐに出雲と結びつけられているのは、神話が詳細の忘れ去られた遠い昔のおぼろげな歴史的事実の枠内で進行していることを示唆する。これまでに神話はイザナギとイザナミの国生みを通じて、最も古いと思われる日本の開拓地について物語ってきたが、大まかな言葉で表現されるのみであり、細部にわたるものではなかった。だが、スサノオの登場によって神話はより具体的で詳しくなった。神話はスサノオへの言及で、移住（特に海外からの）を含意するような形で出雲に触れている。というのも、後述するようにスサノオは水（当然大雨であるが、水全般を象徴する）に関係して出雲に到着するのであり、『日本書紀』にはスサノオが朝鮮から渡ってきたと述べられているからである。▼5

出雲には朝鮮との関係を示す地元の伝承が数多く残っており、中にはスサノオが朝鮮人であったという漠然とした記述もある。そのため、歴史的人物としてのスサノオは朝鮮に起源を有し、神話がスサノオを出雲に行かせたというのは、朝鮮人が日本の本土に渡来したというはるか昔の史実を物語っている可能性も否定できない。だが、スサノオの号泣は出生地の九州で起きたことであり、後にスサノオは出雲に追放される前、天照大神に別れを告げるため天に昇っている。ということは、この神話はスサノオが最初に朝鮮から九州へ渡り、そこで追放された後、出雲に向かったという伝承と混同しているのだろうか。あるいは、大昔の開拓者たちの原郷である朝鮮が天と見なされ、スサノオは朝鮮を出発して直接出雲へ向かったことを意味しているのだろうか。おそらく、スサノオは雨の擬人化であると同時に、一人物として複数の人格を象徴しているのだろう。故に、スサノオを一貫性のある一つの物語と関連づけることは不可能なのである。スサノオの複雑な個性は、あまりにもしばしば伝承を混乱させている。

しかし、天照大神が純粋な神道的性格に加えて九州における太古の統治の伝承を表している可能性があるように、スサノオは複数の人格の中で出雲の首長を象徴していることはかなり明白であろう。天照大神とスサノオは姉と弟として描写されているが、それは夫婦を意味することもある。この物語は太陽と雨の間の家族関係という観念を自然神話の伝承の立場から強調している。また、歴史的観点から考えると、両者の関係は朝鮮に共通の起源を有する可能性があり、後に神話の中で天照大神に高い地位を与えることに

▼5　『日本書紀』の第八段第四の一書には、天を追放された素戔嗚尊《スサノオノミコト》が新羅国の曾尸茂梨《そしもり》に降ったとある。その後、素戔嗚尊は埴土《はに》で舟を作って東に渡り、出雲国の鳥上《とりかみ》の峯《たけ》に至る。

なる強力な部族が九州に進出したのに対し、スサノオの部族は出雲へ向かったことを意味するのかもしれない。

天上における天照大神とスサノオの争いは、歴史的に見れば九州と出雲の対立の始まりであり、最終的に出雲が九州に服従するに至ったことを暗示していると考えられる。その他の含意もあるが、それは神話でスサノオと天照大神の対面が詳しく描かれる時に明らかになるだろう。しかし、歴史的に考えれば、スサノオと天照大神は出雲と九州という日本の開拓地の首長を象徴して覇権を争っていたことになる。この対立では九州が勝者となったため、神話は九州の影響力によって、スサノオが物語に登場した当初からすべての行動に対して批判的であるのも不自然ではない。そのため、事実をある程度尊重して神話におけるこれらの意味を読み解くには、九州による偏見を考慮する必要がある。

天空と大地の神

D・C・ホルトム博士は、イザナギが天空の父を象徴し、イザナミが大地の母を体現しているという詳細な学説を発展させた。ホルトム博士の指摘するところでは、この観点は日本の学界の長老である井上哲次郎教授[▼6]によって一九一〇年に提唱されたものである。ホルトム博士によれば、火の神の誕生は長期の干ばつのために干からびた大地を表し、博士が挙げたその他の神々の名は干ばつを克服した雷雨を示唆しており、草木および食物の出現をほのめかすことから、イザナミには母なる大地としての特徴が与えられている。続いて太陽、月、雨雲がイザナギから生じたことは、同様にイザナギが天空の特徴を有することを示している[◆14]。

比較神話学の見地からすれば、このように分析された天と地の結婚というのは重要であるに違いない。

だが同時に、イザナギとイザナミの物語はほかにも多くの象徴的解釈の余地がある。さまざまな地域からやって来た初期の開拓者たちに由来する多種多様な伝承がおそらく絡み合っていたのだろう。イザナミの物語に大地の母という意味があるとしても、それは多くの含意の一つに過ぎない。イザナミの悲劇的な「隠退」は、死に関する神道の認識と共に、火の有用性と危険性の発見も明らかに強調している。太古の人々にとっての干ばつの恐怖と暴風雨の救いという印象的なテーマは、後に神話でスサノオが天から降臨することに関連して扱われる。

太陽や月や雨雲を誕生させたからといってイザナギを天空の父と捉えるのは、たとえ一部の開拓者たちの間でこうした思想が広まっていたとしても、本質的なことではない。死の国から帰還したばかりのイザナギは、イザナミによる死の脅迫を乗り越えて生命を存続させる意思を表明した。従って、神話がこの時点で太陽と雨雲の誕生を織り込んでいるのは、ごく順当なことだろう。なぜなら、太陽と雨は生命を維持する根本要素であり、さらに月は太陽の夜間の反射を表し、この見地からだけでも太陽の自然な仲間だからである。

▼6　井上哲次郎（一八五六－一九四四）は哲学者。ドイツに留学後、東京帝国大学哲学科教授。西洋哲学の紹介と東洋哲学の研究に努め、両者の融合を試みる。退官後も大東文化学院総長、哲学会会長、貴族院議員などを歴任。著書に『倫理新説』『西洋哲学講義』『日本陽明学派之哲学』など。

第六章　天は全能ならず

イザナギ（伊邪那岐）から追放を命じられたスサノオ（須佐之男）は、天の統治者となった姉の天照大神《アマテラスオオミカミ》に別れを告げたいという願望を表した。両者の対面の成り行きは、神道が天にいかなる形の全能性も認めていないことを明白に示している。神道が絶対主義を否定していることは、既に神話の中で示唆されてきた。そして次に伝承で述べられる天上の出来事は、創造的活動のムスビの神霊と全能的な支配を調和させることの不可能性を神道が理解していることを紛れもなく物語っている。天上の状況を描いた神話で、天照大神は全能の力を振るうことはなく、絶対主義的な支配からの自由こそが天の根本状態であることを暗示している。

天照大神とスサノオの対決

スサノオは天照大神に暇乞いをするため、天に昇った。神話はスサノオを雨、天照大神を太陽として擬人化した物語で両者の対面を述べている。しかし同時に、ライバルの族長同士の歴史上の抗争や神道における独裁支配の否定も背景にあるように思われる。

『古事記』によれば、スサノオが天に昇ると、山や川は鳴動《めいどう》し、国土がすべて震えたという。これは地震を指しているのかもしれない。あるいは激しい雷鳴が、日本で頻繁に起こる地面の揺れの記憶によって誇張された可能性も高い。一方でスサノオは、天照大神の引力、すなわち太陽が水蒸気を吸い上げて雲を形成する力のために、天空への強い熱望に抗うことができなかった。あたかも暗雲が立ち込める時に太陽が想像するかのように、天照大神は自らの統治権を奪うためにスサノオが近づいてきたのではないかと疑った。天照大神は重装備し、「堅庭《かたには》は向股《むかもも》に踏みなづみ、沫雪如《あわゆきな》す蹶散《くゑはらら》かして、稜威《いつ》の男建《をたけび》踏み建《たけ》びて（堅い地面に股まで踏み込み、淡雪のように蹴散らかす勢いで庭を踏み鳴らして）」と『古事記』は述べている。◆1 この記述は、天照大神のその後の優しさや、生来の女性らしい臆病さとは相容れない。

これは、天照大神を不可抗力の中心、もしくは全能の神として形づくろうとする初期の試みを連想させる。だが、たとえそうであったとしても、物語の後続部分では、こうした考えは神道によって否定されている。猛々しく戦闘的な天照大神の態度はまた、原初の日本における実際の部族紛争の伝承も意味する。しかし、神道は天を好戦的に描くことを望まなかったため、スサノオが場面に登場すると、天照大神は戦闘的な人格を放棄している。

天照大神はスサノオに目的を尋ね、スサノオがただ別れを告げるためだけに来たと説明すると、誠意を証明するよう求めた。スサノオの自然な対応としては、別れの言葉を述べて立ち去ることだっただろう。だが、神話は単なる暇乞いの伝承を語っているのではない。神話は、神道が太陽と雨をどのような関係の人格として捉えているかを明らかにしている。また、九州と出雲の覇権争いの発端も比喩的に指し示している。伝承によれば、天照大神は九州に起源を有する。九州は、天照大神が生まれ、その孫が日本の天皇の地上の祖として統治するために降臨した地である。スサノオは特に出雲との関係が深いため、九州の伝承はスサノオをただちに追い詰めようとしたのだろう。

天照大神に対して邪心がないことを証明するよう求められた時、スサノオは「各誓《うけ》ひて子生まむ（お互いにうけいをして子を生みましょう）」と答えたと『古事記』は伝えている。◆2 ここに真の神道の流儀がある。神話では、武力衝突の代わりに子どもを生むという形で対決が行われる。虐殺や死ではなく、生命の出現が目的となる。『古事記』はこの時点では、子どもを生むことがどのようにスサノオの意図を明らかにするのかを記していない。しかし、対決の後、『古事記』にはスサノオがこのように宣言したとある。「我が心清く明《あか》し。故、我が生める子は手弱女《たわやめ》を得つ。これによりて言《まを》さば、自ら我勝ちぬ（私の心は清明である。私が生んだ子はたおやかな女だった。この結果から言えば、当然私が勝ったのだ）」◆3。一方、『日本書紀』にはこの対決に関して五通りの異なる記述があるが、いずれもスサノオが男子を生めば潔白、女子を生めば邪心があるという点で一致している。しかも、『日本書紀』の記述はすべてスサノオが女子ではなく男子を生んだことになっている。『古事記』もこの対決を同様に描写しているが、後になってスサノオが女子を生んだと述べたという言説がある。『古事記』の矛盾は、対決の最後にスサノオの受けた不当な仕打ちを取り繕い、伝承における九州の影響を弁解しようとする願望に起因しているようである。

誓約の意味

生命の誕生と成長に対する神道の絶え間ない関心が、スサノオの誓約《うけい》が出産という形式をとった根拠となっている。太陽と雨はいずれも生命を存在させるため、それぞれが子を生むともいえるだろう。雨は雲を伴い、雨雲としてのスサノオは、太陽に接近する雲を意味する。雲は、覆い隠すという特徴から、神話では結婚と結びつけられている。雲に包まれた太陽は、婚礼の部屋で夫の腕に包まれた妻を表しているのかもしれない。

この伝承には、さらに男根の要素が暗示されている。子を生むのに先立って、スサノオは自分の剣を天照大神に渡し、天照大神はそれをかみ砕いた。天照大神は自分の玉の緒を渡し、スサノオも同様にかみ砕いた。男性的道具の剣は夫の含意がある。玉の緒の宝玉は女性的であり、その独特な勾玉の形は妻を象徴するように思われる。この剣と宝玉の交換は、結婚による出産のような様相を対決にもたらしているが、太陽と雨はそれぞれ独立して生命を与える存在である。

天照大神が男根の象徴をかみ砕くと、三柱の女子が生まれた。その名は、タキリビメノミコト（多紀理毘売命、Torrent-mist-princess-Mikoto）、イチキシマヒメノミコト（市寸島比売命、Lovely-island-princess-Mikoto）、タキツヒメノミコト（多岐都比売命、Princess-of-the-torrent-Mikoto）と『古事記』に記されている。タキ（湍《タギ》・急流、Torrent）の語が名前の中に繰り返されているのは、暴風雨を表すスサノオが親であることを関連づけようとする試みを示している。シマ（島、Island）も同様である。なぜなら島はそれを取り囲む水によって形成されるからである。これら三柱のミコトは瀬戸内海の宮島に結びつけられており、そこでは人間の誕生や死は起こらないと考えられている。従って、島はスサノオの誓約における出生が生命の永続性を表すことを意味すると同時に、神道における死に対する忌避感がこの場合にも強調されており、それは天照大神がスサノオと対面した際に武装を解いたことにも表れている。

スサノオが天照大神の玉の緒の勾玉をかみ砕くと、五柱の男子が生まれた。第一子はマサカツアカツカチハヤヒアメノオシホミミノミコト（正勝吾勝勝速日天之忍穂耳命、Truly-conquer-I-conquer-conquering-swift-heavenly-great-great-ears-Mikoto）と名づけられた。チェンバレンによれば、大きな耳（ear）は日本において、また中国や朝鮮でも幸運とされている。◆[4] それはまた、穀物の大きな穂（ear）も示唆しているようである。朝鮮の大きな穂の伝承は、スサノオと朝鮮を結びつける間接的な証拠と考えられるかもしれない。勝

(conquer）という語が強調されているのは、男子の誕生によって天照大神への謀反の疑いが晴らされたスサノオの歓喜を指しているに違いない。

　第二子は『古事記』によればアメノホヒノミコト（天之菩卑能命）であるが、名前の意味は不詳である。アメノホヒノミコトにはタケヒラトリノミコト（建比良鳥命、Brave-rustic-illuminator-Mikoto）という息子ができ、出雲やほかの地方における国造の祖となったと『古事記』は記している。[5] 一方、『日本書紀』では、アメノホヒノミコト自身が出雲の豪族である出雲臣の祖とされている。[6] アメノホヒノミコトは後に出雲で重要な役割を担ったが、支配者にはならなかったようである。支配者となったのは、その地位にふさわしい名を持つ息子だったのだろう。こうした出雲への言及は、歴史的伝承がいかに天照大神とスサノオの争いに絡み合っているかを表している。スサノオは、ほかにも三人の男子を誓約で生んだが、その性別によってスサノオの潔白が強調された以外に重要性はない。もしスサノオが潔白でなかったなら、この対決の単純な論理的解釈によれば、子どもたちは間違いなく女子であったはずである。

誓約の判定

　誓約の結果、スサノオの潔白が証明されるべきであったが、天照大神はこの帰結を自然な意味では受け入れなかった。天照大神は、男の子どもたちは自身のものだと宣告した。『古事記』は天照大神の言葉をこのように記している。「『この後に生《あ》れし五柱の男子は、物実《ものざね》我が物によりて成れり。故、自ら吾が子ぞ。先に生れし三柱の女子は、物実汝が物によりて成れり。故、すなはち汝が子ぞ。』かく詔《の》り別《わ》けたまひき（「この、後から生まれた五柱の男子は、私の持ち物によって成ったのだから、当然私の子である。先に生まれた三柱の女子は、おまえの持ち物によって成ったのだから、おまえの子である」。このようにおっしゃって、子の所属を決められた）[7]」

しかし、この判決が独断的であることは明らかである。もしこの誓約で、スサノオが天照大神の天の統治権を奪おうとしていたことが本当に証明されたのであれば、神道の中に悪魔の観念が忍び入っていたと解釈せざるを得ないだろう。だが、神道神話にはそのような観念はない。スサノオに悪魔の特徴を与えようとする試みがなされた可能性は十分にあるが、仮にそうだとしても、それが成功しなかったことはスサノオの人格の発達が示している。悪魔は二元論、つまり善に対して絶えず働く敵対的な力を意味するが、神道はこれを否定する。

古代の大多数の意見では、スサノオは潔白とされていたようである。この対決に関する『日本書紀』の第一の記述では、天照大神は男子を自分の子と主張したが、スサノオの有罪を正式に宣言してはいない。第二の記述では、スサノオが誓約で男子を生んだ様子を物語った後に「故、素戔嗚尊《すさのをのみこと》、既に勝つ験《しるし》を得つ。是に、日神《ひのかみ》、方《まさ》に素戔嗚尊の、固《まこと》に悪しき意《こころ》無きことを知《しろ》しめして（このように素戔嗚尊は、勝った証を得られた。そこで日神（天照大神）は、素戔嗚尊には本当に悪い心がないことが分かって）」とある。[8] 第三の記述では、判定が下されていない。第四の記述では、「故、日神、方に素戔嗚尊の、元《はじめ》より赤《きよ》き心有ることを知しめして（それで日神は、素戔嗚尊が初めから潔白な心を有していたことを理解して）」とある。[9] 第五の記述では、スサノオが男子を生んだ後、次のように言明している。「故、実《まこと》に清き心を以て、復《また》上り来つらくのみ（このため、本当に清い心をもってまた参上したのです）」[10]

これだけの証拠がそろっているにもかかわらず、伝承はスサノオに邪心があったということを押し通そうとしている。それは、一つには天照大神の疑念を正当化しようとした九州の影響力のためであり、もう一つには続いて起こるスサノオの乱暴狼藉のためである。しかし、この神話は天照大神とスサノオのいずれも正しかったことを示していると解釈することもできる。雨は慈しみ深く生命の成長を促すものであり、その点ではスサノオが潔白であることを表す。だが、雨は破壊的暴力をもって降れば洪水を引き起こすこともあり、あるいは降ることを止めれば深刻な干ばつをもたらす。その点においてスサノオは有罪と見なされ得る。天照大神がスサノオの子を自分の子と主張したのは、雨の子は実際には太陽の子を意味すると解釈できるかもしれない。太陽の光は一切の生命に活力を与えるだけではなく、雨を降らせる水蒸気も統制するからである。従って、天照大神はこの誓約におけるすべての出生に対して自分の責任を主張したのだろう。神話が湍《タギ》や島のミコトをスサノオの子と認めたのは、雨の子は水そのもの、あるいは水に取り囲まれてできた島として命名するほかはないことを意味するのかもしれない。とはいえ、公平な対決でスサノオが勝利した後、最終的な検討でスサノオに不利な判決が下されたのは、もし神話が歴史的意味を持つのであれば、支配的部族が出雲の首長であるスサノオを貶めようとする願望の表れに違いない。

男子がスサノオの潔白を、女子が有罪を表したという事実は、神話には歴史的伝承が含まれていたと信じる根拠となるように思われる。太陽の暖かさや豊饒さは女性的である。天照大神は女性である。そのため、女子は天照大神の支配力を象徴することになる。もしスサノオに女子が生まれていれば、天照大神の統治権を手に入れようとするスサノオの願望を意味していただろう。男子は強く頑健で、女性が繊細な目に見えない方法によって力を行使するのとは異なり、雨が大地を打ち付けるように直接的で物質的な行動によって力を示す。男子を生んだことで、スサノオは自身の地位を保持するに留まり、その権能を女性的な太陽と一体化させようとは望まなかったことを証明したのである。このように解釈すれば、歴史的観点から見て出雲族には九州を征服しようとする野心はなかったが、後にオオクニヌシ（大国主）に対する攻撃によってさらに明らかになるように、九州がまず争いを始めたことになる。

天照大神はスサノオの子を自分の子としたことで、日本の家族制度における養子縁組の先駆けとなった。その行動は、九州の出雲に対する戦いが征服を目的としていたのではなく、国土を一つに統合するためであったことをうかがわせる。スサノオの長男は、養子縁組によって天つ神の「皇太子」となった。このことは、統一後にはもはや別々の忠誠心というものはなく、各地方の民は全体の国民として平等であってほしいという願いを強調しているかのようである。この意味合いは、神話で後に示されるオオクニヌシが服従した後に受けた寛大な待遇によっても裏付けられる。

スサノオの乱暴狼藉

しかし、即興の策略としか考えられないような方法で有罪を宣告された時、スサノオは素朴な復讐の念に駆られた。スサノオが本来邪悪な者であることを証明しようとする『古事記』は、あたかもスサノオが天照大神の判定を反故にするかのように、スサノオが女子を生んだため勝利したと述べたことを引用している。その直後、『古事記』はスサノオが「勝《かち》さびに（勝にまかせて）」行った乱暴狼藉を詳述する。その行為は神話における嵐のモチーフを明確に示している。スサノオは猛威を振るう暴風雨となったのである。稲田の畔《あぜ》を壊し、溝を埋め、排泄物をまき散らすなど、農業地帯で暴れる嵐のように振る舞った。『日本書紀』にはスサノオが、穀物が実っている時に縄を引き渡したとあり、これは嵐が収穫物を襲い吹き飛ばしたことを意味する。「重播種子《しきまき》し」とあるのは、嵐が既に種の蒔かれた土地に重ねて種を吹き散らしたことを示す。「捶籤《くしざし》し」とあるのは、暴風雨があたかも公式な領有権を主張するかのように田畑の境界線を吹き飛ばしたことを表す。アストンの引用する『私記』によれば、籤《くし》は田畑の所有を不当に主張する者を滅ぼすべく、呪詛《じゅそ》の詞をもって田に刺し立てられた。「駒を放ちて、田の中に伏す」とあるのは、嵐の猛威が農民の家畜さえも倒したことを指す。[◆11]

こうした騒動の間にも天照大神はスサノオを弁護し、とがめなかったと『古事記』は述べている。[◆12]スサノオに対する当初の猛々しい挑発からの変化は、誓約でスサノオが真に潔白であったことが証明されたという天照大神自身の確信の表れと解釈できるかもしれない。そうでなければ、天照大神はこうした破壊行為に反抗していた可能性が十分にある。しかし、天照大神の寛大な態度は、実は天における復讐観念の否定を表している。先の戦闘的な姿勢はそうした観念を神道に導入する恐れがあったのである。また、暴風雨は避けられないが、一時的なものに過ぎないという太陽の認識を示していると見なすこともできる。

そして、スサノオは最後の乱暴を働いた。『古事記』によれば、スサノオは天照大神の機織り部屋の天井に穴を穿ち、そこから逆剥《さかは》ぎに剥いだ（『日本書紀』には生きたまま皮を剥いだとある）天の斑馬《ふちこま》を投げ入れた。これは嵐が屋根を破壊し、その裂け目からがれきが吹き込んできたということだろう。前述のとおり、逆剥ぎというのは非常に残忍な行為を示唆する。それは、嵐の猛威が破壊と復讐の頂点に達したことを物語っている。生きた神馬の皮を剥ぐことは残虐行為の極みを象徴する。馬は、その明敏さから神道にとって特別な重要性を持っており、人間も天の神霊を理解できるよう常に心を研ぎ澄まさなければならないという神道の願望を表している。馬にはまた歴史的な意味もあり、例えば馬を最も価値あるものとする満州平原の流浪の民が日本に移住したことを暗示しているのかもしれない。神道における馬の象徴は、神話時代よりはるか後に制定された国民的儀式の大祓《おおはらえ》▼[1]にも現れる。

「高天原に耳振り立てて聞く物と、馬牽き立てて（……）大祓に祓ひ給ひ清め給ふ◆[13]」。ここで言う祓い清められるのは、国民化された神霊である。

アストンは『日本書紀』の中で、スサノオに殺された馬を形容するのに「斑《ふち》〔まだら〕」という語が用いられたのは、おそらく星による連想だろうと述べている◆[14]。この星の意味にはさらなる重要性がある。斑馬

▼1　古来、六月と十二月の晦日《みそか》に、万民の罪や穢れを祓い除いた神事。現在も宮中や全国各神社で行われている。この時に除去されるべき罪は天つ罪と国つ罪に分類される。

の殺害は、大嵐の猛威で星がかき消されたことを暗示する。つまり、嵐は夜まで吹き荒れ、地上に完全な闇が訪れたのである。このように解釈すれば、続いて起こる出来事にごく自然につながる。

天照大神は今や心底恐ろしくなり、天《あめ》の石屋《いわや》戸《と》の中に退いて戸を固く閉ざしてしまった。荒れ狂う嵐によって屋根が吹き飛ばされ、汚物が室内にまき散らされたのだから、天照大神が石屋戸すなわち洞窟に安全な場を求めたのは当然の行動であった。『古事記』には続いて「常夜《とこよ》往《ゆ》きき（夜ばかりが続いた）」とある。太陽が沈むのは毎夜のことであるが、この場合の太陽の不在はただごとでなかったに違いない。なぜなら、『古事記』は「万《よろづ》の妖《わざはひ》悉に発《おこ》りき（あらゆる災いがことごとく起こってきた）」と述べているからである。これは日食を指しているようであり、おそらく激しい嵐の夜の後、太陽が現れなかったため、災いが起こると考えられたことを意味しているのだろう。

神話はここでも再び、天に全能性がないことを指し示している。そうでなければ、嵐は鎮められ、天照大神は怯えることもなく、天の神々は無数の災いの犠牲にもならなかっただろう。『古事記』には、斑馬が機織り部屋に投げ入れられた時、天照大神は「畏みて（恐れて）」とある。◆[15] 全能の神であれば、斑馬にも、ほかの何ものにも恐怖を覚えるはずはない。神道における全能性の否定は、このように明確に述べられているのである。

オモイカネノカミ

天の神々は、「神集い」を開いて、この大異変について議論を交わしたと『古事記』は記している。オモイカネノカミ（思金神、Thought-includer-Kami）は、閉じこもった天照大神を誘い出す方策を考えるよう命じられた。オモイカネノカミの名前は、すべての神々の間で全体的な討議を行い、さまざまな意見を調整して一つの実行計画にまとめ上げることを意味する。『古事記』によれば、オモイカネノカミは、自己創造性を示す二柱のムスビ神のうちの一柱で心の力を象徴するタカミムスビノカミ（高御産巣日神）の子である。[16] ここでもまた、伝承は天の全能性をはっきりと否定している。計画は話し合いによって立てられ、それが有効であるかどうかは実験によってのみ明らかになる。そのため、この天上の集いは太古史における最初の民主主義的な会議と呼ぶことができるだろう。派閥や少数の廷臣が天の統治を取り仕切ったり、ほかの神々を支配しようとしたりすることはなかった。民主主義下の慣習のように、誰もが平等の権利を持って参加したのである。

全く予期せぬ事態に対処する方策が見つかる前の自由な議論は常にそうであるように、討議では当初さまざまな提案が交錯した。しかし、最終的に解決策が一人の女性によって見いだされることになる。これは、神道が女性の政治参画に好意的であることを示していると解釈できるかもしれない。

石屋戸の天照大神

『古事記』は、天照大神を真っ暗な洞窟からおびき出すために試みられたさまざまな手段を列挙している。最初に、「常世の長鳴鳥《ながなきどり》」を集めて鳴かせたとある。チェンバレンによれば、それは一般的に鶏《にわとり》と考えられている。[17] ここで鶏が用いられたことが、神社の境内にこの鳥がいる理由である。鶏鳴《けいめい》は夜明けを告げることから、太陽を招くそのけたたましい鳴き声によって天照大神が姿を現すと思われたのだろう。だが、天照大神は頑なに出ようとしなかった。

次に、金属製の鏡と、多くの勾玉を貫いた御統《みすまる》を作り、石屋戸の前にしつらえられた榊《さかき》の枝に白と青の「和幣《にきて》」と共に掛けられた。「和《にき》」という語は、本居宣長の考えによれば柔らかい布で作られた供物の柔らかさを指す「柔」の同義語だとチェンバレンは言う。◆18 神道では、お祓いの儀式で神職が人々の前で振るために、白い紙片を榊の枝に付ける習慣が今も続いている。その意味は、天照大神が身を隠す原因となったスサノオの行為を水に流し、自らの清らかさと神霊としての義務を思い出してほしいという天の神々の願いに関連しているようである。神社でこの祓具《はらいぐ》が用いられるのは、儀式の参加者たちが他者の過ちを許し、自らの霊性と、神霊の進歩を推し進める責任に心を集中するよう促すためであろう。

榊は、神道を表象するものとしてこの時に取り入れられて以来、極めて重要な神道の象徴へと発展した。榊は常緑樹であり、神道の基本概念である永遠の生命を意味する。神社の儀式では、榊の小枝が神前の机に置かれ、葉は外側に向けられる。これは、神社の祭神に代表される非物質的神霊から物質的生命が現れることを示す。石屋戸の前で榊が用いられたのも、同じような考えを表している。静的な無個性の暗闇から神聖な現実の生きた光の中へ天照大神を導き出そうとしたのである。それでもなお、大神は内にこもっていた。

そこで占いが行われたが、これもまた天には全能性が存在しないことを際立たせるものであった。占いには、無知な人々に自己信頼を回復させるという実用的な効果がある。呪術やまじないは、精神力が高い段階に達していない場合や、こうした実践を支える伝統が克服されずに受け継がれている場合は、勇気や自信を呼び起こすことがある。しかし、神道は自己努力による創造的精神の発展を求めるものであり、まじないに頼ることを奨励しない。天照大神の洞窟の前で行われた天の占いも効果はなく、大神を招き出すことはできなかった。このことは、具体的な結果に関して純神道がそうした手段を拒否していることを示す。

『古事記』は、この一連の出来事に協力したが無益に終わった多くの神々の名を挙げている。これらの神々はかなり後に、ニニギノミコト（邇邇芸命）が地上に降臨する際、天照大神の特別な従者であるかのように再び登場する。しかし、彼らの訴えでは天照大神を動かすことができず、大神は洞窟に留まり続けた。

神道における祈禱の否定

その後、天つ神が「太詔戸《ふとのりと》言《ごと》」を唱えた。チェンバレン訳『古事記』には、それは祈りを込めて(prayerfully)奏上されたとある。[◆19] だが、神学的な祈禱を神道に結びつけるのは根本的な誤りである。神道にも、人間に対する大自然の助力に感謝し、双方の間のさらなる協力を願う祝詞《のりと》はあるが、神学的な神への祈禱というものはない。神道における祝詞の意味は、人間とは別に存在する神格を認める宗教的な祈禱の目的とはほど遠いものである。祝詞にそのような含意が見いだされる場合、それは外国の影響によるものであり、純神道に由来する権威はない。天照大神は神学的な神ではない。石戸隠れの伝説は、天照大神が天上の神々から、絶対者の位置を占める超然たる神としてではなく、高い地位を保持しながらも限られた知識しか持たない神霊として遇されていたように物語られている。なぜなら、天照大神はほかの神々の活動について無知であっただけではなく、自らの容貌さえもよく知らなかったからである。従って天照大神は、恣意的な恩恵を願うための祈禱が向けられるような神学的な神ではない。祈禱は神霊と物質の間に根本的な相違があることを意味する。しかし、神道は万物が神であり、そのような相違は存在しないことを教えている。

人は好天気や米の豊作を祈願しながらも、なお純神道の概念の内にあることはできる。神道においては森羅万象が神霊であるため、神霊としての人間は神霊としての大自然に対し、普遍的な神霊の進歩のためにより密接な協力を望んでもよいのである。われわれは心の力について多くを知らず、また稲がどのように太陽や雨の刺激を受けて成長するかについてはさらに知らない。神霊の全体性の中で広範な協力を展開できると信じるのは不合理なことではない。現代科学は自然界の中の協力、すなわちある生物集団が別の生物集団を助け、また助けられることを意味する共生（symbiosis《シンビオシス》）の方法を探究している。▼2 祝詞の奏上を通じて、人間と自然の自発的な協力関係を求めることは、人間がいまだ学んでいない共生を拡大する可能性を示唆する。

　平田篤胤は神道に神学的祈禱を取り入れるべきだと信じていたようであり、また多くの祝詞を書いたが、平田の真の目的は、仏教も儒教もその前では姿を消すような宗教としての神道を樹立することにあったとアーネスト・サトウは指摘する。◆20 宗教は通常、神、教祖、聖人、聖典、象徴などを礼拝することを教える。だが、礼拝というのは神性と人間の分離を必然的に意味するため、宇宙全体を神霊と捉える神道とは相容れない観念である。宗教は、霊と物質の間には種類や目的において相違があることを示す。しかし、神道は物質を神霊が自らの拡張的な活動のために形態をとったものと捉えている。

　宗教は一般に、この世の生活は死後の霊的な目的のための準備であるという教義を物質的活動に関連づける。一方、神道は生命を神霊の物質的発展と考え、死を悪と見なす。神道は死後の世界には一切関心がなく、死に対して何ら慰藉《いしゃ》となるものを提示していない。それどころか、もし死が克服されれば、神道は生命の進歩にとって妨げとなるものがなくなったとして歓喜するだろう。宗教は確かに、悩める人々に多くの慰めを与える。神学や永久不変の信条によって救いを得る人々、また死後に何が起こるかについて確信を求める人々にとって、宗教的な教えは極めて重要である。しかし、神道はこうした問題に関して、神霊が不滅であることを示唆する以外には何も述べていない。神道は神霊を自己創造的な物質的生活の複雑な状況の中へと進出させるが、非物質的な神霊界の中へと生命を後退させることには関心を示さない。なぜなら、神道にとってすべての存在は、物質的であれ非物質的であれ、常に神霊だからである。

神道を神学に結びつけようとした平田篤胤は、人間は天に隷属すると本居宣長に考えさせたのと同様の感化の下にあったようである。サトウは本居の信条を次のように要約している。「世の中に起こるすべてのことは、善し悪しにかかわらず神の所為であり、人間は事の成り行きにほとんど影響を及ぼさない」[21]。これは神道とは異質な機械論的信条であり、神の支配という外来の観念を取り入れたものである。もし日本人がそのような影響力に支配されることを容認していたら、日本を世界の強国へと引き上げた創造的活動の能力を発展させることはできなかっただろう。日本思想から外来の権威を排除しようとあれほど熱心に努めた平田と本居が、かえって外国文化に由来して日本に導入された思想の感化を受けていたのは奇妙なことである。両者は神道に対する新たな関心を喚起することに大いに貢献したが、どちらも神道におけるムスビの深遠な意味を理解していなかった。また、神道神話に含まれる全能の力を否定する多くの記述、特に天照大神の石屋戸の伝承の含意を正しく読み取っていなかった。

祝詞の意味

サトウは、ノリトは「言う」という意味の動詞ノリ（宣）に由来し、それは現代日本語のナノリ（自分の名前を言う）にも用いられると述べている[22]。この語源から、祝詞において神の名を唱えることは、直接的

▼2　ミツバチが花から蜜をもらう代わりに花粉を運んで受粉を助けるのは代表的な例。このように異種の生物が相互に利益をもたらす相利共生のほかに、一方が利益を受け他方は受けない片利共生、双方が利益も害も受けない中立、一方が利益を受け他方は害を受ける寄生、片方が害を受けるだけの片害共生、双方が害を受ける競争も現在では広い意味で自然界における共生と見なされている。

であれ間接的であれ、あたかも神霊が神霊に話しかけるように、自分自身の名を唱えることにもなると推論できる。星一《ほしはじめ》[3]は次のように言明する。「ノリはノブ（伸）ノビル（延）ノベル（述）ノリト（祝詞）等と源語同じく、胸中の思想を外部へ延べ拡めるという意味である[23]」。つまり、それは天上の神から人間に教えられたものではなく、心の中に発した内面的思考の表現なのである。本居宣長は、天上の神が祝詞を神官に教えた証拠はないと否定しているが、これは本居が時折無意識的に外来思想を受け入れているものの、多くの有意義な主張をしている一つである[24]。神道神話には、人間の願いを天上の神に聞き入れてもらう手段として、祝詞が天から人間に授けられたことを示すものは何もない。本居は、ノリトは目上の者が目下の者に語りかける場合、あるいはその逆の場合に用いられるノリ（言う、宣る）に由来するものとしている[25]。従って、ノリトは礼拝の意味を表すのにふさわしい言葉ではない。なぜなら、礼拝は目上の者が目下の者に語りかけるという意味を含まないからである。

　サトウによれば、平田篤胤は「礼拝」を表すのにオガム（拝む）という語を用いており、それは「身をかがめる」を意味するオリカガムに由来するが、サトウは「ひれ伏す」と訳したほうが良いと述べている[26]。しかし、神道の儀式ではひれ伏すということはない。お辞儀するというほうがはるかに適切な言葉である。ひれ伏すというのは宗教的礼拝における平身低頭や中国の叩頭《こうとう》のような姿勢を連想させる。だが、お辞儀は社会的慣習に由来し、日本人は丁寧な挨拶をする時には必ずお辞儀する。同じ敬意の表し方が神社の前でも見られ、あたかも神霊が神霊に対して敬意を払っているかのようである。事実、神道の儀式は人間の社交の場で用いられる形式に基づいている。社交の場では、優れた人間を認めると同時に、優れていようと劣っていようと等しく同じ人間であるという見識が求められる。神道においても、神の立場に高下はあるとしてもすべては等しく神霊なのである。

　祝詞を天からの応答を求める祈りとする解釈は、神道神話に基づくものではない。なぜなら、祝詞が用いられた前述の例では、天照大神からの反応はなかったからである。天照大神は、天つ神の祝詞による嘆願を無視して洞窟の中に留まり続けた。

だが、荘厳な儀式が陽気な笑い声に取って代わった時、天照大神は好奇心に駆られ、ついに誘い出されることになる。ほかのあらゆる方策が失敗したため、アメノウズメノミコト（天宇受売命）が風刺としか言い表しようのない装いで滑稽な踊りを披露した。『古事記』によれば、ウズメノミコトは日影《ひかげ》をたすきに掛け、真析《まさき》を髪飾りにし、笹の葉の束を持った。そして、天照大神の石屋戸の前で体を露わにし、共鳴板を踏み鳴らした。『古事記』には「槽《うけ》伏せて踏み轟こし、神懸りして（桶を伏せ、それを踏みとどろかし、神懸りのようになって）」とある。◆[27] これは、ウズメノミコトが「神懸り」すなわち霊的恍惚状態を風刺化したもので、そのような詐術は真剣な注意を払うに値しないとして軽視したことを意味する。神道の伝承の極めて早い段階で呪術的な加持祈禱が否定されていることは、ムスビの精神の大いなる影響を示している。ムスビの精神は創造的活動を頼りとし、進歩を妨げる迷信に頼ることはない。ウズメノミコトによる神懸りの滑稽な物真似は、神道の大祓の儀式で挙げられる国つ罪の中に呪術行為が含まれる要因となったのかもしれない。同様に、ウズメノミコトの踊りは、現代の神社でより厳かに行われる巫女の舞の起源とも考えられる。従って巫女の舞は、神道における呪術的実践の否定を意味するものと見なすこともできるだろう。

ウズメノミコトが踊り続けていると、高天原が揺れ動くほど八百万《やおよろず》の神がどっと笑った。天照大神が身を隠した最初の恐怖が神懸りの滑稽な風刺に変わったことは、おそらくかつて人々を恐怖に陥れた日食の記憶がおぼろげに残っていたことを意味するのだろう。しかし、永続的な災いがないことが分かると、

▼3　星一（一八七三－一九五一）は実業家・政治家。苦学して米国に留学し、コロンビア大学を卒業。帰国後、星製薬を設立。衆院議員、参院議員も務める。星薬科大学創立者。ＳＦ作家の星新一は長男。

人々は陽気になって恐怖を笑い飛ばしたのである。日食の無害さによって、太古の人々は初めて呪術や神懸りが悪から身を守るのに役立たないことを実感したのかもしれない。ウズメノミコトの踊りはこのことを象徴している。その教訓は今なお多くの日本人によって学ばれる必要がある。

天照大神の出現

天照大神は、洞窟の外の陽気な笑い声に驚嘆した。『古事記』は天照大神が天の石屋戸を細目に開いてこのように声を上げたと伝えている。

「吾《わ》が隠《こも》りますによりて、天の原自ら闇《くら》く、また葦原中国《あしはらのなかつくに》も皆闇けむと以為《おも》ふを、何由《なにのゆゑ》にか、天宇受売《あめのうずめ》は楽《あそび》をし、また八百万《やほよろづ》の神も諸《もろもろ》咲《わら》へる（私がこもっているので、高天原は自然に暗くなり、また葦原中国もすべて暗いだろうと思うのに、なぜ天宇受売は歌舞をし、八百万の神も皆笑っているのか）」◆28

天照大神がこのように当惑し、いぶかったことは、洞窟に身を隠している間、戸の向こうで何が起きているのか知らなかったことを物語っている。これは神道に全能神や絶対者の観念がないことを示す最大の証拠である。もし神道の伝承が天の統治者としての天照大神に至高の全知が備わっていると考えていたとすれば、外の出来事を知るために天の石屋戸を開く必要はなかっただろう。天照大神は、身を隠していた洞窟から数メートル先で起こった笑い声の原因が分からなかったのである。天照大神とその他の神々の間は戸によって隔てられていただけであり、もし全能というものが存在するのであれば、戸一枚が妨げとなるはずはない。神道の伝承では、天照大神が全能であると見なされることはなかった。なぜなら、そのような考えは、自己創造と自己発展というムスビの思想を破壊してしまうからである。全能とは機械論的な知識である。もし予知ということが可能であれば、これから起こる出来事は管理下にあることになる。しかし、全能が存在しなければ、ムスビを通じて絶対的に新しいことが未来に起こり得る。それがどのようなものであるかは、出現するまで分からない。この意味でムスビは、天の統治者の人格においてさえ絶対主義を否定する。

天の石屋戸を天照大神が開くやいなや、絶対知を否定する新たな出来事が起こった。『古事記』によれば、神々の笑い声の理由を尋ねる天照大神に対し、ウズメノミコトはこう答えた。「汝命《いましみこと》に益《ま》して貴き神坐《いま》す。故、歓喜《よろこ》び咲《わら》ひ楽《あそ》ぶぞ（あなた様より貴い神がいらっしゃるので、喜び笑い、踊っているのです）」[29]。この時、あらかじめ作ってあった鏡を差し出された天照大神は、自分の似姿を驚いて見つめ、少しずつ現れ出てきた。天照大神はこのように、鏡というものを知らず、磨かれた金属に映った自分の姿も認識していなかった。女性が自らを美しく魅力的にするために大事な助けとなるものについて、天照大神は無知だったのである。天照大神が鏡をのぞき込んでいると、その手がつかまれ、外に引き出された。こうして天照大神は、映し出された自身の容貌に戸惑いながら洞窟を離れたのである。

天照大神の好奇心に訴えかけたのが功を奏したことは、重要な神道的意味がある。人類の進歩を促すあらゆるものの中で、好奇心ほど絶え間なく、かつ刺激的なものはない。好奇心の力は、常に新しい知識を求めるムスビの原動力によって生じる。原始時代から今に至る日本の進歩は、好奇心という国民性、すなわち知識を増やそうとする欲求によるところが大きい。天照大神が洞窟から出てきたのは、その最初の例である。

さらに外へと天照大神が導かれると、その後ろに縄が張られ、「これより内にな還《かへ》り入りそ（これより内へお戻りになってはなりません）」[30]と告げられたと『古事記』は記している。これはすべての神々を代弁して天照大神に発せられた要望であり、天上には明らかに民主主義が存在し、天照大神はほかの神々に対して独裁的な権威を行使していないことが、ここからもうかがえる。『古事記』で尻くめ縄と呼ばれるこの縄は、神社ではしめ縄という藁《わら》をねじったものによって表され、社殿の前に張られている。チェンバレンは、シメナワは古語のシリクメナワが転訛したと指摘する。[31] 加藤玄智と星野日子四郎は、翻訳を手掛けた『古語拾遺』の中で、シメ（しめ縄）というのは、シメノ（標野）が「立ち入り禁止の地」を指すように、「禁止する」という意味である可能性を示唆している。[32]

この意味において、しめ縄は神霊が全能の支配から自由であることの神道的象徴である。神道には高天原の統治の始めから民主主義の原動力が連綿と続いていることを、それは示している。縄は天上の神々が天照大神に、人類の自己発展に必要な太陽の光を二度と隠さないよう説得するために用いられた。そのためこの縄は、民主的な力の結合において、神霊が生命と人格の進展に対するいかなる妨害からも自由となる権利を万人に与えることを表している。

天照大神が現れ出た時、高天原も日本の国も再び明るくなったと神話は語る。その後、天照大神が自らの厳粛な任務に忠実であるべきという民主的要請に抵抗しようとした記録は神道の伝承にはない。こうして天照大神は、神道における最初の民主主義的会議の判断を異議なく受け入れ、永久的な先例としたのである。

つまり、神道では全体を統一するカミが個々のミコトである人民に自治を委ねる。そして個々のミコトは天祖であるカミを通じて結びついている。このように神道の統治は政治的意義だけではなく精神的意義も持っており、カミの民主主義（Kami Democracy）と呼ぶのが最もふさわしいかもしれない。

天の石屋戸の伝承が率直に物語られていることは、神道が自由を尊重していることをなおいっそう強調するものである。『古事記』と『日本書紀』の全体を通じて、天つ神や国つ神の活動が描写される際には、表現の自由が最大限に認められている。登場人物の地位を問わず、出来事を検閲しようとする試みはなされていない。思想の自由は神話の隅々まで行き渡っている。天照大神に関してさえも、その人格を何ら隠すことなく、ごく自然体に描いている。天照大神の天上の地位は、秘匿に基礎づけられたものではない。自らの身を隠そうとした時、天照大神の望みは失敗に終わった。天上の民主主義者である八百万の神は、天の統治者たるものは万人の目から隠されて孤独と隔絶の生き方をするのではなく、常に臣下たちの間に公然と留まるべきだと主張した。もしそうでなかったならば、天照大神が天上の神々の間に民主主義を奨励しても、少数の臣下によって無効とされていただろう。彼らは天照大神の名の下に行動すると見せかけて、実は自分たちの意思を実行するのであり、暗闇の中にいる天照大神にはそれを察知できず、神道にとって重大な損失をもたらすことになっただろう。

第七章　アラミタマとニギミタマ

スサノオ（須佐之男）は、誓約《うけい》が不当であったと考え、憤慨していた。しかし、罰を宣告したのは天照《アマテラス》大神《オオミカミ》自身ではなかった。天上の民主主義的な慣習に従い、神々は「共に議《はか》りて」、スサノオに「千位《ちくら》の置戸（多くの台の上に置くたくさんの贖《あがな》いの物）」を負わせ、手足の爪を抜き、ひげを切り、天から追放したと『古事記』は伝えている。

『日本書紀』の一書には「罪を素戔嗚尊に科《おほ》せて、其の祓具《はらへつもの》を責《はた》る。（……）唾《つはき》を以て白和幣《しろにきて》とし、洟《よだり》を以て青和幣として、此を用て解除《はら》へ竟《おは》りて（罪を素戔嗚尊に科して、その贖罪の物を徴収した。（……）唾を白ぬさとし、鼻水を青ぬさとし、これをもって祓い終わって）」とある。◆1 この記述は、おそらく後から挿入されたものと思われる。スサノオは神道の供物を自身の分泌物で風刺化し、天照大神を侮辱したのである。

罰の意味

スサノオに科された罰は、大嵐で作物が台無しになった農家がまさに望むことである。農家は莫大な罰金によって嵐に大損害を償わせたいと願うだろう。将来の被害を抑えるために、嵐の爪を抜き去りたいと欲するだろう。今後の雨が穏やかであるよう、嵐をひげの生えないほどの若者に留めておきたいと思うだろう。こうしたことが罰の現実的な意味であり、想像上の神道の禊の儀式で天から責め苦を負わされたのではない。スサノオの天からの追放は、雨が雲から地上に降り注いだことを指す。『日本書紀』は、このエピソードを合理的に説明しようとはしていないが、明確にこうした意味を示している。スサノオは追放された時、「笠蓑《かさみの》」を作ったとあり、また「時に、霖《ながめ》ふる。（……）風雨甚だふきふる（その時に長雨が降った。（……）風雨が甚だしかった）」とも記されている。◆2

嵐の被害は、スサノオの性格の粗暴な側面を表している。だが、スサノオが地上に降り立ってからは、温和な性格が明らかになっていく。神道において、すべての人間はアラミタマ（荒魂、荒ぶる神霊）とニギミタマ（和魂、柔和な神霊）を備えている。チェンバレンは英訳『古事記』の中で、アラミタマとニギミタマは二つの別な存在ではなく、同じ御霊《みたま》の異なる現れであるという本居宣長の説を引いている。◆3 この人間の二重性という事実は、神の普遍的な性質の一部をなすものであり、スサノオは神話の中でそれを明示した最初の人格である。

スサノオの地上降臨

しかし、通常、人間の経験において粗暴から温和へ、あるいはその逆の変化は、急激ではなく徐々に起こるものである。その中間段階は、地上に向かう途中で再びスサノオが激情に駆られる様子に示されている。『古事記』によれば、スサノオに食物を乞われたオオゲツヒメノカミ（大気津比売神）は、自らの鼻や口や尻から美味なものを取り出して献上した。だが、スサノオは汚物を供されたと思い、オオゲツヒメノカミを殺してしまった。この神話は、激しい雨が作物を台無しにし、田畑のし尿をかき乱したことを意味するのかもしれない。あるいは、肥料のためのし尿が食物を汚して不衛生にしたことを表し、この事実がスサノオの憤怒を引き起こしたとも考えられる。

オオゲツヒメノカミが亡くなると、体のさまざまな部位から蚕、稲種、粟、小豆、麦、大豆が生じたと『古事記』は述べている。従って、オオゲツヒメノカミの「死」は、豪雨による農地の一時的混乱を意味するに過ぎないのかもしれない。あたかも植物界では成熟した草木から落ちる種子によって生命が絶えず再生するため、実際には死というものはないことを示唆しているかのようである。実際、神話の少し後に、この同じ食物の神はまるで「生まれ変わった」かのように再び登場している◆[4]。『古事記』によれば、オオゲツヒメノカミがスサノオによって「殺された」後、その生成物はカミムスビミオヤノミコト（神産巣日御祖命）が採取し、新たな植え付けのための種子として用いた。カミムスビミオヤノミコトの短縮した名称はカミムスビノカミ（神産巣日神）で、『古事記』の冒頭に出てくる第二のムスビ神である。故にカミムスビノカミは、植物を自己生産させる神として認められているようである。

オオゲツヒメノカミという食物の神の名は、以前に神話の中で四国の一地方（粟《あわの》（阿波）国、現在の徳島県）に与えられていた名称と同じだが、そこには「カミ」は付いていなかった。スサノオはかつて歴史的人物として四国を訪れたという推論が成り立つかもしれない。もしそうだとしても、スサノオは神話の中で出雲との結びつきが強いため、四国に定住したわけではなかった。

『古事記』によれば、食物の神を殺した後、スサノオは出雲の肥《ひ》の河上、鳥髪《とりかみ》に降り立った。肥すなわち斐伊川《ひい》は出雲で最大の河川である。その名前は、イザナミ（伊邪那美）の死の原因となりイザナギ（伊邪那岐）に殺害された火の神の血から成ったヒハヤヒノカミ（樋速日神）に由来するようだとチェンバレンは指摘する◆[5]。この語源が表す意味は、後に神話で説明される。

スサノオと朝鮮

『日本書紀』の一書によれば、スサノオはまず朝鮮の王国、新羅に降り立ったが、そこが気に入らず、出雲に渡り、簸《ひ》の川上にある鳥上《とりかみ》の峯《たけ》に至った。[◆6] このように、『古事記』と『日本書紀』はスサノオの出雲における到着地として同じ場所に言及しているが、『日本書紀』は明確にスサノオを朝鮮と関連づけている。さらに、スサノオはその子、イタケルノカミ（五十猛神）〔イソタケルノカミとも読む〕を率いて新羅へ行ったと『日本書紀』は伝えている。イタケルノカミは以前に記述はないが、その名はスサノオに付き従う武人の一団を暗示する。『日本書紀』はスサノオが「埴土《はに》を以て舟に作り」、それに乗って出雲へ渡ったと付記している。だが、舟は通常粘土で作られるものではなく、おそらく水漏れを防ぐため隙間を埋めるのに使われたのかもしれない。この時点で粘土について触れているのは重要な意味があるだろう。スサノオの誓約《うけい》で生まれた第二子のアメノホヒノミコト（天穂日命）は、出雲臣《いずものおみ》（豪族）や土師連《はじのむらじ》の祖であると『日本書紀』は述べている。アストンによれば、連《むらじ》は敬称であり、土師はハニシやハジと読まれ、粘土工を指す。[◆7] 従って、神話はスサノオの第二子の支配下にあった粘土工たちによってスサノオが出雲に渡航するための舟が作られたことを示しているのかもしれない。そして、彼らの職業から粘土の舟と呼ばれたのだろう。この場合、アメノホヒノミコトは朝鮮の人であった可能性がある。そうであれば、出雲のオオクニヌシ（大国主）を服従させるため天から遣わされたアメノホヒノミコトが、天の命令に背いてオオクニヌシの従者の一人となったという神話の後段における登場の意味も明らかになるだろう。

　イタケルノカミは天から樹木の種を持って下ったが、朝鮮には植えず、日本のために取っておいたと『日本書紀』にある。これは、朝鮮と出雲の間の警戒心が神話に現れ始めたことを暗に示している。『日本書紀』は続けて、スサノオが朝鮮には金銀があるが日本には「浮宝《うくたから》」を与えようと述べたと伝える。浮宝は木の形をしており、おそらく漁業や朝鮮征服、または海岸襲撃のための舟を意味するようである。◆8『日本書紀』のやや詳細な記述は、新天地の出雲と完全に同化しようとする初期移住者の海外遠征隊の指導者のように、スサノオが出雲のために朝鮮を捨てた人物であることをいくらか明確に指し示していると思われる。

朝鮮すなわち韓《から》は、発音上「から（from）」を意味するため、古代にはそこから移住者が日本に到達した国を指したのかもしれない。出雲のある伝説によれば、出雲の国土を増やすため朝鮮から土地が引き寄せられ、「国引《くにび》き」という言葉が生まれたという。だがその本当の意味は、歴史をはるかにさかのぼると、朝鮮は出雲と結合していたか、今よりずっと近かったということだろう。そのため、国引きというのは後の時代に海峡が広がり、出雲が朝鮮から「引き離された」ことを意味するとも考えられる。出雲と朝鮮に関するほかの出雲の伝承は、遠い昔、両国間に存在した関係が対立状態に至ったことを明らかにしているようである。

八俣の大蛇

スサノオが出雲の肥の河に着いた時、箸《はし》が流れ下ってきたと『古事記』にある。このように、出雲においてスサノオはただちに食物と結びつけられている。スサノオが川沿いに進んでいくと、老夫《おきな》のアシナヅチ（足名椎）と老女《おみな》のテナヅチ（手名椎）に出会った。娘のクシナダヒメ（櫛名田比売・奇稲田姫）も一緒にいた。イナダは稲田を意味するため、伝承は人物だけでなく稲作も指しているようである。老夫と老女の名は、この解釈を際立たせる。なぜなら、足で撫でたり手で撫でたりするのは、農業に携わる男女が水田で稲苗を世話する様子を正確に描写しているからである。

　スサノオが近づいていくと、老夫婦は泣いていた。老夫は、もともと自分には八人の娘がいたが、「高《こ》志《し》▼[1]の八俣《やまた》の大蛇《をろち》」が毎年やって来ては一人を食らっていき、まさに再び大蛇の来る時だと説明した。高志の語源は不詳だが、チェンバレンによれば、日本本土の一部とは見なされていなかったという◆[9]。

　今にも大蛇の犠牲になろうとしている若いクシナダヒメの悲しい物語は、スサノオのニギミタマを蘇らせた。スサノオは窮地にある乙女の守護者となった。大蛇はどのような姿をしているのかとスサノオが問うと、老夫はこう答えた。

「その目は赤かがち◆[10]の如くして、身一つに八《や》頭《かしら》八《や》尾《を》あり。またその身に蘿《こけ》と檜《ひ》椙《すぎ》と生《お》ひ、その長《たけ》は谿《たに》八《や》谷峡《たにを》八《や》尾《を》に度《わた》りて、その腹を見れば、悉に常に血爛《ただ》れつ（その目は赤いホオズキのようで、一つの胴体に八つの頭、八つの尾があります。また、その身には苔と檜と杉が生えていて、身の丈は八つの谷と八つの峰にもまたがるほどで、その腹を見れば、いつも血でただれています）」◆[11]。この場合の「八」は「多数」を意味する。

　これは、川床が渓谷や丘陵を越えて広がり、その土手に沿って苔や低木、高木が生い茂る様子の描写である。川に垂れ下がる木々の枝は、それらが川の背に位置することを思わせる。八つの頭と尾は、支流を指す。この怪物を『古事記』は「八俣」の大蛇として描き、『日本書紀』も「八岐《やまた》」の語を用いている◆[12]。「岐」というのは大蛇の舌と共に、大河の支流にも当てはまる。大蛇の目をホオズキの赤い実にたとえているのは、大蛇に獰猛性をもたらすと同時に、夏が終わった後の収穫の季節にも当てはまるかもしれない。大蛇の腹は常に血が爛れているというのは、土中の鉄分が沈殿して赤くなった川床の粘土を意味する。川床がはっきり見て取れたということは、水位が非常に低くなり、干ばつがほぼ極度に達していたこと、すなわち今まさに大蛇がやって来ることを表している。

　従って、大蛇とは、毎年川を干上がらせ、作物を台無しにすることで稲田を食い荒らす干ばつを意味していた。出雲最大の現代都市・松江の近く、宍道湖《しんじこ》畔の大野津神社には、高志の大蛇の骨と伝えられる遺物が所蔵されている。それは大きな化石化した椎骨のようであるが、多孔性の石かもしれない。地元で干ばつが起きると、その「骨」が籠に入れられて宍道湖に沈められ、雨（すなわちスサノオ）を呼び寄せようとする。この象徴的な「水没」は、大蛇が干ばつのイメージと結びついていたことを表す。

スサノオは、クシナダヒメと結婚する許しを求めた。これは雨と稲苗の結婚によって穀物を実らせることを象徴する。父親は承諾した。『古事記』によれば、スサノオは乙女の姿を櫛《くし》に変え、自らの髪に挿した。チェンバレンは、ここには語呂合わせがあると言う。乙女の名前のクシは「奇し」だけではなく「櫛」も指すからである。また、スサノオの天上における乱暴狼藉で示したように、「籤《くし》」には田畑を横領しようとする者に対して田に刺し立てられたという『私記』の記述にまつわる別の意味もある。稲田の姫を櫛に変えたというのは、暴風雨としてのスサノオが、干ばつを表す大蛇が稲田を奪おうとする企てに対して自らの所有権を主張したことを指す。

続いてスサノオは、もし大蛇が櫛の警告を無視すれば殺害するよう手はずを整えた。スサノオは老夫婦に強い酒の入った甕《かめ》を八つ用意させ、大蛇の八つの頭に対して分けて置くよう命じた。米と水で作られた酒が大蛇の退治に結びつけられているのは適切なことである。やって来た大蛇は酒を飲み、酔っぱらってその場に伏し、寝てしまった。スサノオはただちに剣を抜き、怪物を斬り殺した。すると「肥河血に変《な》りて流れき」と『古事記』は記している。「流れき」とあるのは、干ばつの後に河川が蘇ったことを暗示する。川が血にたとえられているのは、雨としてのスサノオが力強く降り注ぎ、川床の鉄を含んだ赤土がかき混ぜられ、水が血のように赤く染まったことを意味する。この物語でスサノオを若き稲の乙女を死から

▼1　越国《こしのくに》、現在の北陸地方を指すとされる。

救った人物としても解釈するならば、スサノオはアラミタマとニギミタマを統合した日本史上初の武士と呼べるかもしれない。スサノオのアラミタマが大蛇を殺し、ニギミタマが稲を救ったのである。

大蛇の剣

スサノオは大蛇の尾の中に剣があるのを見つけた。『古事記』はそれを草薙《くさなぎ》の大刀《たち》（草薙剣）と称している。しかし、この名は後に景行天皇[▼2]の治世、ヤマトタケルノミコト（倭建命・日本武尊[▼3]）がこの剣を用いた際に与えられた名である。『日本書紀』はより正確に、この剣を天叢雲剣《あまのむらくものつるぎ》と呼ぶ[◆13]。この名称は大蛇の剣を雨雲としてのスサノオに直接結びつける。それは、剣がスサノオのものであること、あるいはスサノオが作った剣であることを示唆する。神話では先に、イザナギ（伊邪那岐）が火の神を殺害した際に水の力が剣になぞらえられていた。従って、スサノオが雨を生み出す者だけでなく出雲の剣を生み出す者を象徴することは、ある程度の整合性があるだろう。豪雨によってはっきり目立つようになった川床の赤土から鉄が発見されるためである。

スサノオが大蛇を退治した剣は、大蛇の尾の中にあった剣とは区別して、『日本書紀』では蛇《おろち》の韓鋤《からさび》と呼ばれている[◆14]。韓は朝鮮を意味するため、スサノオが刀剣製作の技術を朝鮮からもたらし、優れた鉄の産地である出雲に伝えたと推測される。大蛇の尾の剣は、出雲における鉄の生産を象徴している。

『古事記』で最初に刀剣が登場するのは、イザナギが火の神を殺した場面である。肥の河の名は、火の神の血から生じたヒハヤヒノカミ（樋速日神）に関連すると考えられる。そのため、スサノオが肥の河のほとりを冒険して大蛇の剣を発見したことと、イザナミが生んだ火（神話では金属と粘土も同時に言及されている）の使用の発見の間には、何らかのつながりがあるように思われる。イザナミの死は出雲で起こったという暗示は、その関連性を裏付ける。

従って、神話は大蛇の物語によって、大雨が稲田を干ばつから救ったことを表すだけではなく、出雲が朝鮮の様式にならい、また火の制御による鍛造に関連して最初に日本刀を作った場所であるという漠然とした伝承を連想させる。先住民を恐れさせた最初の国産の刀剣が伝説上の怪物から生じたと考えられたのは自然なことであろう。この大蛇の剣はスサノオから天照大神に献上され、後に日本における三種の神器の一つとなった。それほど尊重されたことは、日本で初めて鍛造された国産武器という象徴的な性質にその価値があったことを示している。

剣は通常、カミやミコトとは呼ばれない。神話では剣を「アメ（天）」や、神聖さを表す「ミ」「カム」と称することはあっても◆[15]、カミやミコトと呼ぶことはない。一般的に使用される物品に恒久的なカミの称号が与えられることは、普通はない。例えば金属の山の神（カナヤマビコノカミ）や粘土の神（ハニヤスビコノカミ）のように、基本素材はカミとされている。だが、金属製の武器や粘土製の皿は、通常カミとは称されない。そのような物品は元の材料の中にカミとしての重要性を見いだすことによって、カミの名が絶え間なく繰り返されることを避けるのである。故に、神話において剣にはカミという語が用いられていないものの、宇宙のあらゆるほかの事物と同様、神道では神聖なものと見なされている。

大蛇を退治した後、スサノオは須賀《すが》の地に宮殿を建てたと『古事記』にあり、部族の長としての地位を

▼2　景行天皇は第十二代天皇。垂仁天皇の第三子。大和国家の勃興期、纏向日代宮に都する。熊曾（九州南部）を征伐し、さらに息子のヤマトタケルノミコトに東国の蝦夷《えみし》平定を命じる。

▼3　ヤマトタケルノミコトは記紀における伝承上の英雄。景行天皇の子。東征して蝦夷を征討する途中、伊勢神宮の天叢雲《あめのむらくもの》剣《つるぎ》（草薙剣《くさなぎのつるぎ》）を授けられ、焼津で異族に襲われた時にはこの剣で草をなぎ倒して難を免れた。伊勢で病没し、白鳥になったという伝説がある。

得たようである。『古事記』によれば、スサノオはこの地で「我が御心すがすがし（My august heart is pure）」と述べたという。チェンバレンは「すがすがし」という日本語を"I feel refreshed（爽快な気分だ）"と解釈している。◆16 どちらの意味も適切である。身の潔白を自覚していたにもかかわらず天から追放され、稲田の乙女を情け深く救い出した後、スサノオが自分の心を清らか（pure）だと見なしたのはもっともだろう。スサノオは干ばつを解消したことで稲田を蘇らせ、自分自身も爽快に感じたに違いない。スサノオの宮殿がある須賀は、あたかもその住まいが自身と同様に清らかで爽快であったことを暗示するかのように「すがすがし」に由来しているのかもしれない。

宮殿が建てられる時、雲が立ち昇った。それは暴風雨としてのスサノオの特性と共に、スサノオと稲田姫の婚礼の部屋を表している。雲にひらめきを得て、スサノオは日本で最初の歌を詠んだ。

「八雲《やくも》立つ　出雲八重垣《やへがき》　妻籠《つまご》みに　八重垣作る　その八重垣を」◆17

この歌には語呂合わせがある。出雲は「湧き出る雲」を意味し、また雲はスサノオのことも指す。この結婚の頌歌は、覆い隠す雨雲であるスサノオが、若き稲である妻に生気を与えたことを詠んだものである。「八」は多数を意味する。こうして神道神話は、地上の生命を再生する結婚への尽きることのない関心を再び強調している。

スサノオはアシナヅチを須賀の宮の首長に任命し、イナダノミヤヌシスガノヤツミミノカミ（稲田宮主須賀之八耳神）という名を与えた。この名称はスサノオが日本における家の祭壇という思想を創造したことを示唆する。出雲はそうした家の祭壇が建てられた日本で最初の場所であり、スサノオの宮殿と一体化していたようである。家も神社と見なす古神道の慣習はこうして始まり、それは真の神道的意味においては万人が神霊であるのと同じである。アシナヅチは日本における神主の元祖であったと考えられるかもしれない。稲田を耕す者が最初の神道人として認められたのは適切な人選であった。なぜなら、農耕民族にとって米は、生命を維持し続ける神と象徴的に考えられているからである。

その後、スサノオは子をもうけた。クシナダヒメとの間にヤシマジヌミノカミ（八島士奴美神）という息子が生まれたと『古事記』は記している。八島は日本を指す一般的な名称であるため、スサノオの勢力が出雲を越えて広がっていたという意味を帯びている。実際、スサノオをほかの地方と結びつけるさまざまな地元の伝承もある。『日本書紀』によれば、スサノオには二人の娘、オオヤツヒメノミコト（大屋津姫命）とツマツヒメノミコト（抓津姫命）がいた。二人は樹木の種をまき、木を意味する紀伊《きの》国《くに》に渡った。樹木への言及は、朝鮮では種をまかず日本のために取っておいた前述のイタケルノカミ（五十猛神）と関連しているようである。また紀伊国に触れているのは、スサノオが朝鮮から森林開墾の知識をもたらし、出雲以外にも伝えていたことを暗示している。オオヤツヒメノミコトへの言及は家庭生活の発達を示唆する。もう一人の娘の名は、爪・ひづめの意味に解釈できるとすれば、動物の家畜化を連想させる。太古の国土開拓はこうして始まったのであった。

『古事記』によれば、スサノオはイザナギとイザナミの子の一人であるオオヤマツミノカミ（大山津見神）の娘、カムオオイチヒメ（神大市比売）も娶《めと》った。カムオオイチヒメとの間には、オオトシノカミ（大年神）とウカノミタマノカミ（宇迦之御魂神）という二人の子が生まれた。いずれの名もスサノオの統治下における農業の発展を表している。この時点で、『古事記』は原初的な開拓事業に携わるスサノオから離れることになる。

オオクニヌシの登場

『古事記』は次に、出雲の最も偉大な支配者・オオクニヌシの物語に転じる。オオクニヌシはスサノオとクシナダヒメの六世の孫に位置づけられている。『古事記』はオオクニヌシに、その堂々たる名声を表す五つの名を与えている。すなわち、オオクニヌシノカミ（大国主神）、オオナムジノカミ（大穴牟遅神）、アシハラシコオノカミ（葦原色許男神）、ヤチホコノカミ（八千矛神）、ウツシクニタマノカミ（宇都志国玉神）である。便宜上、ここではこれらの名はオオクニヌシと略している。

オオクニヌシはスサノオの六世代後に登場するにもかかわらず、伝承ではオオクニヌシが生涯の重要な時点でスサノオの娘の一人と結婚したことになっている。遠い昔の人々は現在に比べて長生きし、より活力を持続させたと考えることはできる。だが、スサノオと六世代も離れていたオオクニヌシが、どうしてその娘の一人と結婚することがあり得たのだろうか。結婚の事実が間違いだったというより、むしろオオクニヌシをスサノオの六世代後に位置づけた系譜が誤って編纂された可能性もある。なぜなら、神話はスサノオとオオクニヌシを、年長の世代と若い世代を象徴する人物に見立て、結婚を通じて出雲における進歩の展開を表現することを望んでいるように思われるからである。

オオクニヌシは、スサノオが出雲に降臨した原始時代を超えて発展し始めた時代を体現している。スサノオは、自然と人間を共に象徴していた。しかし、オオクニヌシの登場に伴い、神話は通常の属性のみを持つ人間へと移行し、原初的な思考の向上を特徴づける。たとえオオクニヌシが実在の人物ではなかったとしても、少なくともオオクニヌシは古代日本における指導者の円熟した型を表している。そしてこの神話は、初期の移住者が出雲に到来したスサノオのより古い時代に続く進歩発展の時代を擬人化しているという意味において、オオクニヌシの個性が実在のものであったと解することができる。オオクニヌシの伝承は、原始的段階を超えて自己と宇宙の神秘を把握しようとしていた知性の発達を示している。オオクニヌシを通じて、古代の日本人の間で神道が影響力を広げていたことが見て取れる。

伝承によれば、オオクニヌシは出雲の生まれであり、神話の中で重要な役割を果たした最初の純粋な日本人である。オオクニヌシの人格は国民性を典型的に表している。それは意志の強さ、情け深さ、勇気、進取の気性、素朴な実直さ、霊性、子煩悩（『古事記』によれば、オオクニヌシは百八十人の子の父であった）[18]などである。オオクニヌシは国作りをしたが、ついには日本の各地方を全体に統合するための愛国的な貢献として、生まれ故郷の出雲を譲り渡すことになる。オオクニヌシは日本で最初の元老とも呼べるかもしれない。

神話におけるオオクニヌシの登場は、その生涯の出発点となる結婚に関連している。結婚は、生命を拡充する神道の伝承で常に繰り返されるテーマである。オオクニヌシには多くの兄神（八十神《やそがみ》）がおり、いずれも稲羽《いなば》（因幡）のヤカミヒメ（八上比売）との結婚を望んで国を離れたと『古事記』は述べている。ヤカミの語源は不詳だが、チェンバレンは、出雲に近接する国のイナバは「稲葉」に由来するという本居宣長の指摘を『古事記』に註記している。[19]故に、八十神は近隣の稲作地を併合するために遠征したことを表している可能性がある。

八十神が旅立つ際、「皆国は大国主神に避《さ》りき（皆、国を大国主神に譲った）」と『古事記』は記している。しかしその直後に、八十神はオオナムジノカミ（オオクニヌシの別名）を荷物持ちとして連れて行ったと述べられている。[20]この記述は一見錯綜しているようであるが、実はそうではない。オオクニヌシノカミの名は、かなり後に、スサノオがオオクニヌシに八十神を平定する方法を示す時まで与えられていなかったのである。

この神話は実際には、八十神が皆結局はオオクニヌシに国を委ねた（国を託したか、最終的な敗北の後に国を譲り渡した）ことを意味している。そのため、この記述はもっと後に来るのが適切である。神話ではこうした順序に無頓着な表現が時折見られる。ここでの理由は、オオクニヌシの冒険の幕開けにおいて、いかにその経験が危険であるように見えるとしても、結果的には勝利することを示唆しようとしたためと思われる。『古事記』で荷物持ちとしてのオオクニヌシに与えられている名はオオナムジノカミであり、この名称は国の主となるまで継続的に用いられている。そしてそのことは、オオクニヌシが自力で得た偉大な名前を強調するだけではなく、出生時に氏族を通じて地元の偉大な名前を継承したことを意味しているのかもしれない。『古事記』によれば、オオクニヌシの父はアメノフユキヌノカミ（天之冬衣神）という威厳のある名を有していた。母方の祖父もサシクニオオノカミ（刺国大神）という名が示すように、同じく有力な首長であったに違いない。[21]

因幡の白兎

気多《けた》の岬に到着した八十神は、毛皮を剝《は》ぎ取られた丸裸の兎《うさぎ》を見つける。兄神たちはアラミタマ（荒魂）の発動によって、兎に、海水につかって風の当たる山腹に伏せっているよう言い聞かせた。塩水が乾くと、兎の皮膚は風によって裂けた。兄神たちの後に従ってきたオオクニヌシは、痛みに泣いている兎を発見する。兎がオオクニヌシに語ったところによると、兎は淤岐《おき》〔隠岐〕の島から渡ってこようとしたが、手段がなかったため、海の怪物、鮫《わに》を欺いて「吾と汝と競《くら》べて、族《うがら》の多き少なきを計《かぞ》へてむ（私とおまえと比べて、一族の多い、少ないを数えよう）」と言った。[22]そこで鮫は淤岐の島から気多の岬まで一列に並び伏せて、兎がその背中を走りながら数えられるようにした。まさに上陸しようとする時、兎は鮫がだまされたことをあざけった。すると最後の鮫が兎を身ぐるみ（つまり毛皮を）剝がした。兎によってニギミタマ（和魂）を呼び起こされたオオクニヌシは、兎に、真水で身を洗い、河口の蒲《がま》の花粉の上を転げ回るよう助言する。兎は教えられたとおりにし、元の身に戻った。その時、兎はオオクニヌシに、兄神たちではなくオオクニヌシがヤカミヒメを得るだろうと告げ、その予言は的中する。

兎に塩水につかって風に当たるよう八十神が促したのは、おそらく兎が日本を去って故郷へ帰るべきだと考えたということだろう。チェンバレンは、気多の岬のケタは帆桁《ほげた》を意味すると述べており[23]、これは航海を暗示しているのだろう。オオクニヌシが兎に真水で癒す方法を教えたのは、兎が日本に留まるよう勧めたことを含意している[24]。兎は、部族集団による日本への移住を象徴している可能性がある。なぜなら、兎は自らの「族」と述べているからである。鮫は、兎族が日本へ渡るのを助けた船乗りであり、もしかすると報酬をめぐる言い争いのため、一族の持ち物をすべて奪ってしまったということもあり得る。

八十神の態度は、新しく発展しつつある国に海外からの移住者を入れようとする動きへの拒絶を意味するのかもしれない。八十神は、国土のすべてを自分たちだけのものにしたいと考えたのだろう。一方、オオクニヌシは、新たな移住者を歓迎した。兎はまた、日本の神秘的な先住民で、コーカソイド的な特徴を持つとされているアイヌを表すのかもしれない[4]。伝承では、因幡の「白〔素《しろ》〕」兎としている。これは、毛皮を剝ぎ取られた素肌を指すか、あるいはアイヌやコーカソイド系の祖先を持つ大陸からの移住者を暗示しているとも考えられる。隠岐の島にはアイヌもしくは大陸からのコーカソイド系の移住者がおり、日本に到達することを望んだが、船乗りではなかったため渡航が困難であったという可能性がある。

この場合のオオクニヌシの助けは、兎族を通じて将来のためにアイヌとの軍事的同盟を求めたことを意味するのだろう。オオクニヌシがヤカミヒメを得るだろうという兎の予言は、それが同盟の条件の一つだった可能性を示しているのかもしれない。オオクニヌシが兎を治癒したというこの物語は間違いなく、後にオオクニヌシを動物や人間を癒す医薬に関連づけた伝承の端緒となっている。次の冒険では、オオクニヌシ自身が負傷から癒されている。

▼4　第八章の訳註3参照。

オオクニヌシの殺害計画

一方、八十神はヤカミヒメの住処《すみか》にたどり着いたが、『古事記』によればヤカミヒメに「大穴牟遅神《おほなむぢの》に嫁《あ》はむ（大穴牟遅神〔オオクニヌシ〕と結婚します）」という言葉で振られてしまった。八十神からの求婚に対するヤカミヒメの率直な答えは、古代日本における女性の強い立場を表すとともに、女性が親に願望を支配されることなく、自分で夫を選べたことがこの場合でも示唆されている。そこで、八十神は共謀してオオクニヌシを殺害しようとした。

兄神たちは伯伎《ははきの》国の手間《てま》山でオオクニヌシと会った。伯伎は『古事記』で出雲と境界を接すると前述されている。◆25 彼らはオオクニヌシに、この山には赤い猪《いのしし》が住んでおり、それを追い下ろすから捕らえるよう命じ、さもなければオオクニヌシを殺すと告げた。彼らは巨石を焼いて山から転げ落とし、オオクニヌシが抱き止めたところ、焼け死んでしまったと『古事記』にある。そこで、オオクニヌシの親（おそらく母親を指す）が天に昇り、二柱のムスビ神のうち二番目のカミムスビノカミ（神産巣日神）に嘆願したところ、オオクニヌシを蘇生させるためにキサガイヒメ（𧏛貝比売）とウムギヒメ（蛤貝比売）が遣わされたと神話は伝えている。キサガイヒメは自らの貝殻を焦がして粉にし、ウムギヒメが汁を母乳のように塗ると、オオクニヌシは麗しい若者となった。

この物語の真意は、狩猟の遠征でオオクニヌシの殺害が企てられたか、あるいは実際に猪に出くわしたことを指しているのだろう。傷があまりにひどく、人間の手には負えないと考えられたため、オオクニヌシは死んだものと見なされたのかもしれない。オオクニヌシの親が天に訴えたというのは、母親らしい心配を示す奇抜な方法である。この神話で重要な部分は、自己生産性と自己創造性の神霊であるカミムスビノカミからの助力についての記述である。カミムスビノカミは『古事記』の前段では種子の成長に結びつけられていたが、[26]ここでは動物の生命に関連して名前が挙げられている。二柱のムスビ神のうちの一柱が介入していることは自己創造性を暗示する。また神話はおそらく火傷や野生動物による怪我を治癒する膏薬をオオクニヌシか家族の誰かが作り、オオクニヌシが最初にその恩恵を受けた者となったことを意味しているのだろう。神話に登場する最初の治療者としてのオオクニヌシの伝説的な名声は、こうして育まれたのかもしれない。

　八十神は、再びこの若者を捕らえ、切り倒した木の楔《くさび》に嵌《は》め、なぶり殺したと『古事記』は伝えている。だが、母親がオオクニヌシを救い出し、生き返らせた。『古事記』によれば、母親は彼にこう告げた。「汝此間《ここ》にあらば、遂に八十神のために滅ぼさえなむ（おまえはここにいれば、しまいには八十神のために滅ぼされてしまうでしょう）」[27]。もし、オオクニヌシを生き返らせる方法が本当に見つかっていたならば、この発言は意味を成さない。それが暗示するのは、オオクニヌシの怪我が死と奇跡的な回復をもたらしたのではなく、ほとんど致命傷に近いほど深刻だったということだろう。そこで母親は、危険な者たちと歩き回らないよう忠告し、さもなければ必ず殺されるだろうと伝えたのだ。

　オオクニヌシの二つの不慮の出来事は、太古の時代に常に存在した狩猟や伐採の危難と、以前にイザナミの死の物語で強調された火を不慣れに扱うことの危険を表す。これらはオオクニヌシが若く、国土の開拓を始める前の原始的な生活状況を示している。

　明らかにまだ成熟していなかったオオクニヌシは、母親から木《きの》〔紀伊〕国のオオヤビコノカミ（大屋毘古神）のもとへ逃避するよう命じられたと『古事記』は伝えている。チェンバレンはこの神を、[28]『日本書紀』で以前に名前の挙げられたスサノオの息子、イタケルノカミと同一神であると付記している。同一視される根拠はおそらく、イタケルノカミの妹がオオヤツヒメノミコト（大屋津姫命）と呼ばれ、紀伊国に赴いたからだろう。イタケルという名は武力を暗示しており、そのこともまた、敵対する兄神たちへの対処法の助言を求めようとしていたこの時点でオオクニヌシと結びつけられる要因になったと思われる。さらに、イタケルノカミはスサノオの息子として、オオクニヌシにスサノオと相談するよう提案する適任者であっただろう。同時に、スサノオの子の友人であるオオクニヌシが、スサノオとも同時代人であったことも指し示しているようである。

オオヤビコノカミのもとにたどり着くと、オオクニヌシは八十神が最後の殺害の企てとして放った矢を避けて森の中へ逃げ込んだ。これは、無法行為が蔓延した状況を示している。日本の進歩には、ニギミタマを増やし、アラミタマを減らすことが必要であり、これがオオクニヌシの課題であった。

第八章　神霊の国作り

オオクニヌシ（大国主）を迎えたオオヤビコノカミ（大屋毘古神）は、次のように助言したと『古事記』は記している。「須佐能男命の坐《ま》します根《ね》の堅州《かたす》国に参向《まゐむか》ふべし。必ずその大神、議《はか》りたまひなむ（須佐能男命のいらっしゃる根の堅州国に向かいなさい。きっと大神が取り計らってくださるでしょう）[◆1]」。根の堅州国は、通常の解釈では死の国に関連づけられる。後にスサノオ（須佐之男）がオオクニヌシを追いかけた時、スサノオは黄泉《よもつ》比良《ひら》坂《さか》で追跡をやめている。ここはイザナギ（伊邪那岐）がイザナミ（伊邪那美）の墓所を訪ねた後、黄泉の軍勢から逃れた場所でもある。『古事記』はスサノオがみまかったとも、出雲を去ったとも書いていないが、あえて臆測する必要もないだろう。

オオクニヌシとスサノオの出会い

出雲は先に示したように、太古の伝承ではおそらく死者の国あるいは墓場の国と呼ばれていたのだろう。現在の文脈で用いられている「根の国（Root-Country）」を意味する根の堅州国は、オオクニヌシが本土の開拓者の「根の国」である出雲に戻り、そこでスサノオに相談するよう助言されたことを暗示しているのかもしれない。当初はこのようなことが意図されていた可能性がある。しかし、後に出雲が墓場の国であるという評判が忘れられた頃、伝承はオオクニヌシが死界でスサノオを探すよう勧められたと見なした。そして黄泉比良坂は、劇的な効果と強調のために挿入されたのだろう。

しかし、神話のこの部分のつじつまを合わせるのは肝心なことではない。なぜなら、神道の伝承には比喩的な表現が頻繁に用いられ、時の流れはあまり重視されないからである。スサノオとオオクニヌシの出会いの主な目的は、出雲と密接に結びついている両者の関係を築くことである。同時に、オオクニヌシをスサノオの後継者とすることで出雲の伝承における連続性を確立したいという願望もあるように思われる。

オオクニヌシは、神話の中で主に国作りをした者、あるいは進歩的な文明の創始者とされている。だが『古事記』では、オオクニヌシが国作りを始めたのは、スサノオを訪れ、その助言を受けた後とされている。オオクニヌシが創造的活動を拡大しようとする試みの前触れとして、神話では既に、その事業が始まる前の原始的状況がいくつか示されていた。因幡の白兎と八十神《やそがみ》の物語は、アジア大陸から新たな思想をもたらすことのできた海外移住者たちがさらに渡ってこないよう日本を閉鎖しようとしたことを連想させる。狩猟や火の扱いで負傷した人々を治癒するすべはほとんどなく、木こりが伐採中に命を落としたり大怪我を負ったりすることもあり、放浪する無法者の集団が旅人を殺そうとすることもあった。こうした例から明らかなように、オオクニヌシが国土を支配する以前、すなわち平定者が指揮を執り進歩の推進力が動き出す前の時代には、原始的な開拓者に付き物の無知や不安定さが見られたのである。スサノオの統率力には原始的な力強さと、自然の暴威に立ち向かうために不可欠な勇気や闘争心といった開拓者的気質があった。オオクニヌシは人間が創造的活動を拡張し、神話の言葉を借りれば「国作り」をするに当たっての発展の第一歩を象徴している。

オオクニヌシと害虫獣

オオクニヌシがスサノオを訪ねた時、二つの異なる度合いの進歩が一体となった。それはあたかも、より高度な進歩はより原始的なものから生じることを暗示するかのようであった。『古事記』によれば、オオクニヌシはスサノオの宮殿の外でスセリビメ（須勢理毘売）と出会う。二人は目合い《まぐわ》（目配せ）し、結婚する。両者の結婚は、スサノオの原始的な時代からオオクニヌシに始まるより進歩的な時代への、生命の発展の連続性を表す。この意味で、二人の結婚は神道にとって重要な意義がある。神道は生命を非連続的なものとは見なさない。過去に存在したものはすべて、現在と連続的につながっている。現在と過去は不可分に結びついているため、神道の影響下にある日本人は、祖先に敬意を払い、自らの事業の成功のために必ず過去の活動や知識に一定の信を置くのである。

スセリビメがオオクニヌシと出会ってすぐに結婚したというのは、過去と現在が同じ一族として必然的に結ばれることを意味する。オオクニヌシと結びついたスサノオの生み出した新しい発展的な生活は、二人の夫婦関係によって、娘を通じてオオクニヌシがスサノオの原始的土壌に根差していることが強調される。

この結婚にはもう一つの意味も関連している。オオクニヌシが遭遇することになるのは、原始生活で改善されずにいたさまざまな苦難の一つである家屋の害虫獣である。当時の状況を明らかにするために、家事をする妻を物語に登場させなければならない。古代日本の開拓者の家屋は粗末なつくりであったため、野原や森林の有害生物が簡単に入り込めた。男性が漁や狩り、農耕で留守にしている間、そうした害虫獣の侵入から家屋を守るのは多くの場合女性の務めであったに違いない。この関係において、神話の中でスセリビメは、勇敢で独立心があり、女性らしい優雅さは少ないものの、開拓生活の困難に対処するのに必要な素質を備えた先駆的女性を代表している。『古事記』が描き出すスセリビメの姿は、真にスサノオの娘であったことを示しており、スサノオとオオクニヌシの時代を結びつけるのにふさわしい象徴となっている。

スセリビメは宮殿に入り、とても麗しい神が来たことをスサノオに告げたと『古事記』は伝えている。スサノオは出てきて見て、「こは葦原色許男《あしはらしこを》と謂ふぞ（これは葦原色許男〔醜男〕というものだ）」と声を上げた。このような挨拶は、年長者が年少者に対してしばしば示す態度をよく表している。年齢を重ねた者は、若者の未熟な行動を無知に基づく醜いものと見なし、婿や嫁に対して見下した物言いをするのが常である。しかし同時に、子どもが幸せな結婚をし、人生がうまくいくことを望むものである。そこでスサノオは、自分の娘とオオクニヌシが愛し合っているかどうか、またオオクニヌシがどのように振る舞うかを見極めるため、一連の試験を行った。スサノオは連夜、オオクニヌシを蛇の部屋、呉公《むかで》と蜂の部屋に寝させたのである。

これらの害虫獣を家から駆除するのは明らかに男の仕事ではなく、もしそうであったとしても副次的な仕事に過ぎない。神話は、原始的なスサノオの統治下でオオクニヌシが改善するべき非衛生的な生活環境と、女性たちがいかにその不浄さを克服したかを示すとともに、スセリビメのオオクニヌシに対する愛情を描き出している。オオクニヌシが床に就く時、スセリビメは領巾《ひれ》を渡し、それを振るように言った。そして獣は追い払われた。蛇や虫が夜にやって来るものとして記されていることは、夜間の侵入が特に耐え難いものであったに違いなく、夫が眠っている夜の暗闇の中で家を安全に守ることが女性たちの義務であったことを暗に示している。獣を怖がらせて追い出すための領巾は、女性たちの武器であった。

次に、スサノオは広い野原に鳴鏑《なりかぶら》（先端に穴がありブンブンと音を立てる矢）を射入れた。これを放つことは戦いの始まりの合図だとアストンは述べている。[◆2]この場合は野の害虫との絶え間ない戦いを意味していたに違いない。オオクニヌシは矢を取りに行くよう命じられた。オオクニヌシが野に入ると、スサノオは火を放って窮地に追い込んだ。このような野火が多くの原始的開拓者たちを襲ったことは疑いない。一匹の鼠《ねずみ》がオオクニヌシを助けに来て、「内はほらほら、外はすぶすぶ（内部はうつろで、外部はすぼんでいる）」と言い、隠れ穴を教えた。オオクニヌシはその中に入って火を免れた。

この出来事は、野の害虫獣の駆除に火がいかに役立たなかったかを表しており、神話はオオクニヌシがその事実を発見したことを示しているのだろう。鼠とその子らは、オオクニヌシがスサノオに返すために矢とその羽を回収した。一方、スセリビメはオオクニヌシが死んだと思い、泣きながら立ち尽くした。鼠の行動は、オオクニヌシの性格中に動物たちが見いだして反応したニギミタマ（和魂）を際立たせている。オオクニヌシにおいては人間のより発達した人格型としてのニギミタマが優勢であった。それに対してスサノオは、海外に新たな居住地を求める開拓的冒険者に不可欠な要素としてのアラミタマ（荒魂）が表出することが多かった。

『日本書紀』には、後にオオクニヌシがスクナビコナノカミ（少名彦名神）と力を合わせ、「鳥獣・昆虫の災異《わざはひ》を攘《はら》はむが為は、其の禁厭《まじなひや》む法《のり》を定む（鳥獣や昆虫の災いを除去するための法を定めた）」とある。[3] つまり、こうした災難を直接経験したオオクニヌシは、権力を握った際、自らのムスビの原動力に駆られ、民と作物を保護するための先進的な対策を講じたのである。

焼け野原から戻ったオオクニヌシは、スサノオの頭の虱《しらみ》を取るよう命じられた。だが、それは虱ではなく呉公だった。これが意味するのは、呉公は極めて危険であるだけでなく、虱と同じぐらいたくさんいたということである。スセリビメは木の実と赤土をオオクニヌシに渡した。それらを噛んで吐き捨てることで、オオクニヌシが呉公を食いちぎっているように見せかけるためである。スサノオは欺かれ、オオクニヌシを好ましく思いつつ寝入ってしまった。米国の表現で “he eats them alive（圧倒する、簡単に打ち負かす）」といえば、危険な獣を平然と確実に扱う調教師の腕前を指す。この神話は同じように、容易な手法を誇張して見せる行為をオオクニヌシが実践したことを示している。それはまた、想像力という心の力が、現代人と同様に古代人にも働いていたことを意味している。オオクニヌシが木の実と赤土を吐き捨てることで頭が清潔になったという暗示を受け、スサノオはそのとおりになったと思い込んだのである。

スサノオが眠っている間に、オオクニヌシはスサノオの髪を垂木《たるき》に結いつけ、戸を塞ぎ、スサノオの生《いく》大刀《たち》、生弓矢《いくゆみや》、天の詔琴《のりごと》を持って逃げ出した。その琴が木に触れて鳴り響き、目を覚ましたスサノオは、くくりつけられた髪をほどいてオオクニヌシを追い、黄泉比良坂《よもつひらさか》まで至ったと『古事記』は述べている。琴の音色は消えゆくニギミタマの響きであり、神話はオオクニヌシのアラミタマの現実主義に転じていく。オオクニヌシは、八十神《やそがみ》による攻撃をやめさせる方法を見つけるためにスサノオのもとへ行くよう助言されていたのであったが、いまだスサノオから指示を得ていなかった。しかし、オオクニヌシは試験には通った。オオクニヌシは自らのニギミタマによってスセリビメや鼠の助けを得、またスサノオに気に入られることになった。偉大な指導者は、思慮深く温和な人格の力によって有能な助力者を引き寄せることができるものであるが、オオクニヌシはこの指導者の試験に合格したのである。

しかし、国民の指導者が国作りの計画を成功させるためには、ニギミタマを保持しつつも、アラミタマを活用する方法を知っていなければならない。今やオオクニヌシは、ニギミタマだけでなくアラミタマも備えていることを示した。オオクニヌシは偉大なスサノオから武器を奪い取ることに成功したのであり、それは歴史的にはオオクニヌシがスサノオを武力で制圧したことを意味するのかもしれない。とはいえ、神話はスサノオがオオクニヌシを後継者として選んだことを示唆しており、もしそうであれば、出雲を八十神の反乱から救ったのは、おそらくスサノオの老年期であろう。

神話はスサノオの追跡を黄泉比良坂で止めているが、それは出雲と黄泉が伝承で混同されていたためかもしれない。そうだとすれば、そしてもしスサノオとオオクニヌシが実際に生きて出会ったのだとすれば、黄泉比良坂というのは、両者が出雲の伊賦夜坂《いふやざか》で別れたと解釈することができる。黄泉比良坂は後に出雲の伊賦夜坂と呼ばれたと『古事記』が前述しているのは、これが理由の一つかもしれない。◆[4] 黄泉比良坂すなわち伊賦夜坂にたどり着いたスサノオは、オオクニヌシが求めていた助言を与えた。『古事記』によれば、スサノオはオオクニヌシに、自らの武力的権威の象徴である生大刀と生弓矢を用いて八十神（ここでは異母兄弟と称されている）を平定するよう呼びかけた。スサノオはまた、スセリビメを側室と区別される正妻とし、立派な宮殿を建てるよう指示した。

スサノオはこうして、オオクニヌシのアラミタマとニギミタマに満足した。自分の娘をオオクニヌシの妻にせよという命令は、国土の原始的状態を発達させ、将来の継続的な発展へと拡大していくことを意味している。またスサノオはオオクニヌシに、▼[1] オオクニヌシノカミ（大国主神）ともウツシクニタマノカミ（宇都志国玉神）ともなるよう告げた。つまり、権力者の地位を正式に授与したということである。スサノオがオオクニヌシに言い放った最後の言葉は「この奴《やっこ》（こいつめ）」であった。これは、若者が予期せぬ能力を発揮した時、年長者が発する不本意ながらの賛辞であり、このように渋々言うのが通例である。オオクニヌシとスサノオが実際に出雲で会ったと考えるのが正しいとすれば、神話はオオクニヌシが自分の能力と資格を証明し、結婚を通じてスサノオの後継者となった時に、初めてスサノオが統治権を譲ったことを示している。

『古事記』によれば、オオクニヌシはそれから八十神を制圧した。その直後に『古事記』はオオクニヌシをヤチホコノカミと呼び、初めて軍勢の掌握と関連づけている。そのような配下を確保することが出雲に

▼1　この時点まで、『古事記』で大国主《オオクニヌシ》は、大穴牟遅神《オオナムジノカミ》と称されている。

帰還した真の目的であったことは間違いなく、それはオオクニヌシに帰還を勧めたオオヤビコノカミとスサノオの子イタケルノカミを同一視する理由を示唆している。スサノオの部族支配がオオクニヌシの支配に代わったことで、おそらくイタケルノカミ（五十猛神、Fifty-courageous-Kami）は拡張されてヤチホコノカミ（八千矛神、Eight-thousand-spears-Kami）となったのかもしれない。

国作り

八十神を打ち倒した後、オオクニヌシは「始めて国を作りたまひき」と『古事記』は述べている。オオクニヌシのアラミタマは武力を結集して勝利を収めた。しかし、オオクニヌシは自らのニギミタマを覆い隠そうとは決してしなかった。国作りを始めた時、オオクニヌシはまずヤカミヒメ（八上比売）に気を留めた。そもそも八十神は、ヤカミヒメを求めて出雲を旅立ったのであった。オオクニヌシはヤカミヒメの領土を支配下に置いていたと思われる。なぜなら、オオクニヌシはヤカミヒメを連れて、おそらく出雲へ戻ったからである。だが、『古事記』によれば、ヤカミヒメはスセリビメを畏れて、生んだ子を木に挟んで帰ってしまった。

その子はキノマタノカミ（木俣神）と呼ばれ、別名はミイノカミ（御井神）という。後者の名称は、オオクニヌシの国作りにおける最初の取り組みの一つが井戸掘りであったことを表している。それは、汚染や干ばつによる枯渇の危険性を常に伴う小川の水を飲むという原始的方法からの前進であった。この進歩的な動きは、スサノオを訪問した際に明らかにされた家庭衛生の水準の低さをオオクニヌシが経験したことを受け、自らの家庭生活をより高度に発展させたことと軌を一にしている。少し後に、オオクニヌシは気性が激しく素朴なスセリビメの性質をより自制心があり従順なものへと変容させている。

次にオオクニヌシは、長い遠征に出た。その目的は、『古事記』によれば高志《こし》のヌナカワヒメ（沼河比売）に求婚することであった。高志は当時、本土の一部とは見なされていなかった地のようである。チェンバレンによれば、高志は有史時代に至るまで、漠然と北西の地方を表していた。またチェンバレンは、高志は蝦夷の島を意味していたという『日本書紀』の伝承を引き、それはおそらくアイヌの土地だろうとも付言している。[5] オオクニヌシが「幸行《い》でましし（お出ましなさった）」という『古事記』の表現は、君主の行幸のみに用いられるとチェンバレンは言う。[6] 従って、オオクニヌシは、八十神を平定した後、神話の中で国土の統治者として認められた最初の生粋の日本人であったようである。『古事記』はここでオオクニヌシにヤチホコノカミという名称を与えており、その記述はもっぱら愛の逢瀬に関するものであるが、それほど遠くまで旅をした理由は、アイヌとの同盟を求めたからなのかもしれない。『古事記』はオオクニヌシのニギミタマを際立たせ、あたかも女々しく見せようとするかのように思えるが、その情事は政治的同盟を暗示している。『日本書紀』の記述のほうがオオクニヌシに対して、スサノオ同様、より公正である。遠征から帰還した後のオオクニヌシによる国作りの最後の試みについて、『日本書紀』は次のように述べている。

「遂に出雲国に到りて、乃ち興言《ことあげ》して曰はく、『夫《そ》れ葦原中国《あしはらのなかつくに》は、本より荒芒《あら》びたり。磐石草木《いはくさき》に至及《いた》るまでに、咸《ことごとく》に能《よ》く強暴《あしか》る。然れども吾已《すで》に摧《くだ》き伏せて、和順《まつろ》はずといふこと莫《な》し』（ついに出雲国に至って、言挙げして言われるのに、「そもそも葦原中国は、もとから荒れて広い国だった。岩や草木に至るまで、すべて強暴であった。しかし私がこれらをくだき伏せて、今は従わない者はない」）」[7]。このように、オオクニヌシの戦闘性、すなわちアラミタマは、神話の中でその気質の温和な面ほどには目立たないが、それでもなお、国土を支配下に置く際には時として厳然たる役割を果たしたのである。

ヌナカワヒメの住処にたどり着いたオオクニヌシは、ヒメと愛の歌を交わし、親密に結ばれたと『古事記』は伝えている。『古事記』に記されたヌナカワヒメの歌の中に、オオクニヌシの「栲綱《たくづの》の　白き腕」という表現がある。[◆8]オオクニヌシの肌を表現するのに「白」という言葉が強調的に用いられているが、それは少し後にスセリビメによる別の愛の歌でも繰り返されている。

コーカソイド説

オオクニヌシの白い肌への言及は、コーカソイド系の祖先を持っていたことを意味しているとも考えられる。日に焼けた顔や手は、外気から覆われた腕と同じような体の白さを示すことはない。衣服を脱ぎ捨てた時、抱擁のために伸ばした腕を見た女性には、オオクニヌシの本来の肌の色がはっきりと分かったのだろう。

ことによると、原初の移住者の一部が日本に白人の血統をもたらしたのかもしれない。N・G・マンロー博士[▼2]は、日本人の相貌の貴族的タイプは、後に貴族階級となった日本の征服者たちが主にコーカソイド系、おそらくイラン系であったことを示唆すると考えている。[◆9]あるいは、古代のアイヌの中には、コーカソイド系のその他の特徴に加えて白色の肌を持つ人々がおり、オオクニヌシの祖先との結婚によってそれが遺伝した可能性もある。[▼3]太古の神話の歌は、白い肌が尊ばれていたことを示唆している。オオクニヌシの白い肌を詠んだ歌のほかに、神話では後にニニギノミコト（邇邇芸命）の色の白さを称える歌もある。白色の動物は縁起が良いとされてきたようであるが、それは因幡の白兎がオオクニヌシの成功を予言したからかもしれない。『日本書紀』では、白色の鹿、雀、烏、狐、燕、雉、鷹、梟、蛾などが好んで描かれている。[◆10]古代日本人は、あたかも東洋と西洋の種族が融合したかのように進歩的な諸特質が混在していた可能性は高いと思われるが、その起源は謎である。

もしオオクニヌシがいくらかアイヌの血を引いていたとすれば、先住民をうまく統治する手腕を持っていた理由が説明できるだろう。一方、オオクニヌシの祖先にコーカソイド系の影響があった場合、通常の原始的水準を超えた旺盛な進取の気性の説明がつくだろう。その精神的啓蒙は、東洋的心性だけでも西洋的心性だけでも解釈できない洞察力を示しているが、それは両者の調和を通じて説明し得る。オオクニヌシの人格におけるこの精神的要素は、神話の後段で現れてくる。

オオクニヌシが先住民の女性を愛好し続けたのも、アイヌの血統によるものかもしれない。日本における海外からの開拓者と先住民（アイヌが最も顕著であったと思われる）に異人種間結婚があったことは間違いない。また、もしオオクニヌシに白人の血統があったとすれば、因幡の白兎を助けたことの理解にもつながる。すなわち、それは種族的な共感を意味するのだろう。▼4

『古事記』は、オオクニヌシが倭国《やまとのくに》を訪ねるため、馬に乗って出雲を出発しようとした時に起こったスセリビメの最後の嫉妬を物語っている。スセリビメがどのような言葉で非難したかは『古事記』に書かれていないが、オオクニヌシは大いに困り、妻の嫉妬深い振る舞いに対する返答として歌を作った。その歌

▼2　N・G・マンロー（Neil Gordon Munro、一八六三－一九四二）は英国の医師・考古学者。一八九一（明治二十四）年に来日。横浜や軽井沢で医業を営む一方、考古学の発掘調査にも携わり、三ツ沢貝塚（横浜市）を発見。後に北海道へ移住し、アイヌ文化の研究やアイヌの人々への医療奉仕に生涯を捧げた。

▼3　アイヌ民族の起源は諸説あるが、十九世紀以降、欧米人の間でアイヌ民族はコーカソイド（白人種）であり同じ先祖を持つ同胞という認識から積極的な研究や資料収集が行われた。一九六〇年代からは遺伝学的分析をはじめ新たな研究手法が取り入れられ、コーカソイド起源は否定されるようになった。DNA研究が進んだ現在では、アイヌは古モンゴロイド系縄文人、あるいはオホーツク人の子孫と考えられている。

▼4　メーソンは白兎を、大陸から日本への移住者を擬人化したものと考察していた。

には、まずオオクニヌシがほかの女性に言い寄るため、一つの服を着てはよりふさわしい色の服に着替えるなど、旅装に気を配る様子が描かれる。歌のこの部分は、オオクニヌシ治下の美意識の発達と結びついて、その性格のニギミタマを再び明示している。この歌はオオクニヌシを、恋の冒険には黒か、緑か、あるいはもっと目を引く色がより魅力的かと思案する、日本史における元祖・光源氏、すなわち高貴な求愛者として特徴づけている。日本文学で最初の偉大な小説を書いた紫式部は、西暦一〇〇〇年ごろ、主人公の源氏の君に情事のための衣服を同じように念入りに選ばせている。

それからオオクニヌシは、スセリビメに対してより率直に語りかけ、自分が旅立っても泣くまいと言ったはずだと言明し、スセリビメの嫉妬深い行為の内実をほのめかしている。しかし、スセリビメが本当にうなだれて朝の霧雨のように泣いてしまうのだろうと付け加えた。オオクニヌシのその言葉に荒々しいスセリビメは泣き崩れ、態度を和らげた。スセリビメはオオクニヌシに別れの酒杯を捧げ、自ら悲しい言い訳を歌った。男であるオオクニヌシにはおそらく国のあちこちに多くの妻がいるだろうけれども、自分にはオオクニヌシ以外に夫はいないと伝えたのである。スセリビメの歌は、就寝時に差し交わすオオクニヌシの「栲綱《たくづの》の　白き腕」に言及して結ばれている。『古事記』によれば、二人はお互いの首に手を回し、杯を交わして誓い合い、「今に至るまで鎮まり坐《ま》す」という。すなわち、もはや仲たがいしなかったことを意味する。『古事記』は「これを神語《かむがたり》と謂ふ」とも述べている。これは、喧嘩の後に夫婦を仲直りさせる言葉は「神聖」であることを指していると思われる。常に夫婦仲の大切さを重んじる神道において、「神語」というのはふさわしい表現である。

この伝承はまた、夫が妻に対して不実な時の妻の激しい感情を表している。仲直りしたというのは、極めて古い時代から妻は夫にこうした行状を改めるよう説得を試みたがうまくいかず、そのために女性は男性の不貞を、慣れるしかない過酷な現実として受け入れざるを得なかったことを示唆する。

オオクニヌシの家庭は平和を取り戻したが、女性との情事はやまなかった。愛の歌の交換に続いて、『古事記』はオオクニヌシがタキリビメノミコト（多紀理毘売命）と結婚したと伝えている。タキリビメはスサノオの誓約《うけい》で生まれた最初の娘であり、ここでオオクニヌシの多くの妻の一人として挙げられていることから、オオクニヌシの高貴な姻戚関係を強調しようとする神話の願望がうかがえる。この結婚はオオクニヌシにとって高い名誉を表している。というのもタキリビメは、天照大神《アマテラスオオミカミ》の判定によれば、天照大神がかみ砕いたスサノオの剣から生まれたのであり、一方、スサノオの主張によれば、天照大神の実の娘だからである。その歴史的意味は、オオクニヌシが九州の最も有力な部族と姻戚関係を結んだということだろう。

この結婚から生まれた子として、『古事記』は二人の名を挙げている。両者は神話の後段でオオクニヌシから国を奪おうとする企てにおいて興味深い役割を果たすことになる。すなわち、アジスキタカヒコネノカミ（阿遅鉏高日子根神）とタカヒメノミコト（高比売命）であり、後者は別名のシタテルヒメノミコト（下光比売命）のほうがよく知られている。

その後、オオクニヌシはカムヤタテヒメノミコト（神屋楯比売命）と結婚した。その間に生まれた子は、天照大神に対する国譲りで重要な人物となるヤエコトシロヌシノカミ（八重事代主神）である。代主《シロヌシ》(sign-master) という名は、後に神話でオオクニヌシが国譲りについて意見を求めた際、国土を献上する表示 (sign) を与えたことに関係しているのかもしれない。

引き続きニギミタマの影響下にあったオオクニヌシは、トリミミノカミ（鳥耳神）との結婚によってさらに家族を増やし、二人の間の子はトリナルミノカミ（鳥鳴海神）と呼ばれた。これらの名は、次のエピソードで述べられるスクナビコナノカミ（少名毘古那神）の物語が種子を運ぶ鳥に関連することにも現れているように、国土を農地として開拓するという意味でトリ（鳥）に言及しているのかもしれない。ミミ

（耳）は、進歩のしるしとして実りゆく稲の穂（ear）に関連した意味を持つ可能性がある。というのは、『古事記』は続いて、トリナルミノカミから生じた八世代を記録しており、その名の中には解釈できないものもあるが、クニオシトミノカミ（国忍富神）、サキタマヒメ（前玉比売）、イクタマサキタマヒメ（活玉前玉比売）、アメノヒバラオオシナドミノカミ（天日腹大科度美神）のように、オオクニヌシ治下の国土の拡大発展を示唆するものもあるからである。上記の名に含まれるサキは、何らかの活動に対する天賦の才を意味する。それが女性の名に結びついていることは、オオクニヌシの治下では男性の活動による発達だけでなく、女性による進歩の成果もあったことを表している。

種子としての神霊

神話では次に、オオクニヌシの国作りの不思議な助力者が出雲の御大《みほ》〔美保〕の岬に到着する様子が描かれる。『古事記』はこのように述べている。

「波の穂より天《あめ》の羅摩《かかみ》船に乗りて、鵝《が》の皮を内剥《うつはぎ》に剝ぎて衣服にして、帰《よ》り来る神ありき。ここにその名を問はせども答へず、また所従《みとも》の諸神に問はせども、皆『知らず。』と白《まを》しき。ここに谷蟆《たにくく》白しつらく、『こは崩彦《くえびこ》ぞ必ず知りつらむ。』とまをしつれば、すなはち崩彦を召して問はす時に、『こは神産巣日《かみむすひの》神の御子、少名毘古那《すくなびこなの》神ぞ。』と答へ白しき。故ここに神産巣日の御祖《みおやの》命に白し上げたまへば、答へ告《の》りたまひしく、『こは実《まこと》に我が子ぞ。子の中に、我が手俣《たなまた》より漏《く》きし子ぞ。故、汝《いまし》葦原色許男命と兄弟となりて、その国を作り堅めよ。』とのりたまひき。故、それより、大穴牟遅と少名毘古那と、二柱の神相並ばして、この国を作り堅めたまひき。然《さ》て後は、その少名毘古那神は、常世国《とこよのくに》に度《わた》りましき。故、その少名毘古那神を顕《あら》はし白せし謂はゆる崩彦は、今者《いま》に山田のそほどといふぞ。この神は、足は行かねども、尽《ことごと》に天の下の事を知れる神なり（波頭《なみがしら》を天の羅摩《かかみ》船に乗って、鵝の皮を丸剝ぎにした着物を着て、やって来る神がいた。そこで、名を問うたが、その神は答えようとしなかった。また、お供の神々に尋ねたが、皆「知りません」と申すだけだった。しかし、ヒキガエルが「崩彦ならばきっと知っているでしょう」と申したので、その崩彦を召して尋ねると、「この神は、神産巣日神の御子、少名毘古那神です」と答えた。そこで、神産巣日の御祖命に申し上げなさると、御祖命はそれに答えて、「これはまさしく私の子だ。多くの子の中でも、私の手の指の間から漏れ落ちた子である。それで、おまえは葦原色許男命（オオクニヌシ）と兄弟になって、その国を作り堅めなさい」とおっしゃった。それから、大穴牟遅（オオクニヌシ）と少名毘古那と、二神は力を合わせて、葦原中国を作り堅めなさった。その後、少名毘古那神は、常世の国にお渡りになった。さて、その少名毘古那神の正体を明かした崩彦は、山田のそほど（かかし）というものである。この神は、歩行はできないものの、天下のことをことごとく知っている神である◆[11]）」

伝承のこの部分には極めて重要な神道的意味があるため、全文を引用する必要がある。これは、神霊が人間の努力によってだけではなく種子の力と共同で土地を開拓するという神道の特徴的な考え方を表している。なぜなら、神道では種子も人間と同様に地上的な形態をとった神霊だからである。アーネスト・サトウが指摘するように、平田篤胤がスクナビコナノカミと、『古事記』の冒頭で大地が形成される際に自発的に成り出た神として言及されるウマシアシカビヒコジノカミ（宇摩志阿斯訶備比古遅神）を同一視しているのは興味深い◆[12]。平田は、この神話の根底にある意味と思われる、スクナビコナノカミと植物の繁殖作用との結びつきを感じ取ったようである。だが、スクナビコナノカミに関する最初の記述では、より直接的に鳥と同一視されている。『古事記』では、スクナビコナノカミが鵝《が》の皮を身にまとっていたとされているが、チェンバレンは、すべての権威ある説がこれを写字生の誤りと見なしている事実に注意を促している◆[13]。また、平田はその意味するものを、『日本書紀』の一書の見解と同様、鷦鷯《さざき》と解釈している。天の羅摩《かがみ》船とは、瓜《うり》のような形の植物▼[5]を指す。

渡り鳥が陸地の上を飛びながらくちばしから種子を落とすことで、多くの未墾の地に初めて種がまかれた。原初的な種子の散布を象徴する鳥が植物を伝説上の船に見立てるのは適切なことだろう。船は波の「穂（crest）」に乗って来たという。チェンバレンによれば、crest に当てられた漢字は、米やその他の穀物の穂を表す。[14] 従者たちは、おそらくこの神に敬意を表すため物語に付け加えられたのだろう。

新来者は自らの名を明かさなかった。そして種子と鳥の二重の役割を示すことによって、正体が確認されるのを待った。神秘的な知識を象徴する蛙が、クエビコ（崩彦）ならばこの謎めいた来訪者を特定できるだろうと述べることで、その役目を果たした。チェンバレンが採用したクエビコの訳語 "Crumbling Prince（体が崩れた男）" の解釈は本居宣長に依拠し、[15] まかれた穀物を受け入れるために崩された土地を連想させる。従って、クエビコがスクナビコナノカミを種子として認識したのも当然であろう。クエビコはかかしとしてのもう一つの役割で、スクナビコナノカミの出現における鳥の象徴も暗示する。

スクナビコナノカミは、ここで鳥から穀物そのものに変わる。カミムスビノカミ（神産巣日神）がスクナビコナノカミの父と特定されたことが、この意味を際立たせている。カミムスビノカミは、種子と動物のムスビ神として以前に登場した。この神はスクナビコナノカミを通じて再びその両者、特に種子の象徴となっている。なぜなら、カミムスビノカミは、自分の手の俣《また》からスクナビコナノカミが漏れ落ちたと述べているが、それは種子がまかれる方法であり、また種子自体が自己生産的な神となることを意味しているからである。

スクナビコナノカミがオオクニヌシと一緒に国作りを行うことで、神霊による農業の発展には人間と自然の一体となった努力が必要であることを神道は強調している。人間は単独では無力である。より高い成果を得るためには、神霊の二つの形態としての人間と自然が協力して活動することが不可欠となる。神話は、オオクニヌシがこの事実を理解したことを示しており、それは神道の伝承で穀物そのものが神霊であることを人間が認識した最初であった。種子は神話の中で以前にも記述があるが、その神性に関する人間の理解には言及されていなかった。この理解こそが、スクナビコナノカミの来訪に神道的な重要性を与えている。

『日本書紀』によれば、スクナビコナノカミはオオクニヌシを助けて、鳥獣、昆虫、爬虫類の災いを防いだという。これは鳥が昆虫を食べることで虫害を根絶したり、籠の中で驚くような鳴き声を上げて爬虫類や獣を寄せつけなかったりしたことを指す。また、スクナビコナノカミの来訪によって、種子や実りゆく穀物を食い荒らして災いを広げる鳥を追い払うクエビコ、すなわちかかしが伝承に取り入れられた。そのため、スクナビコナノカミは鳥と種子を象徴するだけではなく、穀物を台無しにする鳥という観点から、かかしの観念を喚起する要因ともなった。

かかしが天下の出来事をことごとく知っているという言い伝えは、各地を行き来する鳥たちが互いに話す内容をかかしが耳にしていることを示唆する。西洋には“a little bird told me（小鳥が教えてくれた）”という表現があり、親が子どもに出所を秘密にしておきたい情報を言い聞かせる時によく使われる。その意味は、かかしが何でも知っているということに似ている。『日本書紀』には、スクナビコナノカミがオオクニヌシを助けて病を癒したと記されているが、これは穀物のように種子から生じる薬草の効能を指していると思われる。

『古事記』によれば、スクナビコナノカミはやがて常世国に渡った。つまり、国土をオオクニヌシにすっかり委ねたのである。スクナビコナノカミが姿を消したことは、種子の神性を人間が後に忘れ去ったことを意味しているのかもしれない。『日本書紀』は、この神が粟茎によじ登り、弾かれて去ったと述べてい

▼5　ガガイモのこと。果実は長さ約十センチメートルの楕円形で、割ると小舟のような形をしている。

る。[16] このような方法でスクナビコナノカミが姿を消したことは極めてふさわしい。なぜなら、それは粟粒としてのスクナビコナノカミが、消えゆく鳥としてのスクナビコナノカミに食べられることを暗示するからである。その後、物語にかかしが登場し、つじつまを合わせて締めくくられている。

人間としての神霊

スクナビコナノカミが去っていく直前、オオクニヌシはこの神に次のように語ったと『日本書紀』は伝えている。「吾等《われら》が所造《つくれ》る国、豈《あに》善く成せりと謂はむや（われらが作った国は、善くできたといえるだろうか）」。スクナビコナノカミは「或は成せる所も有り。或は成らざる所も有り（あるいは善くできた所もあるが、できなかった所もある）」と答えた。『日本書紀』はこう付け加えている。「是の談《ものかたりごと》、蓋《けだ》し幽深《ふか》き致《むね》有らし（この物語は、おそらく深い意味があるようだ）」[17]

しかし、オオクニヌシは当初、「幽深き致」を理解していなかったようである。オオクニヌシはスクナビコナノカミの発言が、物質的な意味で国土が不完全であることを指していると考えた。というのも、『日本書紀』によればオオクニヌシは、「成らざる所」を巡って作り、最終的には完全に平定したからである。

その後、スクナビコナノカミの別れの言葉の「幽深き致」がオオクニヌシに明らかになる。『日本書紀』の記述によれば、オオクニヌシは国土を平定した後、このように声を上げた。

「『今此の国を理《おさ》むるは、唯《ただ》し吾一身《ひとり》のみなり。其れ吾と共に天下を理むべき者、蓋し有りや』とのたまふ。時に、神《あや》しき光海《ひかりうな》に照して、忽然《たちまち》に浮び来る者有り。曰はく、『如《も》し吾在《あ》らずは、汝何《いましいかに》ぞ能く此の国を平《む》けましや。吾が在るに由りての故に、汝其の大きに造る績《いたはり》を建つこと得たり』といふ。是の時に、大《おほ》己貴神《あなむちのかみ》問ひて曰はく、『然らば汝は是誰ぞ』とのたまふ。対《こた》へて曰はく、『吾は是汝が幸魂《さきみたま》奇魂《くしみたま》なり』といふ。大己貴神の曰はく、『唯然《しか》なり。廼《すなは》ち知りぬ、汝は是吾が幸魂奇魂なり。今何処にか住まむと欲《おも》ふ』とのたまふ。対へて曰はく、『吾は日本国《やまとのくに》の三諸山《みもろのやま》に住まむと欲ふ』といふ。故、即ち宮を彼処《かしこ》に営《つく》りて、就《ゆ》きて居《ま》しまさしむ。此《これ》、大三輪の神なり（「今この国を治めるのは私一人である。私と共に天下を治めることのできる者がいるだろうか」と。その時、不思議な光が海を照らし、忽然と浮かんで近づいてくるものがあった。それが語るには「もし私がいなかったら、おまえはどうしてこの国を平定することができただろうか。私があるからこそ、おまえは大きな国を作る功績を立てることができたのだ」と。そこで大己貴神（オオクニヌシ）は尋ねられた。「では、あなたは何者か」。答えて「私はおまえの幸魂奇魂である」と。大己貴神が「確かにそのとおりだ。あなたが私の幸魂奇魂であることが分かった。今どこに住みたいか」と。答えて言うには「私は日本国《やまとのくに》の三諸山に住みたいと思う」と。そこで宮をその地に造営し、住まわせた。これが大三輪の神である）」◆18

『古事記』はこの出来事をより簡潔な形で物語っており、海を照らしながらやって来た神はこう述べたという。

「よく我が前を治めば、吾《あれ》能《よ》く共與《とも》に相作り成さむ。若《も》し然らずは国成り難けむ。（……）吾をば倭《やまと》の青垣の東の山の上《へ》に拝《いつ》き奉《まつ》れ（私を十分に祀るならば、私は協力して国作りを完成させるだろう。もしそうしないならば、国作りを完成させるのは難しいだろう。（……）私を大和の国を青垣のように囲む東の山の上に祀り仕えなさい）」。『古事記』は「こは御諸《みもろ》山の上に坐《ま》す神なり（これは御諸山の上に鎮座する神である）」と付け加えている。◆19 チェンバレンによれば、「我が前を治めば」という表現は「私のために宮（神社）を建てるならば」という意味にもなり得るという。御諸山（三輪山）は大和地方の東部を防護する垣根のようにたたずんでいる。◆20 従って、御諸山は神話におけるオオクニヌシの統治の東の境界を表しているのかもしれない。

この伝承は、神道神話の中で最も重要なものの一つである。国土を平定した後、オオクニヌシは、その成功をもたらしたのは物質的な個人以上の力であることを自己の内で感じたようだ。そこでオオクニヌシは、自分と共に天下を治めることができる者がほかにあるだろうかと尋ねる。そのすぐ後に、オオクニヌシは霊的な啓示を受けるのだが、伝承では神《あや》しき光が浮かんで向かってきたと物語ることでそれを表している。こうしてオオクニヌシは、国土が神霊によって作られたこと、そして神霊とは自分自身にほかならないことを理解するのである。

　神しき光は、自分はオオクニヌシの幸魂《さちみたま》奇魂《くしみたま》であると言った。つまり、オオクニヌシの導きとなる原動力であり、内なる実在であり、それ自体がオオクニヌシの中に人格化された天の神性だったのである。神道において神霊と人間が同一であるという人間の理解は、ここから始まったといえるかもしれない。オオクニヌシがこの驚くべき事実を把握したことは、神道的霊性の展開における最も重要な意味を持つ進歩である。神道の発展に与えた影響において、比類ない霊的理解の高みを表しているといえる。それは、人間とカミの神霊の間には何ら違いがないことを意味する。神話が後述するように、オオクニヌシは国譲りをした後、天つ神から「神事《かみのこと》を治《しら》すべし（幽界の神事を受け持ちなさい）」と命じられる[◆21]。その命令の究極的な意味につながる最初の要因は、オオクニヌシが種子あるいは自然の神性を理解し、また自己の霊的本性を認識したことである。

「神事を治すべし」というオオクニヌシに与えられた指令は、神道を信奉する者は誰もが自己と自然に内在する神性を認識し、また神話が後に示すように、神霊の普遍的一体性も同様に悟るよう促す暗示でもある。このような霊的価値を理解することなくして、真の意味で国土を作ることはできない。

　オオクニヌシは、その心を照らした神しき光のために御諸山に神社を建てたのであるが、それは自己の人格としての神霊のために神社を築いたことになる。オオクニヌシは、神社に祀られた最初の生きた神であったといえよう。オオクニヌシの神話時代から幾世紀も後の崇神天皇の治世、天皇の夢枕にオオクニヌシが現れたと伝承は述べている。[▼6] 当時は混迷の世であり、オオクニヌシの神霊は御諸山にある自分の神社を祀るよう求め、それは実現した。[◆22] この夢は、かつてオオクニヌシを啓発したような神道的霊性の純粋な認識と創造的活動によって国を作り直す必要を崇神天皇が自らの心に表明したものであった。それはまた、オオクニヌシ自身が御諸山に祀られており、後代にもそのように理解されたことを示している。崇神天皇が神霊の創造的原動力の認識に基づいて自らの大いなる神道改革運動を始めたのは、オオクニヌシの神的啓示の記憶からこのような霊感《インスピレーション》を受けた後のことであった。

オオクニヌシの霊的啓蒙の物語は、厳粛な美しさをもって神道の伝承の中で語られる。平易な言葉が観念の奥深さと結びつき、神道を霊性的により高い次元へと導いている。オオクニヌシを支配する全能の力についての言及もなければ、その活動を左右する運命の暗示もない。オオクニヌシの幸魂奇魂は天の神性であり、その個別的な一部としてオオクニヌシは地上における神霊の進歩を推し進めた。こうして啓蒙されたオオクニヌシは、後に伝承が、普遍的な一体性としての神霊が共通の天祖を通じて地上のすべての個別化された神霊を結びつけているというさらに啓発的な神道的意義について述べるまで、いったん神話を離れることになる。

進歩の拡大

▼6 『古事記』によれば、崇神天皇が疫病の大流行を憂えていると、天皇の夢枕に大物主神《オオモノヌシノカミ》が現れ、意富多泥古《おおたたねこ》に自分を祀らせれば国土が安らぐと告げた。そのとおりに大物主を三輪山に祀ると天下は平安に帰したという。『日本書紀』や『古語拾遺』には、大物主は大国主の別名とあり、同一視されている。

次に『古事記』は、スサノオの子として以前言及されたオオトシノカミ（大年神）の話に移り変わる。伝承ではこの神の三人の妻の名を挙げ、子孫の長い系譜を記している。成長の拡大を意味する名が多いことから、オオクニヌシがその子孫たちに影響を与えたことを示唆しているとも考えられる。そのうちの一柱であるカラノカミ（韓神）は、朝鮮への遠征、あるいは朝鮮からのさらなる移住をほのめかしているのかもしれない。この神は、『日本書紀』ではイタケルノカミ（五十猛神）の名で登場するとチェンバレンは指摘している。◆[23]『日本書紀』はイタケルノカミをスサノオの子であり朝鮮でスサノオと共にいたと前述していた。しかし、『古事記』はここでカラノカミをオオトシノカミの子としており、これも神話における名前の混乱を示すものである。とはいえ、イタケルノカミが武装遠征隊の一般的名称となったというのもあり得ないことではない。なぜなら、神話で間もなく物語られるオオクニヌシに対する遠征の成功に先立ち、その出雲における統治を侵そうとする動きが朝鮮から試みられた可能性もあるからである。

『古事記』の系譜にあるほかの神の中には、オオヤマクイノカミ（大山咋神）がいる。ヤマスエノオオヌシノカミ（山末之大主神）とも呼ばれ、日枝《ひえ》の山に鎮座し、鳴鏑《なりかぶら》を用いるとされている。この神は、地元の部族に対抗するための辺境の前哨を意味するのかもしれない。ほかに名が挙げられているオオゲツヒメノカミ（大気都比売神）は、神話の中で以前スサノオが天から降臨した際に殺した神である。しかし、この神も列挙されたほかの名前と同様、おそらく食物が豊富になることを一般化した概念を表すのだろう。神道的に特別な意味を示すのがオキツヒメノミコト（奥津比売命）である。チェンバレンはその名を“Princess-of-the-interior-Mikoto（屋内の姫のミコト）”と訳しているが、◆[24]それが意味するところは、この神の別名であるオオベヒメノカミ（大戸比売神）、カマノカミ（竈神）と一致する。

家の竈《かまど》をカミという称号によって神霊と認識することで、神道は神霊の普遍性の原理を一つの極限にまで高めている。だが、あらゆる物質が神霊であるとすれば、人間にエネルギーを供給する食物を料理する竈は、一体化した全体の部分として認識されなければならない。竈がなければ、火は食物の調理に効果的な協力はできないだろう。竈は人間によって作られ、火もまた人間によって点じられる。とはいえ、竈を作る素材は耐火の形態をとった神霊であり、火は熱を発する力を生み出す神霊である。人間は地上における創造的進歩のために、こうしたさまざまな形態の神霊を取りまとめる能力を持つ神霊なのである。神道にはこのような意味がある。人間は個人でありながら、協調を促す原動力も備えている。

第九章　個性と統一

オオクニヌシ（大国主）治下の国土の開拓を描いた後、神話は統一の観念へと焦点を移す。神霊を自然および自己として認識したオオクニヌシは、進歩の拡大にはこれら両要素の協調が必要であることを理解していた。しかし、オオクニヌシが認識した神霊は自分の守護者あるいは導きとなる原動力であったが、オオクニヌシ自身の個性、すなわち原始状態から国土を発展させた創造的努力を促す個人的なリーダーシップのみを強調していた。神道は個性を重んじ、神霊が無数の個別的形態をとることを示している。だが、個性はすべてではない。

個人以上に重要なのは共同体の集合的努力である。さらに、絶えず包容性を広げる神道の統一の観念は、個性の根源となり、至高の実在として永続する。神道において神霊は多であると同時に一でもある。多は一から分離してはいない。多はさまざまな方法で自己を具現化した一である。一から多への展開は、神霊の統一性がその自己創造的な多様性を客観化することにほかならない。

もし人が自分を全体の一部と認識せず、自らの個性が進歩の最も大事な要素だと考えるならば、その人は個人だけでは何も成し遂げられないことを忘れている。どれほど単純な過程であっても、何らかの成果を得るためには協調と統合がなければならない。協調あるいは統合とは、一体をなすことを意味する。一体をなすということは、共通の本源を示唆する。

人間の本能の働きは、潜在意識において神霊の一体性を内面的に理解している。生命もまた、その発達過程で神霊の普遍性の認識を明らかにする。だが、個性は往々にして、普遍性に対して互酬的に応じることを拒み、他者が自発的に提供する協調からできる限りのものを得ることで、自己の利益を確保しようとする。オオクニヌシは自然との協調に応じたが、最も重要と見なしたのは、自分自身の神的個性であった。

天照大神と統一

神話の冒頭で統一の原理を表したアメノミナカヌシノカミ（天之御中主神）は、『古事記』の伝承に登場する最初の神である。しかし、神霊の統一性ということが普通の人間の意識に十分な影響を及ぼすには、原理の表明よりも身近で説得力のある方法で示さなければならない。人格というものは万人にとって大切な価値を持つため、この観念にも人格的な意味合いが必要である。そのため神道は、天照大神《アマテラスオオミカミ》を神霊の統一を表す天の人格として位置づけている。

スサノオ（須佐之男）は雨として、スクナビコナノカミ（少名毘古那神）は種子として、オオクニヌシは人間的活動の要素として、いずれも神話における国作りの記述に現れている。しかし、雨よりも、種子よりも、人間の活動よりも国土を形成するものは、太陽に由来するエネルギーである。生命維持の源泉がここにある。日本の天皇が善人も悪人もすべての日本人を一つに和合した家族の一員と見なすように、太陽は正しい者にもよこしまな者にも分け隔てなく輝く。太陽なくして生命は存在し得ないという意味で、太陽は地上の生命を統一しているといえるだろう。だが、太陽自体は個別化された天体であり、神霊の個としての表象である。太陽エネルギーよりも広大な天の神性の一体性というものがあり、神道が天照大神の完全な人格において象徴するのは、太陽もその一部であるところの、より包括的な神霊の観念である。

神話は続いて、オオクニヌシが天照大神による支配を承認することを物語る。これは、神霊の普遍的一体性がオオクニヌシを通じて初めて人間に理解されたことを意味している。普遍性の観念の発展を描く上で、伝承がオオクニヌシを地上の中心的人物としたのは適切なことである。オオクニヌシは、自然および自己の神性についての洞察を得ていた。古代の伝承に記録されている中で、そのような洞察に達した最初の人物であった。そのためオオクニヌシは、神霊がすべての個性を超越して宇宙を一つの全体に統合しているという人類の理解を体現するのにふさわしい存在なのである。

しかし、人間は外見上は自分の努力で発達し、また個人のエネルギーや忍耐力、才能が進歩において重要な効果を及ぼすため、神霊の一体性という事実を認めることは難しい。人は利害の対立や過酷な競争の中で、個々の成長を遂げなければならない。また人は生命の多様な現れが、拡大していく神霊の一つにまとまった全体性であることを意識的には理解していない。その拡大とは、ぶつかり合うこともある種々の実験によって新たな発展の道を模索する個人を通じてなされるのである。それによって生じるさまざまな衝突は、現在の活動がもたらす将来の結果を知らないこと、あるいは過度に私的な利益を追求する個人主義が原因となって、神霊が自らに課す試練である。個性と統一は、一方の観念が他方を圧倒することがないよう、いつも互いに努める必要がある。神霊のこれら二つの動きの重要性を理解することは、生命の十全な発展のために不可欠である。

伝承のこの場面で、神話は個性から自覚意識的な承認を得ようとする統一の原理を表している。天照大神は統一を体現し、オオクニヌシは個性の象徴である。そして結局のところ、個性は神霊の普遍性によって負かされはしないことがいずれ分かる。なぜならそのような敗北は、個人の能力に大きく依拠する生命の活動が停止することを意味するからである。むしろ、妥協点が見いだされることになる。

神話の政治的要素

神話における普遍性と個性の間の争いには、精神的な意味だけではなく歴史的な意味も含まれており、伝承の前景をなしている。だが、オオクニヌシから統一に対する承認を得ようとする天の願望の意図を十分に把握するには、神霊の本質的一体性という神道の原理が表現されていることを念頭に置かなければならない。この物語は単に政治的統一を述べているのではない。歴史と精神性の両方が神話に織り込まれているのである。

歴史的に考察すれば、オオクニヌシが出雲の開拓に成功したことは、近隣の地方はもちろん朝鮮においてさえ注目を集めたに違いない。オオクニヌシから領土を奪い取ろうとする地方の首長や朝鮮人の試みがあったことは疑いなく、神話はそうした状況にも影響されているように思われる。さらに、伝承は九州の優位性を際立たせようとしているが、神代以後、日本の天皇は九州の支配者から現れたのである。九州と対立する出雲の支配者であるオオクニヌシへの策動を理解するには、神話におけるこの要素も考慮しなければならない。

神話の物語に一貫性を見いだすためには、伝承中のこうした意味を常に心に留めておく必要がある。天の神霊は地上の神霊を相手に交戦することはない。神道では、カミの意味に関してそのような誤解は見られない。天照大神とオオクニヌシの対立の伝承を、もし地上の特定の部族共同体に対する天の戦闘として解釈するならば、それは神道の根本的な部分を損なうことになる。天の神霊が展開して地上のカミとなるのであり、天と地の「戦争」というのはあり得ない。それは主観的な天の神霊が客観的な物質としての自己に対して戦うことを意味するからである。

事実、神話はオオクニヌシに敵対するために遣わされた天の神々が誰一人そうしなかったことを明確に記している。それどころか、これらの神々は天に戻ってオオクニヌシの統治に反対する報告をすることも拒否したのである。オオクニヌシに降伏を強いることになった最後の遠征隊は、天の安河をせき止めて天上の神々が自らの領域に立ち入ることを許さなかった神によって采配された。このように伝承は、オオクニヌシに対抗する動きを、天の指図による地上の神霊に対する武力闘争と解釈することをあくまでも拒んでいるのである。これは神道の本能によるものであり、そうでなければ神道の観念形態に大きな矛盾を来たすことになっただろう。神話はあたかも、歴史的な意味でオオクニヌシは九州の勢力によって敗れたかもしれないが、天の手にかかって敗れたのではないということをほのめかしているかのようである。逆に、オオクニヌシは最後には天から霊的に高く称賛されることになる。

オオクニヌシの支配に対抗する策動は、日本特有の祭政一致ともいうべき点において深い意味がある。それは、統治者が人民を政治的にだけでなく精神的にも国家全体として統合するという大いなる神道的観念の起源を示している。この観念は、存在するすべてのものは天に神的祖先を持つという神道の信条に由来する。この思想を一貫して保持することで、国民は一つの全体として、より広範な普遍的全体の一部となる。国民の全体性の生ける人格化である天皇は、国家統合の連綿と続く祖先の系統を象徴している。そして、あらゆる個別の生命が天に祖先を有するように、生命の全体性もまた、同一の本源を天に持つのである。天照大神は天の全体性すなわち統一された一体性を体現しており、従って天皇は天照大神を自らの天祖と認めている。それは日本そのものにも当てはめることができる。

神話は、反オオクニヌシの動きを巧みに用いて、こうした神道の独特な原理を明らかにする。この原理は以来、日本に今日まで存続している。『古事記』によれば、天照大神はマサカツアカツカチハヤヒアメノオシホミミノミコト（正勝吾勝勝速日天忍穂耳命、略称・アメノオシホミミノミコト）が葦原中国《あしはらのなかつくに》（日本）を治めるべきだと宣言した。アメノオシホミミノミコトはスサノオ（須佐之男）の誓約《うけい》で生まれた第一子である。アメノオシホミミノミコトが全土を治めるよう任命されたのは、個性を排除して統一を恣意的に解釈したことを表すのではない。誓約とその判決の特殊性から、アメノオシホミミノミコトは天照大神の子ともスサノオの子ともいい得る。そのため、アメノオシホミミノミコトはスサノオと出雲の発展を通じて個人の活動という観念を象徴する一方、天照大神を通じて統一を体現する。神霊の一体性を表すために個性が損なわれることはないのである。結局、アメノオシホミミノミコトは地上に降臨して統治することはなく、その権利を息子のニニギノミコト（邇邇芸命）に譲ることになる。ニニギノミコトは父親と同じ象徴的性格を受け継ぎ、さらに母親からもほかの重要な性質を継承したといえるだろう。

アメノオシホミミノミコトは下界を見下ろして、この国は「いたく騒《さや》ぎてありなり」と言い放ち、天照大神に状況を報告した。つまり、個性が過剰した状態にあったのである。オオクニヌシは国作りをしたとはいえ、統治下にある人民は完全に協調していたわけではなかった。またオオクニヌシが以前、すべての者に服従を強いたと主張していたにもかかわらず、先住民は真の意味では征服されていなかったのである。日本の太古の歴史において、統治者が部族間の対立や暴動をすべて抑えることは不可能であっただろう。

統一のための会議

『古事記』によれば、この問題を検討するため、八百万《やおよろず》の神の会議が天照大神とタカミムスビノカミ（高御産巣日神）によって召集された。この天照大神と自己生産・自己創造の第一の神との結びつきは、『古事記』の伝承の全体を通じて継続する。それはエネルギーを与える太陽と創造的活動のムスビの原動力との結合という神道の原理を表している。天の統治者である天照大神は、常に自己創造的な発展の神と共にある。天照大神は独裁者としてではなく、個人の責任や努力という神道の観念に従って統治する。統一の神である天照大神は、創造的な個人主義を、自身に最も近い神性の要素として認めることを決して忘れない。神道神話が示すように、この二神は不可分であり、切り離して考えることはできないのである。

伝承において日本を行政的に統一したとされる神武天皇は、神道の生命観の根本をなすこの事実を認めていた。『日本書紀』によれば、神武天皇は治世の始めにこのように宣言した。「昔我が天神《あまつかみ》、高皇産霊《たかみむすひの》尊《みこと》・大日孁尊《おほひるめのみこと》、此の豊葦原瑞穂国《とよあしはらのみつほのくに》を挙《のたまひあ》げて、我が天祖《あまつみおや》彦火瓊瓊杵尊《ひこほのににぎのみこと》に授け給へり（昔、高皇産霊尊と大日孁尊（天照大神）が、この豊葦原瑞穂国を祖先の瓊瓊杵尊に授けられた）」◆1。天照大神とタカミムスビノカミの協力を天皇が認識していたことは、神道の普遍性の観念と個人の自己創造的活動が共に生命の真の発展に必要であることを示している。

八百万の神が集まって事態を話し合ったことは、民主主義に対する神道の信頼を改めて裏付けるものである。日本を統一するための最初の対策が検討されたこの時、問題は何ら全能的な方法によって解決したのではなかった。すべての天上の神々の前に問題が持ち出され、共に議論がなされたのである。『古事記』によれば、以前の天上の討議と同様、オモイカネノカミ（思金神）も策を講じるために呼び出された。これはあらゆる神々の意見が考慮に入れられ、審議された上で、最も良い提案が採択されたことを意味する。『古事記』は「ここに思金神また八百万の神、議《はか》りて」と、この民主的な事実を明記している。◆2会議の結果、下界のオオクニヌシの領土である出雲を征服するために、アメノホヒノミコト（天之菩卑能命）を遣わすことに決定した。アメノホヒノミコトはスサノオの誓約で生まれた第二子である。兄のアメノオシホミミノミコトが最初に天照大神から国土を治めるよう任命されたが、不穏な情勢を理由に地上へ降りることを辞退していた。そのため、同じように天照大神の養子となっていた第二子が出雲の状況を調査するために選ばれたのは当然のことであった。

ところが、『古事記』によれば、アメノホヒノミコトはオオクニヌシに媚《こ》びつき、三年間何の報告もしてこなかった。アメノホヒノミコトは天上では統一された神霊に結びついていたが、出雲に降りると神霊の個人主義的な活動の影響を受け、オオクニヌシを服従させるという指令を拒んだ。とはいえ、その行為を自らの任務に対する背信と見なすことはできない。天を出た神霊が自然に個性化したのである。神性の完全な統一は、その原動力である天を中心とする。地上においては、個人主義が神霊の特徴的な形態である。『古事記』が述べるように、アメノホヒノミコトがオオクニヌシに「媚びついた」というのは、天の非物質的一体性から解放されたアメノホヒノミコトが神霊の正常な本能に従い、地上の個人主義に自らを適応させたことを意味する。

アメノホヒノミコトは天から不従順の罪を問われていない。というのも、神話で後にオオクニヌシが国譲りをする際、アメノホヒノミコトは天を代表して従者となり、オオクニヌシに敬意を表するように命じられているからである。実際、神道においては一度天を離れて個人主義へと向かった神霊に天が罰を与えることは不可能であろう。なぜなら、それが神霊の本性だからである。

『日本書紀』によれば、第二の使者としてオオソビノミクマノウシ（大背飯三熊之大人）が天から遣わされたが◆3、やはり何の報告もしてこなかった。オオソビノミクマノウシはアメノホヒノミコトの子とされており、父の命令に従って出雲に留まったのも当然であろう。『古事記』にはオオソビノミクマノウシについての言及はないが、アメノホヒノミコトからの報告がなかったため、天照大神とタカミムスビノカミは再び天の諸神を召集し、アメノワカヒコ（天若日子）を遣わすことに決めたと記されている。アメノワカヒコは天の弓矢を与えられ、地上に降りるよう命じられた。しかし、出雲に着いたアメノワカヒコは、先任者たちの例にならった。つまり、個人主義的になり、天に帰ろうとしなかったのである。アメノワカヒコは自らの創造的活動を広げようとした。『古事記』によれば、アメノワカヒコはオオクニヌシの娘である前述のシタテルヒメ（下照比売）と結婚し、国土をわがものにしようと企んだ。

使者の意味

天の使者たちは地上に降りた際、個人的活動への関心を呼び起こされただけでなく、天に戻るのを拒否することで、生命の拡充を重視する神道の姿勢を示した。神道は、非物質的神霊から物質的生命が出現することを過誤とも悪の結果とも考えない。それは正常で自然な過程である。神道は常に物質的生命の伸長を求めている。そして天の使者たちの態度からは、いったん物質的な形態の生命が地上で始まれば、神道はいかなる理由であってもその中断を望まないという推論が成り立つ。天に帰還することは、神霊が自らの地上での進化を放棄することを意味する。地上に留まるという天の使者たちの決意は、神霊が物質化した時、もはや生命を宇宙に出現させた本源へと自発的に後戻りすべきではないという神道の主張を表していると考えられるだろう。神霊は絶えず生きた現実に向かって前進しようと努めなければならない。神霊の統一というのは、天の力によって人間の自覚意識的な心に強要できるものではない。神話の中の使者たちが失敗したのはそのためである。統一の観念は、地上における神霊としての人間に自然に生じるものでなければならない。

神霊が神話を通じて統一の観念を言い表そうとしていた事実に加えて、伝承には別の意味も同時に含まれているようである。この物語が語られる形式は、神話の精神的意義のほかに、遠い昔の歴史的出来事の漠然とした記憶が表現されていることを暗示している。しかし、歴史的な意味を説明しようとしても、その時代に関する詳細な知識が欠如しているため、大まかな輪郭を求めることしかできない。

とはいえ、オオクニヌシによる出雲の開拓は、おそらく日本各地や朝鮮の諸部族の間でも広く注目を集めたであろう。出雲の繁栄はほかの地域よりもはるかに大きく、オオクニヌシの統治権を奪おうとする企ては出雲の国外だけでなく国内の族長たちの間でも当然あったと考えられる。加えて、出雲では明らかに高度な発展が見られたため、その地域に移住することで自らの地位を向上させようとする野心的な部族の若者たちを惹きつけたのかもしれない。また、オオクニヌシの先進的な国の評判を聞いた朝鮮の冒険者たちが、その統治権を奪おうとした可能性もある。さらに伝承は、後に日本全土を支配することになる九州族がいかに出雲族より秀でていたかを示すことを意図している。従って、この神話には九州から出雲に遠征隊が派遣されたことも含まれていると考えられるが、後述するように、伝承のこの部分における九州の要素には、時系列的に相当な混乱がある。しかしながら、神話の中の歴史的要素はすべて錯綜しているため、明確に再現することは不可能である。この伝承は明らかに、大昔に起きたいくつかの異なる出来事を部分的に取り入れている。

アメノホヒノミコトは、スサノオから自分の息子と見なされており（つまりオオクニヌシの義兄に当たる）、前述したスサノオによる朝鮮の「粘土の舟」の建造を監督していたかもしれないことから、この神話は歴史的に朝鮮人が出雲に渡来してオオクニヌシと親交を結んだことを指しているとも考えられる。同様の解釈は、『日本書紀』で第二の使者として言及されているアメノホヒノミコトの子〔大背飯三熊之大人《オオソビノミクマノウシ》〕にも当てはまるだろう。これらの使者たちは、進出の準備として出雲の状況を調査するため朝鮮から派遣されたが、新天地ではオオクニヌシと協力したほうが自分たちの利益になると考えたという可能性もある。

第三の使者、アメノワカヒコは、異なる伝承を表しているのかもしれない。というのも、出身が同じである二回の使者の派遣が失敗した後、もし両者が朝鮮人であったとすれば、今度は武力が派遣されるか、さもなければ朝鮮からの遠征事業は放棄された可能性が高いからである。そのため、神話が歴史的な出来事に基づいているとすれば、アメノワカヒコは出雲からそう遠くない日本国内の部族長の一族の冒険心に富んだ若い息子と想定することもできる。アメノワカヒコは、オオクニヌシの娘と結婚し、かつ策を弄することで、その権威を継承できると考えて出雲に乗り込んだのかもしれない。事の成り行きはそのように示唆しているようである。

雉の使者

アメノワカヒコが派遣されて八年後、天の会議は、雉《きじ》を遣わしてアメノワカヒコになぜ復命してこないのかを尋ねさせることに決したと『古事記』は伝えている。この雉はナナキメ（名鳴女）▼1という。雉は木に止まり、アメノワカヒコに伝言を述べた。ところが、アメノサグメ（天佐具売）がアメノワカヒコに、雉の鳴き声が悪いから射殺すべきだと言った。アメノワカヒコは、天を出発する前に授けられた弓矢で雉を射た。『古事記』によれば、矢は「逆《さかしま》に射上げ」られ、◆4天照大神とタカギノカミ（高木神）が一緒に座っていた天の安河まで達した。

タカギノカミは、第一のムスビ（自己生産性）の神であり神話の中でいつも天照大神と密接に結びついているタカミムスビノカミ（高御産巣日神）の別名として『古事記』に言及されている。◆5伝承のこの部分でタカミムスビノカミがタカギノカミ（High-integrating-Kami）と称されるべきなのは、神話がここで統一を強

▼1 名鳴女《ナナキメ》はチェンバレンの英訳（Name-Crying-Female, Na-naki-me）に沿った表記だが、『古事記』原文は「雉名鳴女」であり、現在では「雉、名は鳴女《なきめ》」と解されている。なお、チェンバレンは註で、雉がこの後に葬儀の「哭女《なきめ》（crying female, naki-me）」としても言及されており、その場合、名鳴女の「名」は冗長であるとも指摘している。

調していることを暗示する。神道においてタカミムスビノカミが象徴する自己創造的な原動力は、常に統合する（integrating）力である。つまり、さまざまな部分を結合し、高度な成果を生み出す建設的な力を指す。従って、ムスビの精神は主に個人を通じて働くという点においてタカミムスビノカミは個人主義的ではあるが、個人が仕事を成し遂げるためには統合の意識を持たなければならない。そして、最も広義の意味における統合は、普遍的協調を表す。神話で統一について述べられている部分においてのみ、タカミムスビノカミは別名のタカギノカミと呼ばれている。なぜなら、個人の中で働く統合の力を、普遍性へ向かう動きとして強調するのにふさわしい箇所だからである。上古に初めて日本を統一した神武天皇もまた、その統合力の重要性を認めて、タカミムスビノカミをタカギノカミと呼んでいる。◆6

『古事記』によれば、タカギノカミは天の矢であることに気づき、地上に射返して、もしアメノワカヒコがこの矢で悪しき神を射ていたならば当たるな、しかし邪心を持っていたならばこの矢で死んでしまえと言った。この神話の意味に関する別の考察はさておくとして、タカギノカミが心に不審を抱いたということは、神道では天が地上の出来事について絶対的な知識を持っていないことを重ねて立証する。矢は寝床で眠っていたアメノワカヒコを射殺したと『古事記』は述べている。さらに、アメノワカヒコの天の妻子や父親が地上に降りてきて嘆き悲しんだという。彼らは喪屋を建て、川雁《かわがり》、鷺《さぎ》、翠鳥《そにどり》、雀、雉が葬儀に仕えた。そして、「かく行なひ定めて、日八日夜八夜を遊びき（このようにそれぞれの役割を決めて、八日八夜の間、歌舞をした）」とある。◆7

そこへ、アメノワカヒコの義兄のアジシキタカヒコネノカミ（阿遅志貴高日子根神）が弔問に訪れた。神話によれば、義兄はアメノワカヒコと瓜二つであったため、天の妻と父親はアメノワカヒコ本人と見間違えた。悲しんでいた家族は、アメノワカヒコが殺されたのではなかったと思い、歓喜の叫びを上げて義兄に取りすがった。だが、アジシキタカヒコネノカミは死人と間違われたことを大いに怒ったと『古事記』

は伝えている。これは、神道では死が忌避されるためである。アジシキタカヒコネノカミは剣を抜き、喪屋を切り伏せ、破片を蹴飛ばし、憤りながら立ち去ってしまった。その妹でアメノワカヒコの地上の妻であるシタテルヒメ（ここでは別名の高比売命《タカヒメノミコト》と記されている）は、兄が去る時、高貴な宝石の輝きのようなその素晴らしさを称えて歌を歌った。

雉と葬儀の意味

この長い神話は、幼稚な空想の物語のようにも読める。もし文字通りに受け取るならば、この神道的伝承は子どもじみた迷路に迷い込んだことを意味するだろう。しかし、この物語は太古の時代に作られたものであり、一部の言葉の意味を誤解し、あまりに字義通りに解釈されたことによって、歪められたとも考えられる。

チェンバレンは雉の名であるナナキメ（Name-crying-Female）について、雉（日本の古語ではキギシ）の鳴き声が自分の名のキギシに似ていると考えられたことに由来すると指摘している。ナナキメはまた“Name-less-Female（無名の女）”と訳すこともでき、『日本書紀』で用いられている漢字〔無名雉〕はそのような意味を表すとチェンバレンは付け加えている。[◆8] 従って、原初の伝承ではアメノワカヒコに伝言するために派遣されたのは雉ではなく無名の女であったと結論づけることもできるだろう。危険な任務に女性を遣わすのは珍しくなかったことを神道の伝承は示している。というのも、神話の後段ではアメノウズメノミコト（天宇受売命）が、天の神々を困惑させた騒動を調べるため、ニニギノミコトに先立って地上に赴くからである。

そのため、以前に使者として派遣された男たちが報告をしてこない理由を調査するよう女に命じたという神話は驚くに当たらない。女が「無名」と称されたのは、任務が秘密でなければならなかったためである。つまり、雉とは女スパイだったということになる。この意味は、アメノワカヒコがアメノサグメからナナキメに対して警告されたという事実によってある程度裏付けられる。あたかも伝承は、密偵行為について意図的に注意を喚起しようとしたかのようである。しかし、時がたつにつれて、本来「無名の女」（あるいは女スパイ）を意味していたナナキメという表現はその解釈を失い、名鳴女の意味だけになり、自らの名、キギシと鳴くとされる雉の同義語として用いられるようになった。こうして、密偵に関する元の物語は、出雲の状況を調べるために天から雉が遣わされたという意味に変わったのである。

　神話によれば、雉はアメノワカヒコが「逆に射上げ」た矢で殺された。チェンバレンは、この表現に関する本居宣長の説明を引用し、矢は頭上に止まる雉に対して垂直に射られたため、矢の先の部分の羽が自然と下になることが逆に射上げられたという意味だとしている。◆9 だが、この解釈は、木に止まっている鳥を射るいかなる矢にも当てはまることになる。独特な表現には特別な意味があると考えなければならない。スサノオが馬を「逆《さか》」剝《は》ぎにしたというのは前述したように残虐な行為を指す。そして、「逆に射上げ」られた矢というのは、おそらく「逆方向に射ること」もしくは残虐な行為を示唆する。アメノワカヒコは、出雲における行状を諫《いさ》めるために派遣された女スパイを殺すという罪を犯したが、アメノワカヒコの行為の中には国を奪おうとする企ても含まれていたことを忘れてはならない。もし歴史的根拠があるとすれば、そのスパイはことによるとオオクニヌシの手先だったのではないだろうか。

　天の矢によってアメノワカヒコが亡くなったという記述は、その死にまつわる謎を暗示している。実際にはアメノワカヒコは殺されなかったにもかかわらず、寝床で暗殺されたという虚偽の報告を流布し、実在しない暗殺者の追跡を不可能にするために、その友人たちは天の矢で射られたと言ったとも考えられる。『古事記』によれば、アメノワカヒコの葬儀は出雲から遠く離れた、現在の京都に近い美濃国《みのの》（岐阜県）

で行われた◆10。従ってここは、アメノワカヒコが国土を奪取しようとしたか、自ら支配者としての地位を確立しようとした地であったに違いない。オオクニヌシがそうした陰謀に気づかなかったはずはなく、当然、アメノワカヒコを監視していたのだろう。そこでアメノワカヒコは、オオクニヌシのスパイを射殺し、オオクニヌシの報復を免れるため、次に自分自身が射殺されたように装ったのかもしれない。風変わりなこの神話の忘れられた起源はそのようなものであった可能性がある。

神道においては、天が人間を殺すことはない。なぜなら、人間自身も天の神霊が地上の形態をとったものであるため、天が人間を殺すのは「霊的自殺」となるからである。もし天の矢を地上に射ることで天の神々の望みどおりに誰でも殺せるのだとすれば、なぜオオクニヌシに対する遠征隊が組織されたのだろうか。天の安河から放たれる一本の矢で事足りたはずである。この矢の神話は、雉の名前の誤解に端を発する、口頭伝承における混乱の一例に過ぎない。

アメノワカヒコの葬儀は、おそらく遺体など存在しなかった可能性を際立たせる風刺である。会葬者たちが葬儀で「遊びき」という『古事記』の記述は、死の悲しみを隠す習慣の起源を示唆しており、それは形を変えながらも日本で今日まで続いている。

もし伝承が示すように、アメノワカヒコが歴史的にオオクニヌシの娘と結婚したある部族の若者であったとすれば、その一族は地方の名家であったに違いない。アメノワカヒコが死んだとされる知らせが故郷に届いたため、家族たちは葬儀に参列することを望んだのだろう。彼らはそこで偽物の葬儀という喜劇が演じられていたことを知ったようだ。『古事記』では、葬儀の係員を人間の代わりに鳥として描いている。女スパイが雉の名を持っていたことから、鳥が服喪者の真似事をするのは妥当といえよう。しかし、これが鳥を殺した者の本物の葬儀であったとすれば、鳥が服喪者としてその場にいるのはおかしなことだろう。

アメノワカヒコとその義兄が生き写しであったことが、この一幕の茶番的性質をいや増している。両者に血のつながりはない。そのため、アメノワカヒコの家族が彼を見分けたのは、アメノワカヒコ本人がおそらく変装して自らの葬儀に参列していたからであろう。だが、変装が見破られたため、アメノワカヒコは義兄のふりをして喪屋を破壊し、自分が死んでいないことがすぐに判明しないようにした。その後のどさくさに紛れてアメノワカヒコは逃げ去り、出雲の妻が歌によって彼の逃げたことをごまかした。その中で歌われた過度の賛辞は、妹の兄に対する称賛というよりも妻の夫に対する愛情をより自然に表明している。妻と妹は神話においては同一であり得る。こうした事情を、遊び戯れていた会葬者たちは知っていた。

　神道では葬儀が忌避されるために、この物語が奇妙な風刺の形で神話に取り入れられたのかもしれない。『日本書紀』の一書では、遺体が天に運ばれ、天上で葬儀が営まれたことになっているが、神道としては不合理である。また別の一書では、初めにオスの雉が天の使者として遣わされたが、穀物畑を見てから戻らなかったため、次にメスの雉を遣わしたところ、アメノワカヒコの矢で射られたにもかかわらず天に報告したと述べられているなど、『日本書紀』自体の混乱を露呈している。◆11

　この物語全体があまりにも不自然かつ非現実的であるため、天の使者たちがオオクニヌシに統一の承認を迫ろうとする神話的試みの記述を締めくくるのにふさわしいものとなっている。天の企てがことごとく失敗したことは、神道によれば天は人間界の出来事を支配していないということを明確に表している。神話は、物質的な意味でオオクニヌシを征服するために天の境界を越えた力が最終的に用いられたことを明らかにするのだが、これは神道としてとり得る唯一の道であった。

第十章　天の優位性

天の使者は誰一人、オオクニヌシ（大国主）に統一を承認させようともしなかった。オオクニヌシの個性を抑えようとする試みは、神話の中で今や精神的なものから物質的なものへと形を変え、天の内部ではなくその権威の境界を越えた外部で采配されるものとなったようだ。

地上の対抗者

最後の使者が失敗した後、天の神々は再び集まった。『古事記』によれば、その会議では次のように宣言したという。

「天の安の河の河上の天の石屋《いはや》に坐《ま》す、名は伊都之尾羽張《いつのおはばりの》神、これ遣はすべし。もしまたこの神にあらずは、その神の子、建御雷《たけみかづちの》之男《をの》神、これ遣はすべし。またその天尾羽張《あめのおはばりの》神は、逆《さかしま》に天の安の河の水を塞《せ》き上げて、道を塞きて居る故に、他神《あだしかみ》は得行かじ。故、別《こと》に天迦久《あめのかくの》神を遣はして問ふべし（天の安河の川上の天の石屋にいる伊都之尾羽張神を遣わしましょう。もしこの神でないとすれば、この神の子の建御雷之男神をお遣わしください。その天尾羽張神〔伊都之尾羽張神の別名〕は天の安河の水をせき止めて道を塞いでいるので、ほかの神は行くことができません。そこで、これには天迦久神をお遣わしになり、お問いになったらいかがでしょう〕」[1]

天の神々さえもイツノオハバリノカミ〔伊都之尾羽張神〕の居所に到達できなかったという事実は、この神の領域が天の統制外にあったことを示唆する。道を塞いでいたというのは、天の境界がこの神の支配する領域の辺境で終わっていたということだろう。この奇妙な描写は、イツノオハバリノカミの国が天の霊的な非物質性とは異なる荘厳さを備えていたことを暗示している。天の石屋は、『古事記』によればスサノオが乱暴狼藉を働いた際に天照大神《アマテラスオオミカミ》が身を隠した洞窟の呼び名である。だが、天照大神が恐怖で隠れた出来事の後、石屋は閉鎖されたと考えられる。おそらく天の石屋はそれ以降、洞窟や山地の家屋を指す一般的な名称になったのだろう。伝承では前にオオクニヌシに対する策動の記述で天上の比喩的描写が用いられていた。今、遠征を終結させるに当たり、転じて人間的な描写をしている。物語のこの部分は、これまでよりも明確に歴史的事実を扱っているように思われる。

このアメノオハバリノカミ〔天尾羽張神〕の助力を求めるために使者として派遣された天の鹿は、山岳地帯を示している。急峻な斜面を登るのに慣れている鹿は、天の神々の行く手を阻む塞がれた道をよじ登ることができた。「カク〔迦久〕」を鹿と解釈したのは平田篤胤である。[2] しかし、この語には別の意味も含まれている。古代の伝承は、表意文字によってではなく口頭で代々伝えられてきた。そのため、「カク」は本来「カグ」であったかもしれない。イザナミ〔伊邪那美〕の死を物語る神話で、イザナギ〔伊邪那岐〕の涙から香山《かぐやま》に鎮座する神が生じたと『古事記』にある。平田は「カグ」は鹿を指す「カゴ」に結びつけられるべきだと述べている。またチェンバレンは、「カグ〔香・迦久〕」の漢字は「香しい《かぐわ》」を表すが、「天から降りた」とも関連づけられるかもしれないと指摘する。[3] この解釈に沿って、天の鹿がアメノオハバリノカミと話し合うために天から降りたとすれば、神話の明白な意図と一致するだろう。従って、神話はオオクニヌシに対する新たな遠征が組織されたのは実際には地上の事柄であり、天から始まる動きではなかったことを重ねて強調しようとしている。

地上の采配者の正体

イツノオハバリノカミは、『古事記』によればイザナミを死に至らしめた火の神の首を斬った時にイザナギが用いた刀に与えられた名である。ただし、その刀の名には先に説明した理由でカミという接尾辞は付いていない。とはいえ、正体が同じであることは確かである。現在の伝承で、イツノオハバリノカミは水と共に戦闘の武器としての刀を象徴している。一方、イザナギが用いた刀の名は、前述したように、火を消し止めた水を表していると考えられる。さらに、この神の子、タケミカヅチノオノカミ（建御雷之男神）は、イザナギがイツノオハバリの刀で火の神の首を斬った際の血から成った神の一柱である。これらの神々は、このようにイザナギとイザナミが国生み・神生みをした頃の伝承にも現れる。そのため、神々はオオクニヌシの下での出雲の開拓よりもはるかに古い時代の神話と深く関係しているのである。

実際にこれ以降、神道の伝承における神話時代の終わりまで、物語のほかのどの部分よりも時系列がかなり錯綜している。本段では神代以後、九州を最初の本拠地とした皇統に日本の諸地域が最終的に服従することを通じ、九州の優位性が始まった過程を語っている。だが、この物語は出来事の自然な流れに沿っているわけではない。神話は九州における進歩の変遷について出雲のように詳細な歴史を記していない。それどころか、伝承は九州に関する部分では明らかに前後の関係性が飛躍してしている。故に、物語が果たして九州について終始述べているのか、それとも日本のほかの地域や朝鮮に関する伝承が織り込まれているのか、判断が難しい場合もある。

ことによると、イツノオハバリノカミは鉄の発見後の九州における初期の発展を象徴しているのかもしれない。イツノオハバリの刀剣はイザナギの武器であり、黄泉を脱出して禊をするため九州に向かった際にそれを置いていったとは考えられない。『古事記』には、イザナギが墓場の暗黒地帯で追跡された時、後ろ手に剣を振り回したと述べられているため、その時点では所持していたことになる。九州における禊で剣への言及がないのは、おそらく剣によって黄泉での追跡を阻止したわけではなかったからかもしれない。とはいえ、『古事記』はイザナギの剣が九州に残され、地元の首長を象徴するようになったことを暗に示しているように思われる。これは、九州の始まりが出雲よりも前であることの最初のしるしである。

神話が九州を特別視したのも、出雲が死の国への入り口と見なされていたように、九州は天と地の物質的境界と考えられていたためであろう。従って、九州は天の道と河を塞ぐ正当な場所となる。つまり、九州において非物質性が終わり、神霊の物質的な客観的形態である地上の生命が始まることを意味する。また、九州の出雲に対する遠征を天の命令によるものと考えれば、伝承における九州の尊重にも沿うことになる。現代における戦争も同様に、天軍を名乗る交戦国によって行われることがある。

海上の遠征

イツノオハバリノカミは鹿の使者に、国土の征服には息子のタケミカヅチノカミ（建御雷神）を遣わそうと答えた。『古事記』によれば、タケミカヅチノカミの誕生時に与えられた別名はタケフツノカミ（建布都神）である。◆[4]『日本書紀』の出雲遠征の記述では、タケミカヅチノカミ（武甕槌神）とフツヌシノカミ（経津主神）の二人が指揮者として挙げられている。◆[5]ただし、『日本書紀』ではオオクニヌシも二人の指揮者について語っているが、後者の名は伝承の混乱によりタケフツノカミと同一である可能性がある。『古事記』もまた二人の指揮者を記しているものの、二番目はアメノトリフネノカミ（天鳥船神）である。この神がタケミカヅチノカミに副《そ》えて遣わされたとあるのは、極めて理にかなっている。『古事記』で以前言及されたこの船の別名はトリノイワクスフネノカミ（鳥之石楠船神）である。◆6 それは、この船が楠でできており、非常に頑丈で鳥が止まっても岩のように安定していることを意味する。それほど堅固な船であったというのは、強力な海上遠征隊が派遣されたことを連想させる。

この神話が朝鮮から出雲に進出した遠征隊の伝承を物語っている可能性も無視できない。その場合、遠征隊が出雲を征服した後、九州で優勢となったという物語の整合性が必要だろう。しかし、この解釈が正しいとすれば、指揮者たちがなぜ九州を属領として出雲を恒久的な本拠地にしなかったのかということが理解し難い。出雲は朝鮮に近く、日本の本州の一部である。とはいえ、後に明らかになるように、朝鮮はこの物語において何らかの役割を果たしているようだ。

朝鮮は、後に出雲に進出した九州族の原郷だったのかもしれない。あるいは、初期の朝鮮による出雲進出と、後の九州による出雲征服に基づく二つの異なる伝承がこの物語に織り込まれている可能性もある。これらの不確実性を考慮すれば、選択肢はどちらにも開かれている。こうした場合、国家統一への前段階として九州による出雲征服を強調する神話のおおよその意図に従うのが妥当である。出雲への進出には、朝鮮と九州のどちらを出発点としても船が用いられたであろうが、朝鮮ではなく九州から向かったと考えるほうが神話全体の流れに一致する。天鳥船は、イザナギとイザナミから火の神が誕生する直前に生まれた。◆7 そのため神話は再び遠征を間接的にイザナギと結びつけており、またイザナギを通じて（この場合はより間接的に）九州と関連づけている。『古事記』は、この船があたかも「船一艘分の武人たち」を意味するかのように、積極的に関与する神として扱っている。二神（建御雷神と天鳥船神）は出雲の伊那佐《いなさ》の小浜に降り立ったと『古事記』は伝えている。チェンバレンによれば、伊那佐の語源は不詳だという。◆8 この到着の真の意味は、海を渡ってきた武装部隊が出雲沖に停泊し、交渉の結果を待っていたことを指しているのだろう。『古事記』によれば、二神は「十掬剣《とつかつるぎ》を抜きて、逆《さかしま》に浪の穂に刺し立て、その剣の前《さき》に趺《あぐ》み坐《ま》して（十掬剣を抜いて、波頭にさかさまに刺し立て、その剣の切先にあぐらをかいて）」、オオクニヌシに降伏を迫った。

この風変わりな描写は、おそらく剣と水の両方を操るイツノオハバリノカミの名前と力にちなんだもので、遠征隊を組織したこの神に対する賛辞であろう。それはまた武人たちの獰猛性を表しており、波の穂への言及は再び海軍力を示すものである。

『古事記』の記述では、オオクニヌシは敵に対して即座に反抗することはなかった。これは、敵の到着が予期せぬものであり、オオクニヌシは何の作戦も立てていなかったことを意味しているのであろう。降伏の要求について、『古事記』は次のように記している。

「天照大御神、高木神の命《みこと》もちて、問ひに使はせり。汝がうしはける葦原中国は、我が御子の知らす国ぞと言依《ことよ》さしたまひき。故、汝が心は奈何《いか》に（天照大神と高木神の命令により、意向を聞きに遣わされた。おまえが治める葦原中国は、天照大神が御子に治めさせるようご委任になっている。そこで、おまえの心はどうか）◆[9]」

この記述では、天照大神とタカミムスビノカミ（高御産巣日神）が一緒になって、オオクニヌシに降伏を求めている。このように、神話は普遍的神霊と個性化した神霊による調和のとれた共同行為を引き続き重んじ、同時に協調や統合を保持している。この二神は真に一体なのである。さらに、オオクニヌシの領土は葦原中国と呼ばれており、その支配が出雲の境界を越えて当時知られていた日本の全土に広がっていたことを示唆しているようだ。

もしこの叙述が信頼の置けるものであれば、九州からの遠征は、オオクニヌシの国土統治に対する九州の反乱を表している可能性がある。だが、たとえオオクニヌシの権力が出雲を越えていたとしても、日本開拓の歴史のこれほど早い時期に、一地方の首長の支配が日本全土に及んでいたとは考えにくい。葦原中国への言及は、おそらく有史以来、今日に至るまでの「御子」を祖とする九州の皇統の子孫たちが将来的に支配することになる地域を指しているのだろう。『古事記』の「御子」という語はニニギノミコト（邇邇芸命）を指す。ニニギノミコトは、天照大神とタカミムスビノカミの子ではなく孫に当たる。しかし、祖父母は孫のことを家系の子孫として「子」と呼ぶことがよくあり、この場合もそうした意味であろう。

コトシロヌシは脱出したのか？

オオクニヌシは降伏の要求に対し、息子のヤエコトシロヌシノカミ（八重事代主神、略称・コトシロヌシ）に尋ねるよう侵入者たちに返答した。コトシロヌシはその時、御大《みほ》〈美保〉の岬で鳥狩りや魚釣りをしていた。遠征隊が父親の譲位を求めると、コトシロヌシは同意した。『古事記』にはこのようにある。「すなはちその船を踏み傾けて、天の逆手《さかて》を青柴垣《あをふしかき》に打ち成して、隠りき」。つまり、その船を自ら踏みつけて転覆させ、天の逆手を打ち鳴らして青柴垣に姿を消した。▼1 この解釈は、平田篤胤の説に従うチェンバレンによるものである。一方、アーネスト・サトウは、コトシロヌシが船を青柴垣に変えてその内に隠れたという本居宣長の説を受け入れている。前者の意味のほうが自然であり、その場所は杭や木々の枝で囲われ、魚が入るための隙間が一つ空いた広い浅瀬であるというチェンバレンの解説にもより一致する。◆10 コトシロヌシがここから浅瀬を通って逃げたと解釈すれば、『古事記』の記述とも矛盾しないであろう。

▼1　事代主《コトシロヌシ》が船を踏み傾けて、天の逆手という呪術的な柏手を打って船を青柴垣（神籬《ひもろぎ》）に変え、その中に身を隠したと解釈されるのが一般的である。一方、『日本書紀』では「海中《うみのなか》に、八重蒼柴籬《やへのあをふしかき》を造りて、船枻《ふなのへ》を踏みて避りぬ（幾重もの蒼柴籬を造り、船の端を踏んで、海中に隠れ去った）」とある。

『古事記』はこの物語の少し後に、コトシロヌシノカミが脱出を遂げたことを暗示している。というのも、コトシロヌシが船外に姿を消した後、降伏の話がまとまった際にオオクニヌシは、もしコトシロヌシが新たな支配者の先頭に立ち、またしんがりとなって守護するならば、もはや問題は起こらないだろうと語っているからである。◆11 コトシロヌシが溺死していたとすれば、この声明は意味を成さない。

『日本書紀』もコトシロヌシが脱出したことを示唆しているようである。御大の岬の出来事には言及していない異伝で、『日本書紀』はコトシロヌシが海の怪物（八《や》尋《ひろ》熊《わ》鰐《に》）となってミゾクイヒメ（溝樴姫）のところに通ったと記している。◆12 御大の岬の梁《やな》に至る空間は溝（水路）ともいえ、周囲の柱や枝が杭（樴）となり脱出を容易にしていた。つまり、この伝承はコトシロヌシが船外に飛び込んだことに基づいている可能性が高い。『日本書紀』によれば、コトシロヌシとミゾクイヒメの間の子はヒメタタライスズヒメノミコト（媛蹈鞴五十鈴媛命）という。アストンの解釈によれば、タタラはおそらく植物（水生植物かもしれない）であり、イスズは伊勢神宮のある地を指しているという。コトシロヌシは伊勢神宮が後に建てられた半島まで逃れたことを意味しているとも考えられる。▼2 ヒメタタライスズヒメノミコトは、神武天皇の皇后になったと『日本書紀』は伝えている。

神武天皇紀に、ヒメタタライスズヒメノミコトは容姿が優れていたという記述がある。また、神武天皇の子で後継者である綏靖《すいぜい》天皇▼3の『日本書紀』における記録には、綏靖天皇の母としてヒメタタライスズヒメノミコトの名が挙げられている。◆13『古事記』によれば、神武天皇の皇后はホトタタライススキヒメ（富登多多良伊須須岐比売）であり、別名をヒメタタライスケヨリヒメ（比売多多良伊須気余理比売）という。皇后の父は美和（三輪山）のオオモノヌシノカミ（大物主神）と称され、オオクニヌシと同一視されている。◆14

これらの伝承の重要性は、オオクニヌシの一族と、九州から統治を始め、政治的に国を統一した神武天皇との間につながりを確立しようとしている点にある。つまり、出雲はオオクニヌシを通じて、神武天皇に正妃を提供した。年代的には娘や孫娘よりも後の子孫のほうがふさわしかっただろう。しかし、オオクニヌシの家系を、上古における初代天皇の皇后であり第二代天皇の母に結びつける意図は明らかである。すなわち、神武天皇が皇統の地上における父系の始祖であるとすれば、その皇后は地上における母系の始祖ということになる。このように神話は、九州だけでなく出雲も結果的に日本の政治的統一に貢献したことを示そうとしている。

だが、オオクニヌシは統治権の譲渡に先立ち、コトシロヌシのほかに相談すべき子があるかと問われた。オオクニヌシはタケミナカタノカミ（建御名方神）の名を挙げたが、この神は服従しなかった。そこで、タケミナカタノカミとタケミカヅチノカミは力競べをすることになった。これは武力衝突を意味するのだろう。敗れたタケミナカタノカミは逃げ去り、最終的には降伏した。オオクニヌシが息子たちに決断を委ねたという『古事記』の記述は、オオクニヌシが老齢に達し、政治的問題に関する支配から事実上引退していたことを物語る。オオクニヌシの生涯は自然な経過をたどり、国作りの事業を成し遂げ、終焉に近づきつつあった。ただし、『日本書紀』ではオオクニヌシがいまだ精力的に自己の権利を要求し得たことも示している。

▼2 媛蹈鞴五十鈴媛命《ヒメタタライスズヒメノミコト》について、英訳『日本書紀』のアストンの註に「タタラは植物の名前と考えられている。イスズ（五十鈴）は伊勢の内宮の地名である」とあるため、メーソンはこれに基づいて解釈している。一般に「タタラ」は足で踏んで風を送るふいごの蹈鞴《たたら》、「イスズ」は多くの鈴などと解されており、伊勢の地とは結びつき難い。

▼3 綏靖天皇は第二代天皇。神武天皇の第三子。葛城（奈良県）の高岡宮で天下を治めたとされる。

『古事記』の降伏条件

オオクニヌシは、ついに国譲りに同意した。『古事記』によれば、オオクニヌシは「天つ神の御子の天《あま》津日継《つひつぎ》知らしめす、とだる天の御巣如《みすな》して（天照大神の御子が皇位を受け継いで統治なさるご立派な宮殿のように）」、地上から天まで届く「宮柱」のある住処《すみか》を自分のために建てることを条件とした。そして、もし実現すれば「僕《あ》は百足《ももた》らず八十《やそ》坰手《くまで》に隠りて侍《さもら》ひなむ（私は遠く離れた隅のほうに隠れ退きます）」と述べた。[15] こうした美文調の表現法は中国の影響を感じさせる。この歴史的な意味は、余命が残り少ないことを悟ったオオクニヌシが、自らの国作りの功績の記念として神社の創建を望んだということであろう。それが出来上がった暁には、オオクニヌシは後継者に道を譲り、没後に新たな統治の発展を妨げるような影響力を残さないという意思を表明したのである。

『古事記』は、天の御舎《みあらか》、すなわち神社がオオクニヌシのために出雲の多芸志《たぎし》の小浜に建てられたとも記している。チェンバレンによれば、多芸志の語源は不明だという。[16] そして、クシヤタマノカミ（櫛八玉神）が膳夫《かしわで》（料理人）となり、天の御饗《みあえ》（御馳走）として魚料理を献上することになった。クシヤタマノカミはまず鵜《う》に姿を変え、平皿を作るための赤土《はに》を海底から取り、「千尋縄《ちひろなわ》」で魚を捕った。[17] 鵜が魚を捕るのは当然として、単に海底から赤土を取ってくるために神話に登場するのは、何か特別な意味があったに違いない。土は皿のために用いられたが、赤土というのは釣り針の原料となる鉄の存在を暗示している。クシヤタマノカミのこの不思議な行動の描写は、出雲の発展を活気づけた鉄の発見を指しているのかもしれない。

意味の曖昧なクシヤタマノカミの名を、本居宣長は「奇禰手向神（Wondrous-increasing-offerings-Kami）」と理解しているが、チェンバレンは平田篤胤の「奇八魂神（Wondrous-eight-spirits-Kami）」という解釈のほうを選んでいる。◆[18] 本居の解釈は、手向（offering）には魚だけではなくほかのものも含まれていたという想定によりよく当てはまる。もし水底の赤土が鉄の発見を指していたとすれば、その象徴的意味はことさら出雲にふさわしい。なぜなら赤土は、スサノオが大蛇を退治して肥河が「血」で染まった時の出雲における最初の剣を連想させるからである。スサノオからオオクニヌシにかけての時代は日本の鉄器時代を象徴し、こうした形でオオクニヌシに敬意を表することは、進歩を重んじる神道にふさわしいだろう。『古事記』には、祝詞が唱えられたとあるため、この儀式は神道的なものであったことが分かる。

御饗の火を起こすのには火《ひ》鑽《き》りが用いられた。火鑽りは今も出雲の神道儀式の一部となっている。これはおそらく、初めて自在に火を起こすことができた人類の発展の第一歩として重要であり、また、火から立ち昇る煙という意味を象徴するものでもある。『古事記』によれば、クシヤタマノカミは、煤が天に達し、カミムスビミオヤノカミの天の住処から八拳《やつか》〔八握り分〕も下ってくるまで火を焚こうと宣言した。チェンバレンはこの神の名を“Wondrous-divine-producer-august-ancestor-Kami（神産巣日御祖神）”と訳しているが、サトウが本居に従い“Parent-musubi-Kami”▼[4]の意味に解していることを付言している。◆[19] なぜ煤が高天原に到達するほど大量に送り出されなければならなかったのかについては、いくつかの解釈が可能なようだ。それはオオクニヌシに対する特別な敬意を意味したのかもしれない。あるいは、作戦の成功を天に知らせる合図だった可能性もある。

しかし、煤は天の特別な場所、すなわちカミムスビミオヤノカミの住処に向けられていたということに意味が込められているようである。この神の名をどのように解釈しようとも、ムスビの神であることに重点が置かれている。出雲の遠征に関する伝承では、ムスビの神としてタカミムスビノカミの名が常に挙げ

▼4　チェンバレンの註には“PARENT Kami-musubi”とある。

られている。タカミムスビノカミは、天照大神とこの神との「御子」と言及されるニニギノミコトの祖父である。従って、本居とサトウの解釈する神は、タカミムスビノカミを指しているのかもしれない。▼5

このように、火の煤はオオクニヌシとタカミムスビノカミの間にあたかも特別なつながりがあるかのように両者を結びつけているが、実際に関連性はある。オオクニヌシの神社は、ムスビの自己創造という神道の意味を人間的な形で表している。煙が重要な強調点として象徴するのはこの事実である。

神道の伝承では一貫して、ムスビは特に個人の創造的活動を指す。神話のこの部分におけるオオクニヌシも、そのことを意味している。タカミムスビノカミは個性を象徴するが、タカギノカミ（高木神、High-integrating-Kami）という別名を通じて協調の観念とも結びついている。一人格中に個性と内なる協調性という二要素が調和的に存在しているのである。オオクニヌシの御饗の煤が天の住処まで達したのは自然なことであろう。個人主義を体現するオオクニヌシは、天の統一の優位性を承認した一方で、神霊としての個性を保ち続けたからである。

この出来事の直後に、『古事記』はタケミカヅチノカミが「返り参上《まいのぼ》りて」葦原中国を平定した始終を報告したと記している。「返り参上りて」というのは、天に帰ったという意味に解釈される。◆20 しかし、伝承はタケミカヅチノカミがもともと天から来たとは述べていない。この神は天に通じる道を塞いでいた父、イツノオハバリノカミの住処から来ていたのである。『日本書紀』によれば、オオクニヌシが遠征隊の指揮者たちに領土侵入を語気鋭くなじった際、指揮者たちはタカミムスビノカミにそのことを報告した。するとタカミムスビノカミはオオクニヌシが承認するように、より詳細な条件を与えたという。そのため、「返り参上りて」というのはタカミムスビノカミに再び報告したことを指し、遠征隊そのものが天から発したという意味ではないのだろう。

『日本書紀』の降伏条件

オオクニヌシの降伏は『古事記』では詳述されておらず、遠征の現実的要素が強調されている。『古事記』の関心は九州に集中しているため、この段階でもオオクニヌシの服従を示す以上のことは望んでいないようである。一方、『日本書紀』は出雲に対してより寛大であり、さまざまな伝承の描き方も狭隘ではない。九州と皇統に十分な敬意を表しながら、同時にオオクニヌシが国作りによって得た偉大な地位と、オオクニヌシの神霊認識についても価値を認めている。故に『日本書紀』の記述のほうがオオクニヌシの実像により即したものとなっている。『日本書紀』によれば、遠征隊が出雲に到着した時、オオクニヌシは次のように述べた。

「『疑ふ、汝二《いましふたはしら》の神は、是吾《これあ》が処に来ませるに非ざるか。故、許さず』とのたまふ。是《ここ》に、経津主神《ふつぬしのかみ》、則ち還り昇りて報告《かへりまうし》す。時に高皇産霊尊《たかみむすひのみこと》、乃ち二《ふたはしら》の神を還し遣して、大己貴神《おほあなむちのかみ》に勅して曰はく、『今、汝が所言《まうすこと》を聞くに、深く其の理《ことわり》有り。故、更に条《をちをち》にして勅したまふ』（「あなた方二神は、私を問いただすために来たのか。許すことはできない」と。そこで経津主神は天に帰り昇って報告した。高皇産霊尊は二柱の神を再び遣わして、大己貴神（オオクニヌシ）に勅して言われるのに、「今あなたの言うことを聞くと、深く理にかなっている。そこで一つ一つ条件を申したい」）」◆21。これは、現代の外交家に対する神道の教えでもある。

この伝承の記述は、オオクニヌシが無礼な扱いを受け、無条件降伏を要求されたことを示唆している。

▼5　メーソンは遠征の物語における一貫性の観点から高御産巣日神《タカミムスビノカミ》と解釈しているが、ここで言及されているのは神産巣日神《カミムスビノカミ》である。神産巣日神は出雲との関係が深く、出雲系の神々を援助する祖神的存在でもある。『出雲風土記』では「神魂命」と表記される。

そのため、オオクニヌシの最初の返答は、即座に従うものではなかった。おそらく息子たちが国譲りに同意した後、オオクニヌシは降伏条件について話し合うことを主張したのだろう。『日本書紀』が詳述する条件は、オオクニヌシが統治権を放棄したにもかかわらず最高の栄誉をもって遇されたことを表しており、征服というよりむしろ同盟といえるものであった。オオクニヌシは宮居とともに稲田や船を与えられ、またタカミムスビノカミの娘、ミホツヒメ（三穂津姫）を妻に迎えた。さらには、従者としてアメノホヒノミコト（天穂日命）が仕えることになった。アメノホヒノミコトはスサノオの誓約《うけい》で生まれた第二子で、天照大神の養子となり、オオクニヌシを降伏させるために天から派遣された最初の使者である。

これらの条件は、進歩を推進させたオオクニヌシの創造的な功績を全面的に認めることを意味するものとして解釈しなければならない。九州による遠征は、出雲に決断を強いることに成功した。しかし神話は、オオクニヌシとその支持者を九州に従属させるという意味で領土を征服するのが目的ではなかったことを示している。オオクニヌシに対する策動の根本目的は統一の拡大に着手することであり、強制的併合は堅実な方法と見なされなかった。むしろ、オオクニヌシが全土の統合に向けて何らかの役割を果たすことを自発的に同意する状況をつくり出すことが意図されていた。オオクニヌシに個人的な意欲があったことは、息子たちに決断を委ねるという行動からも明らかである。だが、オオクニヌシは、新たな全体の一部として出雲に適切な敬意が払われることを望んでいた。これは、オオクニヌシの娘あるいは孫娘（子孫を意味する）が神武天皇に嫁いだことによって成就したようであり、この結婚は統一における政治的な要素を暗示する。『日本書紀』にはオオクニヌシ自身もタカミムスビノカミの娘と結婚し、神社がオオクニヌシのために建てられたと記されており、これは統一における精神的な要素を指している。

『日本書紀』が伝えるオオクニヌシに与えられた最高の栄誉は、タカミムスビノカミがオオクニヌシに述べた次の言葉に包括されている。「夫《そ》れ汝が治《しら》す顕露《あらは》の事は、是吾孫《すめみま》治すべし。汝は以て神事《かみのこと》を治すべし（あなたが治めている現世のことは、皇孫がいたしましょう。あなたは幽界の神事を受け持ってください）[22]」

ここに、出雲遠征の霊的な意味の神道的極致がある。オオクニヌシは以前に、自己の個性を神霊として認識した。また、自然界そのものの神霊も認識していた。オオクニヌシに神事を治めるよう任じたことで、天は、個性と結びついた神霊の普遍性をオオクニヌシが神性の究極的な理解として捉えたことを認めたのである。オオクニヌシの任務は、個性化しながらも普遍的全体を理解する地上の神霊に関わることであった。しかし、オオクニヌシが神事を治めることは、こうした神道の信条を人々に強いる権能があることを意味したのではない。なぜなら、天そのものがオオクニヌシにそれを強制することができなかったからである。普遍性と個性という神道の意味を自己の内で認識することは、自然発生的に起こらなければならない。

オオクニヌシを神事の統治者としたことは、自然界と自己の神性、および普遍的霊性を理解した最初の人間であることを称えるものである。そして、オオクニヌシが理解したことは、ほかのすべての人も同様に理解することができる。この意味での統治というのは、オオクニヌシが個人の霊性と、普遍的神霊の一体性に対する個人の責任を認識したことを人々が想起し、導きを受けることである。

タカミムスビノカミが個性と統合を一人格の中に体現する天上における神道の代表であるとすれば、オオクニヌシは同じ原理の地上における代表である。オオクニヌシのために建てられた神社〔出雲大社〕[6]は、この二重の意味を有する。それは個性的な努力と同時に、個々の存在が普遍的神霊の一部であることも象徴している。出雲大社は伊勢神宮とは異なる。伊勢神宮が天照大神を通じて、すべての個人とすべての力が結びついた全体性を象徴するのに対し、出雲大社は、地上において各個人は自己でありながら、その個性は普遍的全体性の中に融合していることを思い起こさせる場所である。伊勢神宮は普遍性を神霊の単一の表現、すなわち霊性の全体的な動きとして明らかにするが、出雲大社は個性という観念を表し、個人主義を堅持しながら、個人の普遍的な側面も包含している。天照大神において普遍性とは全体性を意味し、その全体性をいわば祖先として個性が生まれ出る。天上のタカミムスビノカミと地上のオオクニヌシは個性そのものを体現し、さらに個人間で個性を調和させる必要性の認識を示す。同時に、この二神は個性と神霊の普遍的全体性との関係も表現している。

オオクニヌシは普遍的全体である天照大神の優位性を承認したが、天がオオクニヌシに栄誉を与えていることは、個人の創造的活動がムスビの発展を続けていく必要性を天も同じように認めたことを意味する。このように神道は、神霊の二要素である普遍性と個性が調和すべきであるという認識を明らかにしている。出雲の伝承によれば、出雲大社の初代宮司となったのはアメノホヒノミコトである。アメノホヒノミコトは、今日まで代々出雲大社の宮司を務める千家《せんげ》一族の神話上の祖とされる。アメノホヒノミコトがオオクニヌシを征服する代わりにその神社の宮司となったことは、神道において天の神霊は絶対神のように人間を支配するものではないということの決定的な証となる。日本の非物質的な神々は伝統的に年に一度出雲大社を訪れ、神霊としての個性、自然、普遍性を最初に認識した出雲の首長の霊に敬意を表する。この会合で神々は結婚の縁結びをすると出雲の伝承は述べている。そうすることで、神々は結婚によって非物質性から人間の生命を生み出す自己創造的神霊を敬うのである。

出雲の政治的支配

アメノホヒノミコトは、『日本書紀』では出雲の豪族である出雲臣の祖とされているが、◆23『古事記』ではその息子のタケヒラトリノミコト（建比良鳥命）が出雲国造の祖とされている。◆24スサノオの誓約《うけい》で生まれたアメノホヒノミコトは、天照大神が自らの子と主張したため、タケヒラトリノミコトはその孫となった。故に、神話はオオクニヌシが隠退した後、天照大神の子か孫が出雲の支配者の祖となり、また別の孫であるニニギノミコトが九州の支配者となったことを示そうとしているように思われる。ここには、天照大神という共通の祖先による統合が暗示されている。それが後に政治的統一へと発展していくのである。同時に、出雲の支配者たちはアメノホヒノミコトを通じて出雲大社と関係を持っていたことから、オオクニヌシの霊は出雲の国事に重要な影響を与え続けた。

その後、崇神天皇の治世（伝説上の年代は紀元前一世紀）▼7の頃まで、出雲は日本のほかの地方と緩やかに結びつきながらも広範な自治権を維持し続けていた。『日本書紀』によれば、崇神天皇は出雲大神《いずものおおかみ》の宮に天から持ち来った神宝が保管されていると聞き、使者を派遣して取り寄せた。それはおそらく国の神器ではなく地方の神器であろう。というのも、国の神器は崇神天皇が保管しており、それを自ら奉遷したことが神道復興の発端となったからである。

出雲大神の宮の管理者は九州に行って不在だったため、その弟が天皇の使者の命令で神宝を差し出した。しかし、戻ってきてそれを知った兄は弟を殺害した。これは、出雲が依然としてある程度独立していると

▼6 『日本書紀』には「天日《あめのひ》隅宮《すみのみや》」と記され、近代以前には主に杵築《きつき》大社と呼ばれたが、一八七一（明治四）年に出雲大社と改称された。

▼7 古代天皇の年代は明確ではなく、崇神天皇の在位時期も諸説ある。メーソンが参照したW・E・グリフィス『ミカドの帝国（*The Mikado's Empire*）』（一八七六年）などは紀元前九七－紀元後三〇年としているが、現代の通説では西暦三－四世紀とされている。

考えられていたことを示す。そこで崇神天皇は二人の臣下を遣わし、今度は兄を殺させた。『日本書紀』は次のように付記している。「故、出雲臣等、是の事に畏《おそ》りて、大神を祭らずして間《しまし》有り（そのため、出雲臣らはこのことを恐れて、しばらく出雲大神を祀らずにいた）」[25]。この伝承から察するに、オオクニヌシの個性的で独立的な精神は出雲で広く影響を及ぼし続けていたようである。一方、崇神天皇の厳しい措置は、協調性を犠牲にしてまでも個人主義が過剰になる傾向が繰り返されることを抑制した。

　このように、神霊の普遍性の観念がいかに強く感じられようとも、創造的活動が旺盛な時には個性的な原動力が人間の自覚意識に現れ出るのである。オオクニヌシを祀る出雲大社は、個人が自己の内に感じる神霊の普遍的一体性を象徴しながらも、神道の根本としての個人的活動を何よりも強調している。従って、日本が最終的に統合されるためには、普遍的神性を天上で体現する天照大神に直接関係し、また大神によって特別に認められた祖先の人格を通じて、統一の原動力がさらに明確化される必要があった。

第十一章　霊的祖先

オオクニヌシ（大国主）が天の優位性を承認したという報告を受け、天照大神《アマテラスオオミカミ》とタカギノカミ（高木神）は再びアメノオシホミミノミコト（天忍穂耳命）に、葦原中国《あしはらのなかつくに》へ降りて統治するよう命じたと『古事記』は伝えている。しかし、アメノオシホミミノミコトは今回も辞退し、代わりに自分の息子を遣わすことを求め、提案は受け入れられた。息子の名は、アメニキシクニニキシアマツヒコヒコホノニニギノミコト（天邇岐志国邇岐志天津日高日子番能邇邇芸命、略称・ニニギノミコト）という。『古事記』によれば、ニニギノミコトの母はヨロヅハタトヨアキヅシヒメノミコト（万幡豊秋津師比売命）で、タカギノカミの娘である。

時系列の錯綜

この息子の名は、豊富な稲作、あるいは天から地へ肥沃さがもたらされたことを意味する。母の名の中にハタ（幡（機））とトヨ（豊）があるのは、女性が操った絹織機、つまり比較的高度な文化を想起させる。時代の進展に重点が置かれることは、伝承で後にニニギノミコトの従者が言及される時にも繰り返され、あたかも九州はオオクニヌシの下での出雲の発展に後れを取っていなかったことを示しているかのようである。だが、ニニギノミコトが高天原から九州に到着した後、神話は九州の住民の原始的な生活状況を明らかにしていく。

神話は九州での出来事を物語る際、時系列に沿った展開をしていない。それは、神話がニニギノミコトの人格を介して相異なる伝承を表現しているからだと思われる。ある伝承は、オオクニヌシが出雲の統治を譲り渡した当時、九州の文化は出雲に匹敵するほど高度だったことを表す。別の伝承は、出雲におけるオオクニヌシの進歩の時代のはるか以前に始まる九州の発展過程についてニニギノミコトを通じてたどっている。その他の伝承も同様に、天孫の人格に関係している。

太古の日本の開拓者たちが出雲と九州のどちらへ先に居住したにせよ、両地域の発展に長い時代的な隔たりがあったとは考えにくい。出雲がオオクニヌシの下で躍進を遂げる一方で九州が未開の状態に留まっていたとも信じ難い。もしオオクニヌシの個性に対抗する統一の試みが九州から起こった動きだとすれば、九州族は原始的状態よりもはるかに進歩していたはずである。逆に、九州族がオオクニヌシの統一の承認に何ら役割を果たしていなかったとすれば、歴史的に考えて、なぜ九州が神代から上古にかけて支配的部族の居住地の中心となり得たのかを理解することは不可能である。もし出雲だけが先進的であったならば、出雲の支配者たちは九州に由来する支配者たちの優位性を認める代わりに、自分たちが日本を支配し続けたはずだろう。

ニニギノミコトが降臨しようとしていた当時の九州の高度な文化と、降臨後のより低水準な文化という神話の描写における表面上の混乱は、ニニギノミコトが九州の神話的歴史において二つの異なる時代を体現しているとすれば、自ずと解明される。すなわち、高度な文化はオオクニヌシが出雲の統治を退いた頃であり、原始的な文化は海外からの最初期の冒険者たちが九州に上陸した頃にさかのぼる。

さらにニニギノミコトは、地上における精神的および政治的な統一という神道の観念を一人格中に象徴している。この二つの調和は明らかに九州で始まった。というのも、日本の天皇が国の最果てにまで及ぶ統治を開始したのが九州だからである。この点において、九州への降臨は、神話がニニギノミコトの行跡を記録する主目的であると理解する必要がある。もし神話が、ニニギノミコトが天降《あまくだ》った時に随行した従者たちの表す水準を基点に九州の発達史を書き継いでいたとすれば、九州における天の祖先を日本の起源にまでさかのぼることはできなかったはずである。おそらく九州が原初の日本への移住者たちによって開拓されるずっと後の、出雲のオオクニヌシに対する遠征以降から始まることになっていただろう。それならば、これらの開拓者たち、あるいは天孫降臨以前に神道の発展に役割を果たした諸伝承はどうなったのだろうか。もしオオクニヌシの出雲文明の時代以降まではいかなる意味においても統一の思想が起こらなかったとすれば、それらは神道の統一の原理から除外されなければならないのだろうか。

神話は、ニニギノミコトが天を発った後、九州における太古の歴史をたどっていくことによって、この難問を克服したように思われる。あたかもニニギノミコトが天から降臨すると九州の原始時代に戻り、物語が新たに始まったかのようである。この方法によって、原初的な日本の開拓から九州の歴史全体が統一の動きに含まれる。そのため、神話の作者たちの心中には、この点で何ら混乱はなかったのである。彼らは九州の異なる時代を示すために、ニニギノミコトの人格を用いた。つまり、ニニギノミコトの降臨時、統一の動きが実際に始まる段階に達していた進歩発展の時代と、ニニギノミコトの降臨後、統一の観念がおぼろげに感じられながらも国土の拡大がなされるまでは展開することのできなかった原始時代である。ただ、ニニギノミコトが天を出発した際の進んだ時代が先に記され、九州に到着した後に原始的時代が描かれるため、一見混乱が生じている。しかし、この方法は自然なものである。なぜなら、神話ではまずオオクニヌシが天の統一の原理を承認するところまで統治を担うことによって出雲を発展させ、次に九州に物語を転じてその原始的な始まりに戻り、その後九州の発達を神代から上古へと進め、全国を統一していくからである。

天上の祖父母

神話はなぜ、アメノオシホミミノミコトが天から九州に降臨する日本の最初の支配者として選ばれたことに触れた後、ニニギノミコトに変更したのだろうか。この交代には明確な理由があるはずである。前者はスサノオ（須佐之男）の誓約《うけい》で生まれた第一子であり、天照大神の養子となってからは天《あま》つ日《ひ》嗣《つぎ》と称された。◆1 しかし、その名〔正勝吾勝勝速日天之忍穂耳命〕は勝〔conquest、征服〕を強調しているが、神道は天から発したものが地上を服従させるという征服の観念を否定する。

出雲は天の軍勢によってではなく、イツノオハバリノカミ（伊都之尾羽張神）が組織した遠征隊によって平定されたのである。とはいえ、天つ日嗣が統一のために国土の統治者として選ばれたのは自然なことであろう。神話は、天つ日嗣という地位に敬意を表して最初の申し出を受けさせ、その後、征服を意味する名前と、出雲の首長であるスサノオとの結びつきのためにその申し出を断らせたのかもしれない。スサノオが誓約で天照大神に勝ったとする『日本書紀』の複数の記述は、その時に生まれた天つ日嗣が実際にはスサノオの子であると広く信じられていたことを表しているのだろう。ニニギノミコトではなく天つ日嗣が九州に降臨した場合、こうした不透明さは天照大神と国土の統一を関連づける上で不都合だったとも解釈できる。

天照大神の孫であるニニギノミコトの場合には、このような混乱は生じなかった。なぜなら、親子関係の問題がそれほど直接的に浮かび上がってこないからである。伝承で天照大神がニニギノミコトの祖母と明白に考えられているのは、父が天照大神の養子であったからだけではなく、祖父が天上で常に天照大神と行動を共にするタカギノカミ、すなわちタカミムスビノカミ（高御産巣日神）だったからである。

豊作を強調するニニギノミコトの名は、地上に降り注ぐ平和の祝福を表すといえるだろう。それは統一の継続的発展のために、征服よりも前向きな刺激となる。太陽である天照大神は、子孫が地上を統治する時、恵み深い姿となって輝く光を送る。しかし、神話にそうした観念があるのと同時に、天照大神は太陽よりはるか以上のものでもある。天照大神は神道の霊的、物質的、政治的な側面で統一の意味を体現する中心的存在である。ニニギノミコトは神話において、こうした普遍性の意味を天から地へともたらす。さらに、エネルギーの源である太陽は、ニニギノミコトに地上における神霊の進歩的活動の普遍化された力を代表する特性を与えている。

しかし、統一は地上の発展に不可欠であるが、多様な努力も要する。天照大神の象徴する調和は、それ自体が完全な統合体として存在する。神道にとって天照大神は、万物の一体化を表す。だが、神霊はあらゆる物質的な活動の中心を包含し、オオクニヌシが理解していたように自己の個性を尊重しなければならない。物質的形態をとった神霊は自己創造的かつ自己発展的であり、協調した行動だけでなく個々の試みや経験による進歩を求める。もし神霊が地上における活動の拡充を望むならば、個人主義を無視することはできない。

この事実を太古の神道を形づくった人々が把握していたことは、生命に対する彼らの潜在意識的理解の深さを示す驚くべき証である。なぜなら、彼らは神話においてニニギノミコトの天の祖父がタカミムスビノカミであるとの伝承を述べており、タカミムスビノカミは個人の心の発達、創造的活動、自己成長のムスビの精神に加えて、統合あるいは協調的行動の力も象徴するからである。

そのため、ニニギノミコトは天照大神の完全な一体性という観念だけでなく、個性化され、同じ目的のために協調する創造的努力というタカミムスビノカミの原理も体現しているのである。

すめらみこと

日本の歴代天皇は、ニニギノミコトを通じて天照大神の子孫とされているため、日本において皇位と神道の統一は同じものである。神話時代に続く最初の統治者である神武天皇は、その治世の始めに「すめらみこと」と称されたと『日本書紀』は記している。チェンバレンはすめらみことを純粋に日本的な言葉と定義し、アーネスト・サトウによる“Sovran Augustness（威厳ある大君）”という訳語の提案を引用している。[2] しかし、そのような意味の解釈は、この称号が包含する深遠な神道的概念を理解していないことを示す。アストンは、「スメラ」は「一つの全体としてまとめる」を指す「スベル（統べる）」に由来すると指摘している。[3]「ミコト」はカミと同じ意味で、神聖な存在もしくは天に祖先を有するものである。従って、すめらみことは“Divine Being Who Unites As One（一つに統合する神聖な存在）”を意味する。すめらみことは日本の帝の真の神道的称号であるが、日本人はそれを「テンノウ（天皇）」と言う。天皇は中国語で、起源も意味も日本的ではない。

すめらみことは、天皇とはどのような存在であるかを示す神道の独特な概念である。神道において国民は個々のカミもしくはミコトであるが、天皇は地上において全体をまとめるカミもしくはミコトである。天皇は個々の人間を統合するだけでなく、国土とそのすべての物質および生命体を一つの広大な神道的精神の意味において統合するものであり、その中には国家の統治も含まれる。この統合は極めて完全であり、天皇に関する限り分割というものはない。天皇はすべてを統一する。日本において天皇は生ける分割不可能性のカミである。神道によれば、個々の存在は統一があるからこそ成り立つのであり、現代の生物学も同様に考えている。[1] なぜなら、個人はほかの個人や自然との協調を通じてのみ生き続けられるからである。孤立状態のままでは、個人は死んでしまう。ニニギノミコトはこの神道原理を九州にもたらし、そこから全日本へと拡大した。九州がもし天と地の神話上の境界であるとすれば、ニニギノミコトが地上の政治的統一を始めるためにそこへ降臨したことは、そのような象徴的意味に沿う。しかし、日本のほかの地域が支配的部族の本拠地であったならば、伝承には九州の代わりにその地域が統一の出発地として記されていただろう。国家的統一と精神的統一が同じであるという概念を発展させたのは、人間の形態をとった神霊である。そして、その結果としての実際的な動きを担ったのは九州族であるため、神話が九州びいきとなるのは自然なことである。

降臨を遮る者

ニニギノミコトが降臨しようとした時、『古事記』によると天《あめ》の八衢《やちまた》[2]に不思議な光が出現した。『日本書紀』は、その光を次のような人物として描写している。「其の鼻の長さ七咫《あた》、背《そびら》の長さ七尺《さか》余り。当《まさ》に七尋《ひろ》と言ふべし。且口尻明《またくちわきあか》り耀《て》れり。眼は八咫鏡《やたのかがみ》の如くして、絶然《てりかかやけること》　赤酸醤《あかかがち》に似れり（その鼻の長さは七咫、背の高さは七尺余り、まさに七尋というべきであろう。また口の端が明るく光っている。目は八咫鏡のように照り輝いて、赤いホオズキのようである）」[4]

▼1　異種類の生物が相互に助け合ったり支え合ったりしながら生きる共生（symbiosis）によって自然界の調和が保たれていることを指すと思われる。

▼2　天から降りる途中にある、八方に通じる分かれ道のこと。

赤酸醤《あかかがち》は、『古事記』でスサノオが大蛇を退治した物語でも、大蛇の目の説明で同様に用いられている。この光り輝く人物の姿は、出雲の大蛇の奇抜な描写を控えめな形で彷彿とさせる。しかし、出雲において大蛇は恐ろしい目的を持っていた。それに比べて『古事記』は九州をずっと平和的に描いている。光り輝く人物は物語の中で、ヒヒか、その他の猿類の仲間にたとえられている。子どもならば、動物園で見た猿の姿を同じように書くかもしれない。実際、『古事記』はこの突然現れた人物をサルタビコノカミ（猿田毘古神）と呼んでいる。伝承の意図は、毛深い先住民が海を越えてきた移住者たちにどのように見えたかを風刺画的に示すことにあるようだ。そのためサルタビコノカミは、不思議な船で突然やって来た別世界人のような新しい開拓者たちを歓迎する友好的な先住民を体現しているように思われる。

だが、見知らぬ地へ上陸した開拓者たちは、先住民の素性が明らかになるまでは疑いを持つものである。そのため、天による尋問が必要であった。天照大神とタカギノカミは、アメノウズメノミコト（天宇受売命）に次のように述べたと『古事記』にある。「汝は手弱女《たわやめ》にはあれども、い対《むか》ふ神と面勝《おもか》つ神なり。故、専《もは》ら汝往きて問はむ（あなたはたおやかな女ではあるが、相対する神に面しても気後れしない神である。だから、あなたが行って尋ねてみなさい）◆5」。これは以前に神話の中でアメノウズメノミコトが天照大神を洞窟から誘い出すのに成功したことを指している。この茶目っ気のある神とサルタビコノカミの結びつきは、あたかも遠征隊が自分たちの「猿」をもって新天地の先住民を表す猿に対決させたかのように、伝承に滑稽味を醸し出している。

アメノウズメノミコトは、天照大神が洞窟に隠れた時に天の神々の前で行ったように、サルタビコノカミの前で体を露わにした。人前ではしたない振る舞いに驚いたサルタビコノカミは、アメノウズメノミコトの不謹慎をとがめ、自分は天孫を出迎え、道案内をするために来たのだと言った。この物語は、太古の時代、海外からの移住者が同盟のために先住民の族長に女性を差し出し、結婚させたことを連想させる。

サルタビコノカミがアメノウズメノミコトの行為を諌《いさ》めたのは、結婚前に体をさらす習慣が禁じられていたことを示しているのかもしれない。この二神は、サルタビコノカミが道案内の役目を果たした後に結婚した。

こうしてニニギノミコトの降臨の道は開かれ、出発の手はずは整った。『古事記』によると、ニニギノミコトには、アメノウズメノミコトのほかにアメノコヤネノミコト（天児屋命）、フトダマノミコト（布刀玉命）、イシコリドメノミコト（伊斯許理度売命）、タマノオヤノミコト（玉祖命）、オモイカネノカミ（思金神）、アメノタヂカラオノカミ（天手力男神）、アメノイワトワケノカミ（天石門別神）が付き従った。平田篤胤は、アメノイワトワケノカミはアメノタヂカラオノカミの別名だと指摘している。◆6

これらの神々は、いずれも天照大神が天《あめ》の石屋戸《いわやと》に身を隠した際、『古事記』に登場している。神々の名がここで繰り返されているのは、スサノオの降臨によって出雲の開拓の発展が初めて記録される契機となった洞窟のエピソードまで伝承がさかのぼっていることを表しているように思われる。神話はニニギノミコトの従者を現在の文脈に用いることで、出雲の発展が九州における進歩の開始よりも先に起こったのではないことをほのめかしているかのようである。すなわち、スサノオが天を去って出雲を統治することになった物語に現れる天の神々が、ニニギノミコトが九州を統治するために降臨する際にも立ち会っている。九州の重要性を強調しようとする神話は、発見と発展の優先権を出雲に与えることを望まないのである。実際、後段では、九州の開拓がスサノオの鉄剣が出雲で作られた時代より前に始まっていた可能性を示唆している。

神道における統一の観念は、九州から始まったことがここでは示されている。というのも、前記のアメノコヤネノミコトとフトダマノミコトは、中臣氏と忌部氏の祖だと『古事記』は述べているからである。中臣氏と忌部氏は代々神道の祭祀を司る氏族であり、伝承が九州を神道祭祀の発展の中心地としていることは明白である。『日本書紀』は、天照大神が遠征隊に「斎庭《ゆにわ》の穂」を与えたと記すことで、この要素を強調している。◆7 斎庭の穂という表現は、明らかに神道の儀式用の米を指している。『古事記』は降臨に際してトヨウケノカミ〔登由宇気神〕に言及しているが、この神がニニギノミコトに付き従ったかどうかは伝えていない。しかし、トヨウケ〔豊受〕という語は、『日本書紀』の斎庭の穂と同じ伝承を指しているのかもしれない。ニニギノミコトは、自分のために平定された出雲ではなく、九州に降臨した。もし神話が出雲平定の前に九州へ渡来した太古の開拓者たちと降臨を一部混同しているとすれば、遠征に随行した神のいずれかが神話で後になって天上の場面に登場しても、天孫が極めて早い時代に現れても問題ではない。神話が堅持するのは根本的意義であり、時系列の一貫性ではない。基本的な考えは、地上の統治を天与のものとする神道の観念が、出雲で個性的活動のムスビの原理が発展したのと少なくとも同じ頃、あるいはそれよりも早く九州で始まったことを示したいという願望であるように思われる。

天来の民主主義

『古事記』はニニギノミコトの従者の中にオモイカネノカミがいたことを記しているが、これは地上の統治に民主主義の原則を制定しようとする天の意図を表している。オモイカネノカミが遠征に加わるよう任命された時、天照大神とタカギノカミは共同の権威に基づいてこのように宣言したと『古事記』にある。「思金神は、前の事を取り持ちて、政《まつりごと》せよ〔思金神はこのことを身に引き受けて、政事《まつりごと》をしなさい〕」。◆8 こうして思慮の包括〔思兼《オモイカネ》〕が、統一された日本の政治体制の基礎となることが正式に命じられた。この原則に従うことが天の神の神聖な指令であった。

オモイカネノカミは、これまでにも『古事記』において天の神々の民主的会合に何度か登場している。

この神は天上の討議での一般的意見を述べる天の代弁者であり、独断的な決定を下すような描写は見られない。天上で重大な問題を決める必要がある時、オモイカネノカミは必ずすべての神々の話し合いに関わっている。犯罪的暴力の主張が抑制される限り（神話にはそのような抑制が天に存在することが示されている）、言論の自由が許された天の諸神の会合で公然と表明されるあらゆる思いを取りまとめるというのがオモイカネノカミの名の意味であることは疑いの余地がない。従って神道の定める統治形態は、独裁や寡頭制、あるいは絶対主義のいかなる形態でもなく、カミの民主主義（Kami Democracy）である。神話は、天照大神の天上の統治が地上の行政の理想であるべきことを明確に示している。それは、天が最初の地上の統治者としたニニギノミコトの行政者としてオモイカネノカミを任命したことにも表れている。

『古事記』が前に記したように、オモイカネノカミはタカミムスビノカミの子である。タカミムスビノカミの代表的特性である自己創造的活動の原動力が、子の民主的な性格を高めている。父から自己決定と自己努力のムスビの精神を受け継いだオモイカネノカミは、神道における民主主義の神と呼ぶことができる。カミの民主主義を侵すことは、すべての人間はカミもしくはミコトであるという神道の信条を否定することである。それはまた、天照大神がオモイカネノカミを通じてニニギノミコトに託した政治形態をおろそかにすることを意味する。

『日本書紀』によれば、ニニギノミコトの従者には、作笠者《かさぬい》（笠作り）、作盾者《たてぬい》（盾作り）、作金者《かなだくみ》（鍛冶）、作木綿《ゆふ》者《つくり》（布作り）、作玉者《たますり》（玉作り）がいた。◆9 これらはオオクニヌシが国を譲った当時の出雲の文化に匹敵する高度な文化が九州にあったことを伝えている。しかし、ニニギノミコト降臨後の九州の原始的な状況の描写とはやはり一致しない。

天孫降臨がスサノオの出雲における初期の時代と何らかの関連性を持っていることは、ニニギノミコトが天を出発する際に授けられた三種の神器に関する『古事記』の記述でさらに示唆されているように思われる。神器とは、鏡〔八尺鏡《やたかがみ》〕、勾玉〔八尺勾玉《やさかのまがたま》〕、剣〔草薙剣《くさなぎのつるぎ》〕である。『古事記』によれば、鏡と勾玉は天照大神を洞窟から誘い出すのに用いられ、剣はスサノオが出雲で大蛇の尾の中から見つけた武器である。天照大神による天の統治の始まりと、海を渡ってきた開拓者たちが出雲に定住した始まりに密接な関係のあるこれらの神器は、出雲の開拓時代よりも早い九州への天孫降臨（あるいは海外からの九州への移住の開始）に関わる極めて古い伝承と結びついているのかもしれない。ニニギノミコトの原始的な九州への降臨は、そのような伝承をほのめかしている。

ニニギノミコトは鏡を受け取った時、次のように命じられたと『古事記』にある。「これの鏡は、専《もは》ら我が御魂《みたま》として、吾が前を拝《いつ》くが如《ごと》拝き奉《まつ》れ（この鏡は、私の御魂として、私を拝するように仕え祀りなさい）[10]」。『日本書紀』には「吾が児《こ》、此の宝 鏡《たからのかがみ》を視《み》まさむこと、当《まさ》に吾を視るがごとくすべし。与《とも》に床を同じくし殿《おほとの》を共《ひとつ》にして、斎 鏡《いはひのかがみ》とすべし（わが子よ、この宝鏡を見る時には、ちょうど私を見るようにしなさい。共に床を同じくし、殿を一つにして、祀る鏡としなさい）」とある。[11]『日本書紀』では、この言葉は天照大神のみに帰され、またニニギノミコトの父に向けて述べられている。父の妻が天から地へ降ろうとした際、「虚天（大空）」でニニギノミコトが生まれたため、統治権は子に移った。そしてニニギノミコトは「服御之物《みそつもの》」[12]、つまりその身に属する神器を授かった。

一方、『古事記』の降臨の記述では、この発言が誰によるものかは直接触れていないが、前後関係から天照大神と、常にその同伴者であるタカギノカミが共に述べたものと思われる。この直後、『古事記』は二柱の神が五十鈴の宮、すなわち伊勢の内宮に祀られていると記している。しかし、伊勢神宮の創建はずっと後代であるため、これは神話に後から付け加えられたに違いない。とはいえこの記述は、神代に続く時代において天照大神とタカギノカミが、あたかも天の霊的統合と自己創造のムスビの原動力が永久に調和するかのように一つに結びついたものと見なされていたことを表している。だが、やがて伊勢の内宮は主として天照大神を通じた統一の観念と関連づけられるようになり、ムスビの原理は、神道では天照大神と強く結びついていたにもかかわらず、その意味を失ったか、天照大神自身の人格中に包含されたと考えられるようになった。そのため、今では出雲大社が個人の努力という観点で神道における自己創造のムスビの原動力を代表するものと解されるようになったのである。

ニニギノミコトに授けられた鏡は、各個人が普遍的神霊の一部であることを美しく象徴している。なぜなら、鏡は個人の顔の中に自分の姿だけではなく、天の言葉によれば、天照大神の面影も映し出すからである。個人におけるムスビの神の人格、すなわち自己の創造的努力はこうして神聖な全体性と一つになる。あらゆる聖典の中で、このようなことを表象する神道の鏡ほど心を鼓舞する神器を見いだすことはできない。すべての人間は神霊であり、個別化されながらも天の祖先を通じて宇宙の万物と一体化しているという鏡の暗示以上に厳粛な霊的意義はないだろう。神道の鏡を崇めることとは、自己の神性と共に普遍的神霊を尊ぶことであり、また個人の本源である霊的な天の故郷を畏敬することでもある。

勾玉は女性の審美力を表し、同様に母なる神としての女性も象徴する。なぜなら、天照大神はスサノオに男子を生ませたのは自分の勾玉だと宣言していたからである。従って勾玉は、審美性の生ける源泉であり、生命を与える母であるという女性の二つの主要な役割を示す。また勾玉は神道においては、女性が初めにこの世に生み出し、そして育む男性の魂あるいは霊的自己も表している。

剣には多くの意味がある。それが象徴するのは、出雲で鍛刀術が発見された時のような人間の創造的進歩の拡大であり、スサノオが大蛇を退治した時のような残虐行為に対する防御であり、ニニギノミコトが九州への降臨に際して出雲の剣を受け取った時のような統一である。さらに、イザナミ（伊邪那美）を死なせた火の子をイザナギ（伊邪那岐）が絶命させた時のような精神的打撃の克服や、天照大神が女子の誕生はスサノオの剣によると主張した時のような雄々しさを表し、武力で威嚇した遠征隊がオオクニヌシの第二子の反対を打ち破った時のような協調行動の力、オオクニヌシがスサノオの剣を用いて凶悪な八十神《やそがみ》を征伐した時のような正義の象徴でもある。

最後の別れ

天照大神がニニギノミコトに述べた最後の告別の言葉は、『日本書紀』にこう記されている。「葦原《あしはら》の千《ち》五百秋《いほあき》の瑞穂《みつほ》の国は、是、吾が子孫《うみのこ》の王《きみ》たるべき地《くに》なり。爾皇孫《いましすめみま》、就《い》でまして治《しら》せ。行矣《さきくませ》（葦原の五百秋の瑞穂の国は、わが子孫が君主となるべき国である。皇孫のあなたが行って治めなさい。さあ、出発しなさい）」◆[13]。天照大神のこの厳粛な神勅は、全能者の命令という形ではなく、希望や願いを表現するものである。しかし、天照大神がこの時に表明した日本にとって極めて重要な願望は、皇統が連綿と続くものであることを統一された天の神霊の子孫として永久に認識するよう命じる力を持っているといえる。この天照大神の指令は、日本人が絶えず敬虔の念を持って守ってきたため、国土の一体性は歴代天皇の皇統を通じて今日まで継続している。神道はこのように日本を王朝間の対立から解放し、すべての日本人が天皇を家長とする一つの家族であるという意味を帯びる協力的行動への推進力をもたらした。また神道は日本人に、すべての国土および人間、自然界を天祖の中に包括する普遍的神霊という観念を与えている。

さて、ニニギノミコトは天の浮橋に立ち、九州に降臨した。天の浮橋は出雲にもオオクニヌシの隠退にも関係していない。この事実は、伝承が実は九州の原初の発展の時代に戻っており、出雲が降伏した時点から開拓の歴史を説き始めているのではないことをさらに裏付けている。

天の浮橋は、天と地の直接的なつながりを示唆し、両者は不可分であるという神道の意味を反映している。天と地を結ぶ橋の観念は、すべての神社の境内の入り口にある鳥居の意味にも通じるかもしれない。鳥居の起源は定かではないが、その形状は橋の支柱と同じである。この意味で、鳥居は天の浮橋の地上における支柱であり、それによって神社は象徴的に天の神との連続的なつながりを維持している。

『古事記』によれば、ニニギノミコトは高千穂のくじふる嶺《たけ》に天降《あまくだ》った。[14]『日本書紀』にも、高千穂へ降りたとある。[15]チェンバレンは、この嶺の正確な位置は不明であり、現在の高千穂峰とする説もあれば、霧島山という説もあるが、[3]一般的に後者のほうが有力であると指摘する。[16]いずれの場合も、降臨したのは九州南部だったことになる。ところが、『古事記』はそのすぐ後に、この遠征を反対側の九州北部として描いている。[4]こうした急な場所の変更について、『古事記』はあたかもそれが全く自然で説明を要しないかのように、何の理由も示していない。

ニニギノミコトが高千穂に到達したとまず述べた直後に、『古事記』は次の文を加えている。

「故ここに天忍日命《あめのおしひの》、天津《あまつ》久米命《くめの》の二人、天の石靫《いはゆぎ》を取り負ひ、頭椎《くぶつち》の大刀《たち》を取り佩《は》き、天の波士《はじ》弓を取り持ち、天の真鹿児《まかこ》矢を手挟み、御前《みさき》に立ちて仕え奉りき。故、その天忍日命、こは大伴連等の祖。天津久米命、こは久米直等の祖なり。ここに詔りたまひしく、『此地《ここ》は韓国《からくに》に向ひ、笠沙《かささ》の御前《みさき》を真来《まき》通りて、

▼3　天孫降臨の地にはさまざまな説があり、現在は宮崎県北部の西臼杵郡高千穂町と、宮崎県南西部と鹿児島県の境にある霧島連山の高千穂峰の二カ所を比定地とするのが主流である。

▼4　本章の訳註5参照。

朝日の直刺《たださ》す国、夕日の日照る国なり。故、此地は甚吉《いとよ》き地《ところ》』と詔りたまひて、底つ石根に宮柱ふとしり、高天の原に氷椽《ひぎ》たかしりて坐《ま》しき（その時に、天忍日命と天津久米命の二人が、堅固な靫《ゆぎ》を負い、柄頭《つかがしら》の太い大刀を佩き、天の波士弓を持ち、天の真鹿児矢を手挟んで、先頭に立ってお仕えした。その天忍日命は大伴連らの祖、天津久米命は久米直らの祖である。そこで〔ニニギノミコトは〕、「この地は、韓国《からくに》に向かっていて、笠沙の岬にも道がまっすぐ通り、朝日や夕日が照り輝く国だ。だから、ここは大変よいところだ」とおっしゃって、地の底深く太い宮柱を立て、天空高く千木《ちぎ》を上げて宮をつくり、そこにお住まいになった）」◆[17]

『日本書紀』にもこの二柱の神（二柱目は天槵津大来目《アメクシツノオオクメ》というやや異なる名前）が同じような武器を携え、ニニギノミコトの先払いとして、天の浮橋の到着地点から笠狭《かささ》の御碕《みさき》まで「国覓《ま》ぎ（よい国を求めて）」護衛したと記されている。◆[18]

チェンバレンは、「底つ石根に宮柱ふとしり」というのは、ニニギノミコトが自ら宮を建てたことを意味すると説いている。◆[19] このような言葉遣いは神道の伝承で極めて古く、スサノオがオオクニヌシに与えた最後の命令や、オオクニヌシが統治権を譲渡する条件の一つとして同様に用いられている。この表現は、実際には宮や家屋に関連して使われているが、おそらく鳥居が天の浮橋の支柱であるという原初的発想の礎を成すものであろう。というのも、太古の時代には、日本人の宮や家屋そのものが神社だったからである。

二つの降臨地

九州南部の天の浮橋の降臨地と、九州北部の「韓国《からくに》に向ひ」のニニギノミコトの降臨地は矛盾しているわけではない。『日本書紀』には、ニニギノミコトが「浮渚在平地《うきじまりたひら》」に立ち、「海浜に遊幸《いでま》して」と記されているが、これは、よい国を求めて開拓者の遠征隊が海岸に到着したのであり、天から山の上に降り立ったのではないと思われる。[20]

しかし、九州における二つの到着地は、精神的と物質的の二つの意味を必然的に表している。それは、神道の伝承で天そのものに二つの意味があるのと同じである。すなわち、万物の本源である非物質的な神霊の天と、日本に渡来して国を作った太古の開拓的移住者たちの海外における本来の故郷としての天である。

ニニギノミコトを地上に至らせた天の浮橋は、天の神霊の非物質性が物質的生命へと展開するという精神的観念を指す。天の浮橋とは、神霊の「出現の道」を表すものである。神霊は自己を人間の生命として創造し、普遍的なものが個別の存在になりながらも、自らの祖先が天の一体性の中にあることを認識している。ニニギノミコトが生まれたのは天と地の間の「虚天」で、母親が天降《あまくだ》る途中であった（おそらく引き返したのであろう）という『日本書紀』の伝承は、非物質から物質への変化は突然ではなく漸進的に起こることを示唆している。

ニニギノミコトが地上に降り立つとすぐに、神話は山の頂上に天の浮橋を残して、その霊的象徴性から離れる。そして極めて原始的な現実性に転じ、朝鮮からの初期の航海者たちが九州の北部または北西部の沿岸地域に定住し、徐々に勢力を拡大していったという複雑な伝承の中心的人物にニニギノミコトを据えている。九州南部への霊的な「降臨」から、九州の反対側、韓国に向かっている笠沙の岬付近の現実的到着へと突然飛躍する神話の真の意味は、このようなものであると思われる。

チェンバレンは、笠沙《かささ》の語源は不詳だが、『日本書紀』にある別名はナガサで、平田篤胤はそれがナガサキを表すと考えていると指摘する。[21]『日本書紀』の四通りの伝承によれば、ニニギノミコトが九州に至った時、笠狭の国主が歓迎し、自分の国を奉った。その国主の名はコトカツクニカツナガサ（事勝国勝長狭）である。[22]ナガサが国主の名に用いられていることは、平田の説を裏付けているように思われる。そのため、国土の統一を始めた九州の優勢な部族の最初の居住地はナガサキ付近であった可能性もある。[5]『日本書紀』には、コトカツクニカツナガサはイザナギの子とあり、極めて早い時期の開拓を再び暗示している。[23]

ニニギノミコトは、神話において四つの概念を表している。

第一に、天の統治を地上にもたらしたニニギノミコトは、地上の存在と天を統合するという神道思想の生ける体現者となった。そして、そのより包括的な統一の原理は天照大神の人格に内包されている。従って、日本の歴代天皇は、皇統の祖であるニニギノミコトを通じて天の統一者である天照大神の子孫であり、自らの神道的人格によって国家の統合を保っているのである。

第二に、ニニギノミコトは天の非物質的な霊が地上の存在として出現すること、すなわち非物質的な神性から生ける物質が誕生することを象徴する。この特性において、ニニギノミコトは普遍的な祖先を保持する一方で、個性的なムスビの精神を天の祖父であるタカミムスビノカミから受け継いでいることを示している。

第三に、ニニギノミコトはその多様な従者を通じて、九州の文化水準がオオクニヌシの隠退当時の出雲に匹敵し、また九州の草創期もスサノオの時代にさかのぼる出雲の文化と同等であったことを際立たせている。こうした描写から、日本統一の動きが始まった九州は、神話の中で神霊の個性が強調されてきた出雲に対して、いかなる時も文化的に劣っていなかったことが分かる。

第四に、天孫降臨後の九州発展の中心人物として、ニニギノミコトは海外から九州への最初期の遠征隊と、九州の段階的な発達を体現している。この動きが後に、天照大神を皇統の祖として認識すること、そして諸部族の征服を通じて、国家統一へと結実していくのである。[6]

▼5 邇邇芸命《ニニギノミコト》が居を構えたとされる笠沙《かささ》について、チェンバレンの英訳『古事記』の註に、『日本書紀』での別名はナガサ（Nagasa）であり、平田篤胤はナガサキ（Nagasaki）を指すのではないかと考えているとある。『日本書紀』には別名と明記はされておらず、平田の『古史伝』における該当箇所は、この地の国神「事勝国勝長狭神《ことかつくにかつながさのかみ》」の解釈として、「長狭《ながさ》」について「此地《ココ》を笠狭之碕と云を思へば、長碕《ナガサキ》の省語《ハブキコト》にや有らむ」と記している。カササとナガサおよびナガサキを同一視する註と、韓国に向き合う地という『古事記』の記述から、メーソンは笠沙を九州北部の長崎と誤って判断したようである。そのため本章では、邇邇芸命が九州南部に降臨した後、北部へ遠征したように描かれている。笠沙の御前《みさき》は、鹿児島県南さつま市笠沙町の野間岬と一般的に比定されている。

▼6 原著（一九三九年十二月発行）の第十一章はここで終わるが、今岡信一良の日本語訳（一九四〇年四月発行）には次の文が続いている。「神話はかくの如く、ニニギノミコトの四つの思想を述べてゐるが、それ等は総て統一されてゐる。即ちそれらは霊的理解力を鼓舞し、又原始時代の統一と、個人的創造活動を未来の進歩の基礎として発展させつつ、初期神道の発展の方向を示してゐる」。英語の原文が参照できないため、本書は原著のとおりとした。

第十二章　神道と進歩

『日本書紀』によれば、神武天皇はニニギノミコト（瓊瓊芸命）の降臨当時の状況を次のように述べている。

「是の時に、運《よ》、鴻荒《あらき》に属《あ》ひ、時、草昧《くらき》に鍾《あた》れり。故、蒙《くら》くして正《ただしきみち》を養ひて、此の西の偏《ほとり》を治《しら》す。（……）而《しか》るを、遼邈《とほくはるか》なる地《くに》、猶未《なほいま》だ王沢《みうつくしび》に霑《うるほ》はず。遂に邑《むら》に君有り、村に長《ひとごのかみ》有りて、各自《おのおの》疆《さかひ》を分ちて、用《も》て相凌《あひしの》ぎ躒《きしろ》はしむ（この時、世は太古の時代で、まだ混沌としていた。その暗い中にありながら正しい道を養い、この西のほとりをお治めになった。（……）しかし、はるか遠い地では、なおまだ王の恩恵に浴していない。村々はそれぞれの長が境を設け、相争っている）」◆1

「此の西の偏」とは、神武天皇がこの発言をした時に居住していた九州を意味する。ニニギノミコトの支配下として描写される九州がこれほど原始的であったということは、オオクニヌシはまだ出雲の国譲りをしていなかった時代と推測される。神武天皇が九州を「鴻荒」「草昧」「蒙く」などの言葉で表現しているのは、出雲のオオクニヌシの時代より前の開拓の状況を指している。従って、神話がニニギノミコトの現実的な説明に移る時、それは九州の歴史の起源から始まるという含意がここでも必然的に感じられる。

九州の新たな神々

ニニギノミコトが天から九州へと「霊的」に降臨したのは高千穂で、従者は高度な発展を表す名を持つ天の神々だった。しかし、地上での活動が伝えられているのはアメノウズメノミコト（天宇受売命）のみであり、その性格は原始的で野性的な力を示している。ニニギノミコトの九州到着後には新たな神々が地上で仕えているが、その名は征服する開拓者にふさわしいものである。

これらの神々とニニギノミコトの子どもたちを通じて、神話は九州の原始的状況が次第に進んだ生活様式へと変化していく様子を明らかにする。その後、物語は九州の太古の歴史が語られる間に取り残されていた高千穂へと再び戻り、より高い水準から九州の発展を伝える。そして高千穂の高みから、神話は神武天皇の人代[▼1]へと移行する。『古事記』によれば、神武天皇の宮も高千穂にあったとされる。[◆2] このように、神道神話の結末部分の重点は進歩発展に置かれている。そこでは原始時代に最初期の移住者の間でムスビの精神が働き、神道の創造的原動力を拡大させ、新しい知識を海外に探し求めたことが物語られる。神話のこの部分は時として、海外からの移住者によって成し遂げられた進歩発展だけでなく、日本の先住民の無知とアジア大陸から日本にもたらされた高度な知識を対比しているようにも思われる。

伝承は、ニニギノミコトに大集団が同伴したように述べており、これは相当規模の移民を暗に示す。最初に降臨の随行を命じられたのは天照大神《アマテラスオオミカミ》の天《あめ》の石屋戸《いわやと》の物語に登場する五柱の神で、『古事記』では「五伴緒《いつとものを》」と称されている。[◆3] この神々の名は伝承には再び出てこないが、ニニギノミコトの降臨後に加わった先払いの神々として『古事記』と『日本書紀』に記されているアメノオシヒノミコト（天忍日命）とアマツクメノミコト（天津久米命）によって、随伴者の規模の大きさがうかがえる。『古事記』によれば、アメノオシヒノミコトは大伴連《おおとものむらじ》らの祖、アマツクメノミコトは久米直《くめのあたい》らの祖である。大伴は「多くの伴（供）」あるいは「大部族」を意味し、[4]久米は「軍」や「軍勢」を表す漢字が古代に誤まって発音されたものとチェンバレンは指摘する。[5]『古事記』には、この二柱の神が「天の石靫《いはゆぎ》を取り負ひ、頭椎《くぶつち》の大刀《たち》を取り佩《は》き、天の波士《はじ》弓を取り持ち、天の真鹿児《まかこ》矢を手挟み、御前《みさき》に立ちて仕え奉りき（堅固な靫を負い、柄頭《つかがしら》の太い大刀を佩き、天の波士弓を持ち、天の真鹿児矢を手挟んで、先頭に立ってお仕えした）」とある。この描写は、オオクニヌシが国譲りをした後、ニニギノミコトに随行した平和的な廷臣や職人の集団でなく、はるか昔の果敢な開拓者の遠征隊を指しているようである。

石器時代

「天の石靫《いわゆぎ》」という風変わりな表現は、戦いに用いるための石製の武器を運ぶ容器を示しているのであろう。[▼2]「頭椎（かぶつち、または、かぶつつい）の大刀」は先端が槌《つち》の形をした剣で、チェンバレンによれば、これの類語である石椎《いしつつい》は、先端が石製の槌の形をした剣と解されている。[6]従って、この神話は九州の石器時代、あるいは少なくとも石製の武器がまだ使用されていた極めて原始的な文化に言及しているということが推測される。

チェンバレンは、神話時代の日本人は石器時代を全く忘れていたか、ほとんど忘れかけていたと述べる。[7]しかしここには、九州の伝承が、戦いに石器が使用された時代と同じぐらい昔にさかのぼるという証があ

▼1 神々が統治し活動した神話時代の「神代《じんだい》」に対し、人皇第一代の神武天皇以降の天皇が統治する時代を指す。

▼2 矢を入れる頑丈な武具を意味する。

るように思われる。海を越えて渡来した人々が日本に住み始めたのがいつ頃なのか、その後に時期を異にした渡来が何回あったのかについては、正確な記録は残っていない。しかし、鉄の発見より前に定住が始まったという可能性を疑う理由はない。九州の石剣によって、神話における九州の歴史が出雲の歴史よりも早く始まっていると推論できるかもしれない。なぜなら、神話で出雲の様子が記述されるのはスサノオの降臨が始まりであり、スサノオは出雲の伝承で鉄剣の使用と結びついているからである。そのため、神話の記録に関する限り、出雲は鉄器時代、九州は石器時代を表しているとも考えられる。もっとも、九州の石器時代というのは、日本の先住民が用いていた武器に限ってのことであり、九州の最初期の移住者がより高い文化を持ち来ったのであろう。神話にはニニギノミコトの随行者として「天の石靫」と「頭椎の大刀」で武装した者たちが登場する。しかし、伝承の後段では、海外からの開拓者が確かに日本へ先進的な思想をもたらしたことが示される。

ニニギノミコトは韓国の対岸に居を定めた後、道案内役を務めたサルタビコノカミ（猿田毘古神）を自国に送るようアメノウズメノミコトに告げたと『古事記』は伝えている。ニニギノミコトが九州で道案内を必要としたという伝承の事実は、この地が新来者には知られていなかったことを意味し、神話はオオクニヌシによる国作りのはるか以前、原初の開拓者の状況を描いていることのさらなるしるしである。

ウズメノミコトの支配

『古事記』によれば、ウズメノミコトはサルタビコノカミの名を負うよう命じられた。そして、女性の子孫にその称号を名乗る権利を受け継ぐことを許され、猿女君《さるめのきみ》（チェンバレンの表現ではDuchesses of Saru）◆8と呼ばれるようになった。『日本書紀』は、ウズメノミコトがサルタビコノカミを伊勢の「五十鈴の川上」

まで送ったと述べている。◆9『古事記』には、サルタビコノカミは阿邪訶《あざか》（現在の三重県松阪市）に住んだとあるが、ウズメノミコトは伊勢の東にある志摩に関連づけられている。サルタビコノカミは漁に行き、比良夫貝《ひらぶ》に手を挟まれて溺死したと『古事記』にある。その後、ウズメノミコトはさまざまな種類の魚を集め、ニニギノミコトに仕えるかどうかを問うた。皆、仕えると答えたが、海鼠《なまこ》だけは黙っていた。するとウズメノミコトはその口を小刀で切り裂いた。このことから、志摩で天皇に初物を献上する時、その一部がウズメノミコトの女の子孫である猿女君に供えられるようになったという。

この神話は、最初期の移住者の女性と先住民の首長との結婚を通じて、ニニギノミコトの勢力を拡大しようとした試みを連想させる。ウズメノミコトは、伊勢の沿岸まで働きに出ていた漁民の首長と結婚することで、こうした同盟の最も成功した人物を体現しているのかもしれない。神話は、この首長が新たな移住者と友好的であったために殺害され、その後ウズメノミコトがほかの者たちに服従を強要したことを示しているようである。

ウズメノミコトの性格は、海外から日本への開拓者に同行するほど勇敢で独立心旺盛な原始時代の女性の型を思わせる。ウズメノミコトは、神話に登場する開拓時代のもう一人の代表的女性であるスサノオの娘、スセリビメ（須勢理毘売）に匹敵する恐れ知らずで因習にとらわれない現実主義的な女性であった。その大胆さと率先力によって、ウズメノミコトは性別にかかわらず部族長となったのかもしれない。おそらくそのような地位に就いた最初の海外からの女性を表しているのであろう。後代の女性首長の例も、日本の開拓史の中に明記されている。『日本書紀』によれば、景行天皇が反抗的な部族を征伐するため周防と九州を旅した時、二人の女性首長が天皇を助けたという。◆10ウズメノミコトがサルタビコノカミの称号を受け、女性の子孫にそれを継がせたということは、原初の移住者が先住民の首長と結婚した自分たちの女性に特別な権限を与えようとしたことを意味する。一方、代々皇室から敬意を受けているのは、ウズメノミコトが女性支配者として大きな成功を収めたことを表している。

しかし、神武天皇の声明が示すように、初期の九州開拓者の指導者と見なされているニニギノミコトの領土は、それほど遠くに及んでいなかった。政治的統一が可能なまでにこの国が原始的状況から脱するには、長い年月を要した。ニニギノミコトはこの統一の動きに着手したようであり、それはまずウズメノミコトが先住民の漁民部族を支配したことに代表される。その後、オオクニヌシの統治が終わってから出雲は九州と緩やかな同盟関係を結んだのであろう。だが、初期の開拓者たちは、自分たちの地元の地域を発展させるのがやっとであり、あえて遠くまで進出しようとはしなかった。

ニニギノミコトの結婚

ニニギノミコト自身も、最も偉大な首長の一人であるオオヤマツミノカミ（大山津見神）と姻戚関係になることで、九州での勢力を広げようとしたようである。この神はイザナギ（伊邪那岐）とイザナミ（伊邪那美）の国生み・神生みで誕生し、神話における太古の先住民の首長たちの総称を表しているように思われる。オオヤマツミノカミの息子の一人は、スサノオ（須佐之男）に八俣《やまた》の大蛇《おろち》のことを涙ながらに伝えたアシナヅチ（足名椎）である。また、オオヤマツミノカミの娘の一人はスサノオと結婚し、別の一人はスサノオの息子、ヤシマジヌミノカミ（八島士奴美神）と結婚した。◆11
『古事記』によれば、オオヤマツミノカミは二人の娘をニニギノミコトに嫁がせた。一人目の娘はカムアタツヒメ（神阿多都比売）で、別名のコノハナノサクヤビメ（木花之佐久夜毘売）のほうがよく知られている。最初の名にある阿多は薩摩の地名だとチェンバレンは指摘する。◆12 薩摩は九州南部だが、ニニギノミコトの遠征は神話では韓国に向き合う九州の北岸沿いに居を定めたように記述されている。▼3 そのため、ニニギノミコトは九州南部の首長の娘との結婚によって、自身の地域からかなり離れた先住民部族と同盟を結んだと考えられる。おそらくこのことは新たな移住者に、自分たちの領域を越えた何らかの権威をもたらしたのだろう。

ニニギノミコトに献上された二人目の娘はイワナガヒメ（石長比売）で、『古事記』によればこの二人の若い女性と共に「百取《ももとり》の机代《つくゑしろ》の物（机に山ほどの物）」が奉られたという。◆[13]「物」というのは融通の利く言葉である。当時は極めて原始的な時代であり、嫁入り道具も多くはなかったはずだが、最高位の部族の結婚であったため、伝承は結納品の重要性を強調する必要があった。コノハナノサクヤビメは麗しい美人であったが、姉のイワナガヒメはひどく醜かった。ニニギノミコトは美しい乙女を受け入れ、醜い娘を父親に送り返してしまった。オオヤマツミノカミはこの仕打ちを甚だしい恥辱として、ニニギノミコトに次のように言付けたと『古事記』にある。

「我が女二《ふ》たり並べて立奉《たてまつ》りし由は、石長比売を使はさば、天つ神の御子の命は、雪零《ふ》り風吹くとも、恒《つね》に石《いわ》の如くに、常《とき》はに堅《かき》はに動かずまさむ。また木花の佐久夜毘売を使はさば、木の花の栄ゆるが如《ごと》栄えまさむと誓《うけ》ひて貢進《たてまつ》りき。かくて石長比売を返さしめて、ひとり木花の佐久夜毘売を留めたまひき、故、天つ神の御子の御《み》寿《いのち》は、木の花のあまひのみまさむ（私の娘を二人とも献上した理由は、石長比売をお召しになれば、天つ神のご子孫の命は、雪が降り、風が吹こうとも、いつまでも岩のように不動堅固であられるだろう。また、木花の佐久夜毘売をお召しになれば、木の花の咲くようにお栄えになるだろうと誓約《うけい》をして差し上げたのです。しかし、石長比売を返され、木花の佐久夜毘売だけをお留めになりました。これ故、天つ神のご子孫のご寿命は、木の花のようにはかないものになるでしょう）」。そして『古事記』はこう付言する。「故、ここをもちて今に至るまで、天皇命等《すめらみことたち》の御《み》

▼3　第十一章の訳註5参照。

命《いのち》長くまさざるなり（こういうわけで、今に至るまで、天皇たちのご寿命は長くはないのである）」。[14]『日本書紀』ではイワナガヒメ自身が呪いの言葉を発したことになっているが、その相違点は重要ではない。[15]

この物語の素朴さは、それが人間の原始的な精神状態から生まれたものであることを表している。その不合理なところは出雲の八俣の大蛇の描写にも通じる。しかし、根底には神道に即した意味がある。すなわち、この物語は天が人間の寿命を支配していないことを示している。支配する力は地上にあり、天のいかなる権威も地上の事柄には介入し得ない。さらに、もしニニギノミコトがイワナガヒメを娶《めと》っていたとすれば、その命は永久に続いたかもしれないが、「恒に石《いわ》の如くに、常《とき》はに堅《かき》はに動かずまさむ（いつまでも岩のように不動堅固な）」ものとなったであろう。神道によれば、それは神霊の意図するところではない。物質的な人間の生命となって現れた天の神霊は、活動と変化し続ける生存状態を求め、岩のように不動の生活を避ける。神道は生命の永続を望んでいるが、それは創造的活動を伴う場合に限られる。そうでなければ、地上で客観的な形態をとった神霊の冒険は失敗に帰してしまうだろう。そのため、ニニギノミコトがイワナガヒメを拒絶したのは賢い選択であった。ニニギノミコトは木の花のような人生を送ろうと決めたのだ。木の花は束の間の輝かしい季節に咲き誇り、ムスビの精神によって、生命に活力を与える果実を結び、絶え間なく循環しながら生命の発展を続けるほかの花々を生み出す。地上における永遠の生命を獲得するために死をなくすことが、創造的活動の犠牲を伴うものであってはならない。それがこの伝承の神道的意味である。

原始的父性観

『古事記』によれば、ニニギノミコトはコノハナサクヤビメと一夜を共にしただけであったが、その結果妊娠したことを告げられると、信じようとせずにこう叫んだ。「一宿《ひとよ》にや妊《はら》める。これ我が子には非じ、必ず国つ神の子ならむ（一夜で懐妊したというのか。それは私の子ではあるまい。きっと国つ神の子に違いない）」[16]。『日本書紀』では、次のように述べている。「復天神《またあまつかみ》と雖《いふと》も、如何《なに》ぞ一夜に人をして娠《はらま》せむや。抑《はた》吾が児に非ざるか（たとえ天神でも、どうして一夜に妊娠させることができようか。私の子ではないのではあるまいか）」[17]

これは神話が九州の極めて原始的な状態に言及していることのさらなる根拠である。イザナギとイザナミは神話の始めの部分で父性というものを学んでいたが、現在の物語ではその知識は当初漠然としている。ニニギノミコトは男性が子どもの父親であることは承知していたものの、一度の契りで妊娠が起こり得るという事実がその時代にはまだ知られていなかったことを伝承は示している。従って、この伝承は当時の九州における原始的な心の発達の証拠に加えて、人類学的な重要性もある。母親が体内に子どもの存在を感じるのは受胎後かなり時が経過してからであり、同様に他人の目にも明らかになるのは数カ月後であるため、父親は何度も契りを交わして初めて女性に子どもをもたらすことができると信じられていたようである。オオクニヌシに関する神話は全般的に高度な心の発達を示しているため、その時代に妊娠がこれほど理解されていなかったとは考えにくい。故に、神話は再び出雲におけるオオクニヌシの国譲りよりも前の時代の九州を表しているのであろう。

コノハナサクヤビメは、もし子どもが無事に生まれなければ父親は国つ神であり、安らかに生まれれば父親はニニギノミコトであることが証明されるだろうと宣言した。それから産屋にこもって出入り口を塗り塞ぎ、建物に火を放った。その後、コノハナサクヤビメは無事に三人の子を生んだが、子どもたちの名は火炎の進行と鎮静を意味している。すなわち、ホデリノミコト（火照命）、次にホスセリノミコト（火須勢理命）、次にホオリノミコト（火遠理命）、別名はアマツヒコヒコホホデミノミコト（天津日高日子穂穂手見命）である。

妻の身の潔白の証明に対して、ニニギノミコトは次のように言ったと『日本書紀』は伝えている。「我本《もと》より是吾が児《こ》なりと知りぬ。但《ただ》一夜にして有身《はら》めり。疑ふ者有らむと慮《おも》ひて、衆人をして皆、是吾が児、幷《ならび》に亦、天神《あまつかみ》は能《よ》く一夜に有娠《はら》ましむることを知らしめむと欲《おも》ふ。亦汝霊《くしび》に異《あや》しき威《かしこさ》有り、子等《みこたち》復《また》倫《ひと》に超《すぐ》れたる気《いき》有ることを明さむと欲ふ。故に、前日《さきのひ》の嘲る辞《ことば》有りき（私はもともとわが子であると知っていた。ただ、一夜で身ごもったということを疑う者があると思い、衆人にこの子たちが皆わが子であり、また天神は一夜で妊娠させられることを知らせたいと思ったのだ。またおまえには不思議な優れた力があり、子たちも人に勝る資質のあることを明らかにしたいと思った。このために先日は嘲りの言葉を述べたのだ）」[18]

『古事記』には記されていないニニギノミコトのこの弁解は、九州の知性を矮小化するものであり、表面上は、重要な問題についての間違いを妻に証明された際に戸惑いを隠そうとする典型的な夫の努力のようにも思える。しかし、ニニギノミコトの言葉は、妊娠の本質について太古の人々の中でより知的な人間が理解し始めたことを示しているのかもしれない。とはいえ、この生物学的な問題に関して集団的合意が得られるまでは、妊娠が判明した際に夫と何度も契りがなければ、一般に女性が不貞の罪に問われた時代があったのだろう。そのため、この伝承が初めて形成された当時には、ただ一度の契りによる父子関係を証明するために超自然的な方法が考案されなければならなかった。

火中の出産の物語は、火の子が生まれる時のイザナミの臨終の苦悶を思い起こさせる。たとえ悲劇的な結末はなくとも、助ける人もない産屋で子を生む母親の苦しみをここでは再び強調しているようである。それはまた、罪に問われた者が火刑裁判にかけられた西洋中世の火責めの慣習も連想させる。しかし、神道神話には火刑が行われた形跡はない。[4]この神話はおそらく、コノハナサクヤビメと富士山とのつながりを示す古い伝承に基づいているのかもしれない。この雄大な火山は日本人にとって、威厳、美しさ、内に秘めた炎などによって国民精神を象徴している。この時に生まれた三人のうち、末の息子は神話上ニニギノミコトの最初の後継者となり、また神武天皇の祖父となった。その母は、神話における地上的な皇統の母方の祖として、統一国家の象徴である富士山を擬人化しているようである。この点において、産屋の火炎の中で息子たちが誕生したというのは、富士山を表すために生まれた伝承なのかもしれない。『日本書紀』によれば、最初の子は「始めて起る烟《けぶり》の末より生《な》り出づる（初めに立ちのぼる煙から生まれ出た）」という。◆19 火山から煙が最初に上るのは噴火の前であり、神話は出産と富士山を関連づけることでこの事実を表現しようとしていた可能性もある。

九州における国作り

次に神話は、稲作が知られていなかったか、あるいは極めて未熟な形でしか行われていなかったと思われる時代の九州に話を転じる。農業の導入や発展による九州の国作りとも言うべきものが、兄のホデリノミコト〔海幸彦〕と弟のホオリノミコト〔山幸彦〕のいさかいを媒介として物語られる。次兄のホスセリノミコトはここには登場しない。この物語はおそらく中国の伝説に基づいており、後から神話に付加されたものと考えられてきた。しかし、たとえそうだとしても、この神話の根本的な土台となるものは極めて古く、はるか遠い過去にさかのぼるに違いない。神話の語られ方にもし中国的な特徴があったとしても、それは重要ではない。大切なのは、神話がその外観の下で何を表現しているかである。

▼4 富士山をご神体とする富士山本宮浅間大社（静岡県富士宮市）の主祭神は、火の中で出産した木花之佐久夜毘売《コノハナノサクヤビメ》であり、富士山の噴火を鎮めた浅間大神《あさまのおおかみ》と同一視されている。ただし、木花之佐久夜毘売が富士山の祭神とされたのは、林羅山や堀杏庵らの記述によれば近世以降と見られている。

『古事記』によれば、兄のホデリノミコトは海から幸を得、弟のホオリノミコトは猟師として山から幸を得ていた。弟は兄に幸（すなわち天性の能力）の交換を提案し、兄は不承ながらも同意した。一方、『日本書紀』の一書には、漁師である兄から申し出たと記されているが、そのほうがもっともらしく思われる。というのも、「兄は風ふき雨ふる毎《ごと》に、輙《すなは》ち其の利《さち》を失ふ。弟は風ふき雨ふると雖《いへど》も、其の幸忒《たが》はず（兄は風が吹き雨が降るたびに、その幸を失った。弟は風が吹き雨が降っても、その幸が違わなかった）」と理由が述べられているからである。[20]従って、幸の交換を望んだのは漁師のほうであろう。

この神話は、狩猟と漁労が当時の人々の主な職業であったことを伝えている。もし農業が発達していれば、漁師は猟師に生業の交換を求める必要はなく、農業を始めることもできたはずである。実際、原始的状況が農業の段階に達していたならば、ニニギノミコトの息子として、小作人を召し抱えていたであろう。首長の息子でさえ生計のために狩猟や漁労をしなければならなかったのだから、おそらくそのような状況ではなかったと考えられる。

アーネスト・サトウは、日本の先住民はおそらく狩猟民や漁民であり、海外からの移住者は農耕民であったと述べている。また「天つ罪」とは、古い伝承で天におけるスサノオの乱暴狼藉として言及される農耕への損害に関するものだと指摘する。それは先住民に由来するのではなく、先住民を征服した「天」と呼ばれる神秘的な場所から渡来したと考えられていた初期移住者に起源があるのだろう。征服者たちは、万人に当てはまる一般的な罪を列挙したが、その中で明白な損害は、農耕に対して及ぼされるようなものである。[21]しかし、もし最初期の九州への移住が石器時代を表しているとすれば、農業の知識はほとんど存在しなかっただろう。一方、『古事記』に剣から作ったと述べられている釣り針の使用は、ニニギノミコトの息子たちが石器時代を徐々に脱する中、おそらく中国か朝鮮からもたらされた鉄の知識が黎明期にあったことを暗示している。

故に、二人の兄弟は、初期の移住者と先住民の両方を交錯した形で体現しているのかもしれない。当初、兄弟は漁師と猟師として先住民を表しているようである。だが、神話の後段では、兄が先住民あるいは後進的な移住者の無知と守旧性を象徴する一方、弟は日本に新しい思想をもたらし、ムスビの活動精神の発展を促した先進的な開拓者を示している。

弟は、物語の中で主に稲作の導入や発展を象徴している。また、生粋の日本人の新世代が父祖の知識を広げていく姿も体現しているのであろう。その異郷の妻は「赤玉は　緒さへ光れど　白玉の　君が装し《よそひ》貴くありけり」という歌を詠む。これはアイヌかコーカソイド系の祖先の系統を指しているのかもしれない。『古事記』は九州に「白日別《しらひわけ》（White-Sun-youth）」という別名を与えているが、◆[22]これも幾分人種的な意味を思わせる。二人の兄弟の母親はその土地に生まれた女性で、アイヌの血統を引いていたとも考えられる。つまり、外来の先進的な方法と結びついた神話には、地元の先住民の影響がある可能性が高い。

幸を交換した後、兄弟はどちらも相手の生業で成功することができなかった。これは、自分の天分を守り、たとえすぐに成功が得られないとしても生まれ持った才能を捨てないほうが有利だという教訓である。才能は、優れた者でさえぶつかる困難を乗り越えるために開発されればされるほど価値を増すが、使われなくなった才能は活力を失い、単に求めるだけでは取り戻せない。兄は幸を元通りにしようと言い、釣り針の返却を要求したが、弟は海で釣り針をなくしていた。そこで弟は剣から千本の釣り針を作って兄に差し出した。しかし、兄は自分の釣り針を返してほしいと言い張り、受け取りを拒否した。

このエピソードは、人の幸運は自分の道具に宿り、他人の道具では利益を得ることができないという迷信的な信念を表しているのかもしれない。しかし、この物語には、守旧と進歩の葛藤という意味合いもある。それは、後に釣り針が取り戻された時、『日本書紀』で「貧窮の本《もと》、飢饉の始《はじめ》、困苦の根《もと》」と呼ばれていることからもある程度裏付けられるようである。◆[23]『古事記』には、オオクニヌシが出雲から隠退する時に用意された御饗《みあえ》で、魚を捕るために「千尋縄《ちひろなわ》」が用いられたという記述がある。チェンバレンは、この縄が非常に長く、先に釣り針の付いた多くの糸が吊るされているという平田篤胤の説明を引き、平田の時代にもこれが使われていたと指摘する。◆[24] 弟は千本の釣り針を提供し、たった一本の釣り針は放棄して新たな漁法を採用するよう兄を説得しようとしたのかもしれない。しかし、より進歩した方法が利用できる場合に昔ながらの方法は「貧窮の本、飢饉の始、困苦の根」であるにもかかわらず、現代人の多くがそうであるように、兄は旧態依然の方法を守ることを望んだのである。

兄の頑固さを憂え悲しみ、泣きながら海辺へ出ていった弟は、シオツチノカミ〔塩椎神〕に出会い、事の次第を打ち明けた。シオツチノカミの名は、漁労や魚の保存法に関連して緩やかな発展を連想させるとともに、ニニギノミコトが定住した九州北部沿岸を指しているようである。上古における神功皇后の時代、周芳〔周防〕の沙麼《さば》〔山口県佐波〕で魚や塩をとる区域が天皇に献上された。▼[5] アストンによれば、その区域は昔から塩作りが行われていた九州北岸一帯を意味するという。◆[25]

『古事記』には、シオツチノカミが「无間勝間《まなしかつま》の小船を造り、その船に載せて、教えて曰ひしく、『我その船を押し流さば、差暫《ややしま》し往《い》でませ。味《うま》し御路《みち》あらむ。すなはちその道に乗りて往でまさば、魚鱗《いろこ》の如《ごと》造れる宮室《みや》、それ綿津見《わたつみの》神の宮ぞ。その神の御門《みかど》に到りましなば、傍《かたへ》の井の上に湯津香木《ゆつかつら》あらむ。故、その木の上に坐《ま》さば、その海神の女《むすめ》、見て相議らむぞ。』といひき（目のつんだ竹籠の小船を作り、その船に乗せて、次のように教えた。「私が船を押し流しますから、しばらく行ってください。すると、よい道に出られます。その道に沿って進んでいくと、魚の鱗のような宮殿があり、それが綿津見神の宮です。その宮の門に至ったら、そばに井戸があり、香木が立っています。その木の上に登っておいでになれば、海神の娘が見つけて、よいように取り計らってくれるでしょう」と言った）」◆[26] とある。

「味《うま》し」道という記述は海の塩を指しており、あたかも弟が進むよう告げられた道が原始的な食物よりも良い食料に通じているかのような、風味豊かな食事という意味を暗に含んでいる。『古事記』は、小船を「无間勝間（目が堅くつまった）」と記しており、『日本書紀』の三通りの伝承でも、小船が実際は海に沈まなかったことを示すかのように、その浮揚性が強調されている。[◆27] しかし、『日本書紀』の記述と『古事記』の後の部分では、小船は海底にあるワタツミノカミ（綿津見神）の宮にたどり着くために沈む。とはいえ、物語の最後で海底のフィクションは打ち切られている。弟はワタツミノカミの娘で自分の妻となったトヨタマビメ（豊玉毘売）に対して歌を詠み、「鴨著《かもど》く島（鴨の寄りつく島）」で共寝をしたと描写しているからである。『古事記』と『日本書紀』のいずれもこの歌を収めている。この伝承は、おそらく中国に起源を有する海神訪問の伝説を、物語の外装として取り入れたと考えられるが、実際には九州と朝鮮または中国、あるいはその両方との交流に関係している。なぜなら、弟の小船が塩のできる九州北部の海岸から出発したということは、アジア大陸への航海をほのめかしているからである。

ワタツミノカミは、神話の始めにイザナギとイザナミの間に生まれた神であり、今再び神話が原始時代を強調しているかのように登場する。九州にまつわる現在の物語と神話の前出部分との間にはさまざまな類似点があり、九州の伝承がオオクニヌシに対する遠征よりもずっと昔にさかのぼることを暗示しているようである。ワタツミノカミの娘は弟と結婚し、父親の宮殿に連れて行った。それは、スサノオの娘のスセリビメ（須勢理毘売）がオオクニヌシと結婚して、スサノオの宮殿に連れて行ったのと同様である。また、オオヤマツミノカミの娘たちもスサノオとオオクニヌシに嫁ぎ、別の娘はニニギノミコトと結婚した。イザナミから火の神が生まれた物語は、兄弟が生まれた時の産屋の火を思い起こさせる。二人の兄弟のいさ

▼5 『日本書紀』の仲哀天皇（神功皇后の夫）の段に、熊鰐《わに》が天皇を迎え、漁地や塩田を献上したという記述がある。その区域は現在の山口県下関市から九州北岸に及ぶものであった。

かいは、オオクニヌシと兄神たち（八十神《やそがみ》）との反目を彷彿させ、どちらの場合も弟が勝者となる。兄と揉めた弟に対するワタツミノカミに助言を求めるようにという指示は、兄神たちと揉めたオオクニヌシがスサノオに助言を求めるよう勧められたことと似ている。これらの類似点は、必ずしも同じ起源を意味するものではないが、比較的共通した原始的な想像力の水準を思わせる。

海外の文化

弟を海神の国に赴かせることで、神話は九州の初期開拓者たちの原始的な状況と、海の向こうの高度な文化の違いを浮き彫りにしている。九州では、統治者の二人の息子は漁労や狩猟で生計を立てなければならなかったが、ワタツミノカミが統治していたのは壮麗な国であった。『古事記』によれば、弟がワタツミノカミの宮殿に着くと、玉器を持った侍女が水をくみに来たので、弟は一杯の水を求めた。しかし、弟は水を飲まず、自分の首にかけた玉を口に含んでから器の中に吐き出した。それが器にしっかりとくっついたため、侍女は宮殿内に持って行き、ワタツミノカミの娘に献上した。ここで用いられた玉は、弟が姫に身を捧げたことを意味しているのかもしれない。というのも、姫は出てきて弟と「目合《まぐわ》った（目配せをした）」のである。アストンは、この言葉は喜び以上のもの、◆[28]おそらく結婚を表すと指摘している。姫が弟を父のもとに連れて行くと、父は婚礼の贈り物として「海驢《みち》の皮の畳八重《やへ》を敷き、亦絁畳《きぬだたみ》八重をその上に敷き、その上に坐《ま》せて、百取《ももとり》の机代《つくゑしろ》の物を具《そな》へ、御饗《みあへ》して（海驢《あしか》の皮の敷物を八重、またその上に絹の敷物を八重敷き、その上に座らせて、たくさんの品々をそろえて、御馳走して）」と『古事記』は伝えている。◆[29]百取の机代という表現は、ニニギノミコトが結婚した際の献上品にも同じように使われており、名家の女性の結納品の総称だったのかもしれない。だが、アシカの皮と絹の敷物というのは、特別に富裕であることを表している。宮殿に関する『日本書紀』の記述も同様で、「其の宮は、雉堞《たかがきひめがき》整頓《ととのへそなは》りて、台宇《たかどのや》玲瓏《てりかかや》けり（その宮は高垣・姫垣がきちんと備わって、高殿が光り輝いていた）」、また「其の宮は城闕《かきや》崇華《たかくかざ》り、楼台《たかどのうてな》壮麗《さかり》し（その宮は城門を高く飾り、楼台は壮麗であった）」、さらに「饌百机《ももとりのつくゑもの》を設けて（たくさんの机の上に御馳走を載せて）」とある。[30]

ここには、九州や出雲で描写されるよりも高度な文化が存在した証がある。その建築様式は、太古の日本の建築をはるかに凌ぐものである。九州の先住民のもとでの原始的な状況と、海を越えてきた初期の九州移住者の原郷における理想化された文化を、できるだけ強調して対比させようとした後代の試みを示しているように思われる。

これ以降、神話は明らかに弟を、日本に進歩的な思想と方法をもたらし、先住民にムスビの生命原理を示した初期移住者の象徴とすることを意図しているようである。『古事記』によれば、弟はワタツミノカミのもとに三年滞在した後、自国に帰ることを望んだ。弟の帰還は、九州に到達した農耕民を表しているとも考えられる。サトウによれば、日本語の「年（year）」の古い原義は「収穫」であるという。[31] すなわち、三年の歳月は三回の収穫を意味する。弟は農業の知識を持ち帰り、九州の原始的な狩猟民や漁民に伝えようとしたのであろう。

弟の帰郷は引き留められなかった。それどころか、帰りの旅を円滑にし、九州に到着した弟が先住民に土地の先進的な開拓方法を教えられるよう、あらゆる援助が行われた。この神話は、消極的な先住民に、必要に応じて自己発展のムスビの精神を働かせるための意図的な努力がなされたことを強調しているようである。そのために、ワタツミノカミは弟に塩盈珠《しおみつたま》（潮満珠）と塩乾珠《しおふるたま》（潮干珠）を授けた。なくした釣針は鯛の口の中から見つかり、それも弟に持ち帰らせた。『古事記』によれば、ワタツミノカミは弟にこう告げたという。

「この鉤《つりばり》を、その兄に給はむ時に、言《の》りたまはむ状《さま》は、『この鉤は、おぼ鉤《ち》、すす鉤《ち》、貧鉤《まぢち》、うる鉤《ち》。』と云ひて、後手《しりへで》に賜へ。然してその兄、高田《あげた》を作らば、汝命《いましみこと》は下田《くぼた》を営《つく》りたまへ。その兄、下田を作らば、汝命は高田を営りたまへ。然したまはば、吾《あれ》水を掌《し》れる故に、三年の間、必ずその兄貧窮《まづ》しくあらむ。もしそれ然《しか》したまふ事を恨怨《うら》みて攻め戦はば、鹽盈珠《しほみつたま》を出して溺らし、もしそれ愁《うれ》ひ請《まを》さば、鹽乾珠《しほふるたま》を出して活かし、かく惚《なや》まし苦しめたまへ（この釣り針を兄上にあげる時に、「この鉤は、おぼ鉤、すす鉤、貧鉤、うる鉤」と言って、後ろ手にお渡しなさい。そして兄上が高地の田を作れば、あなたは低地の田を、また兄上が低地の田を作れば、あなたは高地の田を作りなさい。そうすれば、私は水を司っているので、三年の間にきっと兄上は貧しくなるでしょう。もし兄上がそれを恨んで責めてこられたら塩盈珠を出して溺れさせ、嘆いて救いを求めれば塩乾珠を出して生かすというように、悩ませて苦しめておやりなさい）」◆32

『日本書紀』によれば、弟は釣り針を返す際に「貧窮の本《もと》、飢饉の始《はじめ》、困苦の根《もと》」と言うよう命じられた。◆33 釣り針一本で限られた食料供給に頼る後進的な漁法は破滅につながることを示しているため、これは神話の意図により適している。釣り針は「後手《しりへで》（後ろ手）」に返すようにと『古事記』にある一方、『日本書紀』には「後手に投げ賜へ（後ろのほうへ投げなさい）」と記されている。◆34 スサノオが天の馬を逆剝《さかは》ぎにしたように、ここでもまた物事を逆に行うことの例があり、惨酷さをほのめかしている。今回の場合、弟は兄に対して残酷に振る舞うよう指示されていたが、実際には残酷さや不自然さは、兄が先進的な方法を取り入れるのを拒否したことにあった。時代に逆行する生産方法を続けていけば、貧困、飢饉、困苦などの悲惨さが必ず結果として生じるのである。

　弟は海の怪物（鮫《わに》）に乗って帰郷した。到着して鮫が引き返す時、弟は小刀をその首に結びつけた。故に今でもその鮫はサヒモチノカミ（佐比持神、Blade-possessor-Kami）と呼ばれていると『古事記』にある。チェンバレンは、サヒあるいはサビの意味は“blade（刀剣）”であろうが、『日本書紀』には「鋤《すき》▼6」という

漢字が用いられていると指摘する。◆35

農業の発達

『日本書紀』の農具への言及は、神話の意図を示している。弟は、自分が農耕民になり、「海外の王」から教えられた農法を九州に導入することを伝えるために、鋤をワタツミノカミに送り返したといえるかもしれない。弟の別名アマツヒコヒコホホデミノミコト（天津日高日子穂穂手見命、Heaven's-sun-height-prince-great-rice-ears-lord-ears-Mikoto）も稲作を連想させるもので、特に豊富な稲穂（rice-ears）を強調している。

実際、ワタツミノカミが弟に与えた最も重要な教えは稲作に関するものである。一方、兄が受けることになる罰は、稲作だけでなく漁業においても無能であったことの結果を表している。『古事記』によれば、弟が釣り針を返した後、兄は次第に貧しくなり、弟を責めた。弟は塩盈珠と塩乾珠を使って、兄を溺れさせ、そして救い出した。ついに兄は弟の「昼夜の守護人《まもりびと》」となって仕えると宣言したと『古事記』は伝えている。

溺れさせることと救助することとは、稲の異なる栽培法を指している。ワタツミノカミの指示は、『日本書紀』によると次のとおりである。「兄《このかみ》高田《あげた》を作らば、汝は洿田《くぼた》を作りませ。兄、洿田を作らば、汝、高田を作りませ（兄上が高地に田を作ったら、あなたはくぼ地に田を作りなさい。兄上がくぼ地に田を作ったら、あなたは高地に田を作りなさい）◆36」。チェンバレンは前記の『古事記』にある高田と下田《くぼた》について、「稲が乾いた状態で植えられる高地にある田と、稲が常に水に浸かっている水田。栽培法の違いによって異なる品種の稲が用

▼6 『日本書紀』では神武天皇の段に「鋤持神《さひもちのかみ》」の記述がある。

いられる」と説明している。◆37
最初期の原始的な稲作は、十分な水の供給を確保するために山の麓で行われたと考えられる。山は神話の中で、猟師の弟が「幸」を得た場所とされている。しかし、弟が戻り、二種類の稲田が言及されるまでは、稲作に関する記述はない。水田での稲作が知られていて、弟が乾田の知識を持って戻ってきたのか、あるいは二種類の栽培方法を一度に持ち帰ったのかは不明である。弟は、新しい知識を仕入れてきた帰国者というよりも、アジア大陸のより高い知識を持って日本に渡来した原初の移住者を体現しているように思われる。歴史的には、水田での稲作が最初に日本へ伝わり、その後に乾田での栽培法が取り入れられたと考えられるが、この神話では同時期に確立されたものとして扱われている。原初の移住者である弟が、先住民の望む新しい知識を有していたことは、『日本書紀』の弟の帰郷に関する記述に示されているようである。兄が漁をしている時に弟が嘯《うそぶ》きをして疾風《はやて》を起こし、兄は苦しんでこう叫んだという。「汝、久しく海原に居《ま》しき。必ず善き術有らむ。願はくは救ひたまへ（おまえは長い間海原にいたから、きっとよい方法を知っているだろう。どうか助けてくれ）◆38」。その術とは、嘯きをして疾風を起こすことではなく、水田や高地での稲作や、多くの釣り針を使用する漁業に関するものであった。

塩乾珠は乾田から水が引くこと、塩盈珠は水田に水が流れ込むことを表している。乾田栽培法が行われるようになった当初、経験の浅い農民は乾田の浸水を防げなかったのだろう。『日本書紀』の次のような誇張された記述にもそのことはうかがえる。「弟、時に潮溢瓊《しほみちのたま》を出したまふ。兄、見て高山に走《に》げ登る。則ち潮亦山を没《い》る。兄、高樹《たかき》に縁《のぼ》る。則ち潮亦樹を没る。兄既に窮途《せま》りて、逃げ去る所無し。乃ち伏罪《したが》ひて曰《まう》さく、『吾已に過《あやま》てり』（弟はその時潮満玉を出した。兄はそれを見て高山に逃げ登った。すると潮は山をも没した。兄は高い木に登ったが、潮はまた木を没した。兄は全く窮まって逃げ去るところもなく、罪に伏して言われるのに、「私が間違っていた」◆39）」

兄の罪は、稲の栽培方法について無知だったことである。『日本書紀』の別の一書によれば、兄は「『吾已《すで》に貧し』とまうす。乃ち弟に帰伏《したが》ふ（「私はすっかり貧しくなってしまった」と言った。そして弟に降参した）」という。◆40『古事記』には、兄が「稍《や》愈《や》に貧しくなり（だんだん貧しくなり）」とある。これらの表現は経済に関係する。兄の受けた罰は、先進的な方法に順応しなかったことによる収入の喪失であった。教えを乞いたいと言いながらも、兄はいまだためらっていたのである。弟が帰郷した時、兄は「吾は是汝の兄なり。如何ぞ人の兄として弟に事《つか》へむや（私はおまえの兄である。どうして兄が弟に仕えることができようか）」と述べたと『日本書紀』にある。だが、弟は神道の革新的なムスビの精神を表し、兄は復古と機械論に固執する愚かさを体現していた。神霊が前進するためには、ムスビの創造性が生命の主導権を握らなければならない。この理由のために弟は、高い生活水準へと向かう人々の指導者として、象徴的な神道の勝利を得たのである。

風刺の舞

兄が降参した後、「故、今に至るまで、その溺れし時の種種《くさぐさ》の態《わざ》、絶えず仕へ奉るなり（だから、今に至るまで、その溺れた時のいろいろの身振りをして奉仕しているのである）」と『古事記』は述べている。◆41『日本書紀』には「是《ここ》に、兄、著犢鼻《たふさき》して、赭《そほに》を以て掌《たなうら》に塗り、面《おもて》に塗りて、其の弟に告《まう》して曰《まう》さく、『吾、身を汚すこと此《かく》の如し。永《ひたぶる》に汝の俳優者《わざをきひと》たらむ』（そこで兄はふんどしをして、赤土を手のひらや顔に塗り、弟に言うには、「私はこのとおり身を汚した。永久におまえのための俳優《わざおぎ》になろう」）」とある。◆42「赭《そほに》（赤土）」は、鉄器時代の進歩を指しているのかもしれない。ふんどしだけ身に着け、手と顔は泥にまみれているという記述は、兄を稲田で働く農夫になぞらえている。先住民が稲作農民となることを当初敬遠したのは、田で働くと汚れるためだったのかもしれない。その点で、狩猟や漁労はそれほど嫌なものではない。とはいえ、道化の姿は、ムスビの進歩の道を拒否する者をよく表している。

『日本書紀』には、水位が次第に上昇し、兄の体を覆って溺れていく様子が無言劇の舞で描かれている。この舞は風刺的であり、初期の稲作農民が水に足を浸して働くのを嫌がったことを示しているのかもしれない。同時に、田に水を入れ過ぎると稲の苗が水没してしまうことを象徴しているのだろう。神話は、風刺を使ってその真意を説明することを好む。天照大神の洞窟の前でのアメノウズメノミコトの踊り、スサノオがオオクニヌシとスセリビメに欺かれた様子、アメノワカヒコ（天若日子）の葬儀での鳥の会葬者などは、兄による物真似の舞と同様、太古の人々の風刺好きを証明している。

この舞は後代、兄の子孫である宮中護衛者の隼人《はやと》によって宮廷でしばしば演じられた。[◆43] 宮廷道化師と宮中護衛者という奇妙な組み合わせは、『古事記』で兄が弟に降参する際、自分は弟の「昼夜の守護人」になると言ったという記述を裏付けている。神話のこの部分は、弟が九州の統治者となり、兄に代わって正式な後継者となった時代に進んでいる。しかし、兄はニニギノミコトの子であることから、間違いなく高い地位に就く権利があり、昼夜を問わず弟を守護する者、すなわち宮中護衛の長となった。その伝説上の子孫である隼人は、兄の宮中における高い地位を継承するとともに、より高度な知識によって無知を溺れさせることを示す祖先の舞を行ってきた。このように、その舞は神道において、弟が革新的な指導力によって国の最高位に上り詰めるに至ったムスビの精神の力を表している。

弟の家族

神話は次に、ワタツミノカミの娘で弟〔ホオリノミコト、山幸彦〕の妻であるトヨタマビメの物語に転じる。『古事記』によれば、トヨタマビメは出産が近づき、赤ん坊がその父の国で生まれるように、夫の後を追ってきたという。もし九州への遠征隊の指導者が妻を、例えば朝鮮に残してきたとして、後に身ごもったことを自覚した妻が、夫の新天地に後から向かった渡航者の集団に加わったと解釈すれば、開拓時代の女性の強い性格に合致するだろう。そのような出来事が実際にあったとしても、それほど不思議ではない。

九州に到着したトヨタマビメは、鵜《う》の羽で屋根を葺《ふ》いた産屋を建てた。鵜は魚を捕る時に水中に深く潜るため、トヨタマビメが海底からやって来たという伝承に合わせて鵜の羽が神話に取り入れられたのだろう。屋根がいまだ葺き終わらないうちに、お産が始まった。『古事記』によれば、トヨタマビメは夫に、異郷の女が出産する時は必ず本国の姿になるから、自分を見ないようにと告げた。これは、国によって女性の分娩方法が異なるという意味であろう。しかし、夫は妻の戒めを破り、鵜の羽を葺き合えていない屋根の隙間から出産の様子を覗き見てしまった。すると、トヨタマビメは海の怪物〔鮫《わに》〕と化して、「匍匐《は》ひ委蛇《もこよ》ひき（のたうち回っていた）」と『古事記』は記している。夫は驚いて逃げ去った。◆44

こうして神話は再び女性の出産の苦しみという主題に立ち戻っている。それは火の神を生んだ際のイザナミの死や、ニニギノミコトの息子たちの母による産屋の炎の中での出産を通じて既に強調されていた。苦悶に身をゆがめて分娩の痛みに耐える女性の姿は、常に自制心を保ち病気にも我慢強い妻を見慣れてきた夫にとって、すさまじい光景である。女性の出産の苦しみを見た原始時代の男性は、恐ろしい霊が入り込んだと想像し、逃げ出したかもしれない。それがこの話の自然な解釈であろう。

神話は、弟がワタツミノカミのもとを訪れる様子を文飾に富んだ表現で描写していた。そこには地上から海底の宮殿に至る伝説上の道が記されている。この空想的な部分は、比較的後代になってから神話に挿入されたものである。その一つの証拠は、神話の作者たちが合理主義的な感覚から、海底への道がもはや開かれていないことを示そうとしたという事実である。もし海底の記述が極めて古い起源のものであれば、道を塞ごうとする願望は起こらなかっただろう。なぜなら、神話が古ければ古いほど、伝承の作者は整合性にこだわらないからである。従って、海底のエピソードはある程度知性が発達した時代に考案されたものであり、語り部は人間がもはや弟のように海底を訪れて宮殿や妻を見いだすことができないという事実を説明する必要があったように思われる。

そこで、夫の覗き見がその変化を説明する手段として用いられた。『古事記』によれば、トヨタマビメは本来の姿を目撃されたことで「心恥《うらは》づかし」くなったという。トヨタマビメの感情は、出産を夫に見られることに対する妻の自然な抵抗感を反映している。それは夫に精神的苦痛を与えないためだけでなく、審美的な理由や、出産は女性に霊が入り込む結果であると信じられていた時代にさかのぼる神秘的な感性が受け継がれていたためでもあるのだろう。

しかし、神話はその恥辱を利用してトヨタマビメを海底の故郷に旅立たせ、『古事記』によれば「海坂《うなさか》（海の境界）」は永久に塞がれた。こうして合理主義者たちは、弟が海底のワタツミノカミを後に訪ねることができたかどうかという問いについて、明らかに不可能であると答えようとしたのだろう。だが、愛情深いトヨタマビメは、夫の軽率な行為に腹を立てながらも、妹のタマヨリビメ（玉依毘売）を遣わして息子を養育させた。そして夫には、『古事記』にある次のような暗にコーカサス的な意味を含む歌を贈った。

「赤玉は　緒《を》さへ光れど　白玉の　君が装《よそひ》し　貴くありけり」

これに対して夫は返歌を贈ったが、そこではトヨタマビメと海底で結婚したという認識は放棄され、島での夫婦生活に触れている。この場合の「妹」は「妻」を指す。

「沖つ島　鴨著《かもど》く島に　我が率寝《ゐね》し　妹《いも》は忘れじ　世のことごとに」

弟とトヨタマビメとの間に生まれた息子は、アマツヒコヒコナギサタケウガヤフキアエズノミコト（天津日高日子波限建鵜葺草葺不合命）と名づけられた。この名は、妻の出産を単なる好奇心から見てはならないという夫への戒めであると同時に、「波限」は人間が海底を訪れるのはもはや不可能であることを思い起こさせる。トヨタマビメは異郷人であることを強調していたため、その帰国は、日本の統治者というものはこの国の習慣に適応できない異郷の女性とは結婚すべきではないという意味に捉えられたのかもしれない。

『古事記』によれば、ウガヤフキアエズノミコトは、乳母で叔母のタマヨリビメと結婚した。子どもの長い幼少期を通じて、乳母は日本の生活様式にすっかりなじんだのだろう。そして、「海坂」が塞がれたため、祖国から永久に引き離され、故郷と呼べるのは九州だけであった。叔母と甥の結婚が神話に登場するのは、日本の統治者が国土の支配権を授与された天の神と関係を有するだけでなく、日本人に豊かな生活の糧をもたらす海と関係するワタツミノカミをも祖先としていることを示すためであるようだ。

サトウは、日本人の中には「海（Umi）」は「生む（Umu）」に由来すると考える者もいると指摘する。[45]この解釈は、ワタツミノカミを弟の子の祖先とするもう一つの理由となるかもしれない。開拓者たちは日本を「生む」ために海を渡り、九州で支配的な部族として定着し、その指導者たちによってやがて日本全土が統一される。タマヨリビメは弟の子と結婚して後に神武天皇となる子が誕生し、伝承によればその治世に日本の政治的統一が始まった。従って、神武天皇はニニギノミコトを通じて天の祖先を持つだけでなく、海とも神話上のつながりがあったことになる。海の航海者たちが日本を「生み」、神武天皇は日本の政治的統一を「生んだ」のである。

高千穂への帰還

トヨタマビメと歌を交換した後、『古事記』で弟は別名のヒコホホデミノミコトと呼ばれ、高千穂の宮に五百八十年間住んだという。このように神話は、ニニギノミコトの天孫降臨後、九州北部沿岸に定着した初期の海外からの移住者を描くため、九州の原始的状況にさかのぼり、高千穂の進んだ文化水準まで伝承を進めてきた。弟に与えられた長寿は、九州の最初期の原始的状況から純粋な神話時代の終わりに至る長い進歩の過程を表しているとも考えられる。

神話時代に続いて高千穂で始まった神武天皇の御代、『古事記』は天皇の歌の中で頭椎《くぶつつい》と石椎《いしつつい》の大刀に言及している。[46]『日本書紀』も、神武天皇の東征の際、道臣命《みちのおみのみこと》の歌の中で同じ武器に触れている。[47]これらの歌は、石器時代から伝わる古代の武人の詠唱だったのかもしれない。もしくは、高千穂時代の神話が描くような高度な文化にもかかわらず、石器時代の武器が完全に放棄されていなかった可能性もある。これらの武器の記述は、人類史初期の緩慢で困難な進歩の動きを示すものであり、原始時代から神武天皇の時代へと突然の飛躍があったのではないことを意味している。

神話で弟が高千穂に帰還した際、別名のヒコホホデミノミコト（日子穂穂手見命）が用いられているのはふさわしい。なぜなら、稲作の導入や推進は九州が原始的状況から発展していくことを意味し、高千穂は文化的向上が進んだ時代を表しているからである。『古事記』にある弟の息子（ウガヤフキアエズノミコト）に生まれた子どもたちの名は、いずれも食物や稲作を強調し、進歩の意味を含んでいる。第一子はイツセノミコトであり、“Five-reaches-Mikoto（五瀬命）”と訳されているが、チェンバレンはこの名をイヅシネ（厳稲、Powerful-rice）の転訛と考えていた本居宣長の説を引いている。[48]第二子はイナヒノミコト（稲氷命）、第三子はミケヌノミコト（御毛沼命）である。神武天皇となった第四子はワカミケヌノミコト（若御毛沼命）、あるいはトヨミケヌノミコト（豊御毛沼命）と呼ばれ、カムヤマトイワレビコノミコト（神倭伊波礼毘古命）の別称も有する。

ミケヌノミコトは常世の国に渡ったと『古事記』にあり、これは死を意味する。イナヒノミコトは「妣《はは》の国として海原に入りましき（妣の国である海原にお入りになった）」と『古事記』は結んでいる。海原への道は既に永久に塞がれているため、これもまた死を表しているのだろう。

神話はこの時点で終わり、さらなる拡大を求める創造的原動力と統一がそこから始まることを示唆している。自己発展、自己創造、統合を意味するムスビの原理は、『古事記』の冒頭においては天上の神霊の名に表れていた。神道神話の結末では、弟の進取の気性と革新的能力によって人間の姿でムスビは強調されている。こうして神道は、神話の始めから終わりまで、協調と創造的活動が神霊の特性であることを指し示している。そして未来の全時代に、その意味を継承し拡充するよう伝えているのである。

原註

序

◆1 *Kogoshui*〔加藤玄智、星野日子四郎による英訳『古語拾遺』、*Imbe-no-Hironari's Kogoshui or gleanings from ancient stories*, translated with an introduction and notes by Genchi Kato, Hikoshiro Hoshino (Tokyo: Meiji Japan Society,1924)〕, p. 15.

◆2 Ernest Satow, "The Revival of Pure Shinto"〔「純粋神道の復活」、*Ancient Japanese Rituals and the Revival of Pure Shinto* (Tokyo: The Asiatic Society of Japan, reprints, Vol. II., 1927)〕, p. 196.

第一章　神道の創造的精神

◆1 Satow, "The Revival of Pure Shinto," pp. 183–5.

◆2 *Kojiki*〔バジル・ホール・チェンバレンによる英訳『古事記』、*Translation of "Ko-ji-ki" or "Records of Ancient Matters,"* by Basil Hall Chamberlain, second edition, with annotations by W. G. Aston (Kobe: J. L. Thompson & Co. Ltd., 1932)〕, pp. XIX, XX.

◆3 Ibid., p. LXIV.

◆4 J. S. Haldane, *The Philosophy of a Biologist*, Oxford University Press, 1935.

◆5 *Kojiki*, p. 17, note 2.

◆6 Satow, "The Revival of Pure Shinto," p. 219.

◆7 *Kojiki*, p. 44, note 1; *Nihongi*〔W・G・アストンによる英訳『日本書紀』、*Nihongi: Chronicles of Japan from the Earliest Times to A.D. 697*, translated by W. G. Aston (London: Kegan Paul, Trench, Trubner & Co., Limited, 1896)〕, Vol. I, pp. 33, 58, 59, 85.

◆8 *Kojiki*, p. 18, note 8.

◆9 Ibid., p. 4.

◆10 Ibid., p. 17, note 5.

◆11 W. G. Aston, *Shinto: The Way of the Gods*〔『神道』(London: Longmans, Green, and Co., 1905)〕, p. 172.

◆12 Ibid., p. 173.

◆13 *Kojiki*, p. 115.

◆14 Ibid., p. 65.

◆15 Ibid., pp. 84, 71, 103.

◆16 Ibid., pp. 17–8.

◆17 Ibid., p. 18, note 10.
◆18 Ibid., p. 18, note 11.
◆19 Ibid., p. 19, note 2.
◆20 Ibid., p. 20, note 7.
◆21 Satow, "The Revival of Pure Shinto," p. 223.
◆22 *Nihongi*, Vol. I, p. 17.

第二章　歴史と天

◆1 *Kojiki*, p. 4.
◆2 Ernest Satow, "Ancient Japanese Rituals"〔「古代日本の祭祀」〈*Ancient Japanese Rituals and the Revival of Pure Shinto*, co-authored by Karl Florenz (Tokyo: The Asiatic Society of Japan, 1927)〉〕, p. 28, note 22.
◆3 *Nihongi*, Vol. I, pp. 6–7.
◆4 *Kojiki*, p. 21, note 3.
◆5 Ibid., pp. 21–2.
◆6 Aston, *Shinto*, p. 51.
◆7 *Kojiki*, p. 22, note 4.
◆8 Ibid., p. 22, note 5.
◆9 Ibid., p. 35.
◆10 Ibid., p. 22, note 2.
◆11 Ibid.
◆12 Ibid., p. 23, asterisk note.
◆13 Aston, *Shinto*, p. 38.
◆14 *Kojiki*, p. 35.
◆15 *Nihongi*, Vol. I, p. 17.
◆16 *Kojiki*, p. 24.
◆17 Ibid., p. 24, note 3.
◆18 Ibid., p. 25, note 4.
◆19 Ibid., p. 25, asterisk to note 6.
◆20 Ibid., p. 26, note 13.
◆21 Ibid.
◆22 F. Brinkley, *A History of the Japanese People from the Earliest Times to the End of the Meiji Era*〔(New York: The Encyclopædia Britannica Co., 1915)〕, p. 39.
◆23 *Kojiki*, p. 28, note 28.
◆24 Ibid., p. 29.
◆25 Ibid., p. 29, note 1.
◆26 *Nihongi*, Vol. I, pp. 60, 64, 69, 90.

第三章　神道における死

◆1 *Kojiki*, p. 37, note 15, 17.
◆2 Ibid., p. 35, note 4.
◆3 *Nihongi*, Vol. I, p. 69.
◆4 *Kojiki*, p. 40, note 1.
◆5 Ibid., p. 53.
◆6 Ibid., p. 86.
◆7 Ibid., p. 53, note 9.
◆8 *Nihongi*, Vol. I, p. 20.
◆9 *Kojiki*, p. 104.

◆10 Ibid., p. 240.
◆11 Ibid., p. 104, note 12.
◆12 *Kogoshui*, p. 64, note 27.
◆13 *Kojiki*, pp. 41–2.
◆14 Ibid., p. 52.
◆15 Ibid., p. 46.
◆16 Karl Florenz, "Ancient Japanese Rituals," p. 163, note 60.
◆17 *Kojiki*, p. 36, note 12.
◆18 Ibid.
◆19 Ibid., p. 40.
◆20 Ibid., pp. 119–20.
◆21 D. C. Holtom, *The National Faith of Japan* 〔(London: Kegan Paul, Trench, Trubner, & Co., 1938)〕, p. 106.
◆22 *Kojiki*, p. 38, note 9.
◆23 Ibid., p. 41, dagger note.
◆24 Ibid., pp. 44–5.
◆25 *Nihongi*, Vol. I, p. 25.
◆26 Ibid., p. 31.
◆27 Ibid., p. 85.
◆28 *Kojiki*, p. 44.

第四章　禊と悪

◆1 *Kojiki*, pp. 46–7.
◆2 Ibid., pp. 45–6.
◆3 Ibid., p. 46, note 3.
◆4 Ibid., p. 240.
◆5 Ibid., p. 47, note 5 and asterisk.
◆6 解釈が難しい名前もある。意味に関してはチェンバレンの推定に従った。
◆7 *Kojiki*, p. 49.
◆8 Satow, "Ancient Japanese Rituals," p. 152.
◆9 Florenz, Ibid.
◆10 Ibid., p. 102.
◆11 *Kojiki*, p. 49, note 17. See also, p. 31, note 10.
◆12 Ibid., p. 50, note 19.
◆13 Ibid., p. 50, note 22.
◆14 Ibid., p. 50, note 20.
◆15 *Nihongi*, Vol. I, p. 34.
◆16 *Kojiki*, p. 53, note 12.

第五章　象徴と人格

◆1 *Kojiki*, p. 50, note 23.
◆2 Haldane, *The Philosophy of a Biologist*, p. 132.
◆3 *Kojiki*, p. 50, note 24.
◆4 *Nihongi*, Vol. I, p. 32.
◆5 Ibid., p. 18.
◆6 *Kojiki*, p. 52.
◆7 Ibid., p. 64.
◆8 Ibid., pp. 278–9.
◆9 Ibid., p. 279, 註3に対するアストンの補註。

◆10　Ibid., p. 53.

◆11　Ibid., p. 53, note 8.

◆12　Ibid., p. 53, note 9.

◆13　Ibid., p.46.

◆14　この興味深い概念の詳細については、ホルトム博士の *The National Faith of Japan*, pp. 93–121 を参照。

第六章　天は全能ならず

◆1　*Kojiki*, p. 55.

◆2　Ibid., p. 56.

◆3　Ibid., p. 62.

◆4　Ibid., p. 57, note 18.

◆5　Ibid., pp. 59–60.

◆6　*Nihongi*, Vol. I, p. 36.

◆7　*Kojiki*, p. 59.

◆8　*Nihongi*, Vol. I, p. 37.

◆9　Ibid., pp. 39–40.

◆10　Ibid., p. 51.

◆11　Ibid., pp. 47–8 and note 7, 49.

◆12　*Kojiki*, p.63.

◆13　Florenz, "Ancient Japanese Rituals," p. 147.

◆14　*Nihongi*, Vol. I, p. 40, note 3.

◆15　*Kojiki*, p. 64.

◆16　Ibid., p. 65.

◆17　Ibid., p. 65, note 8.

◆18　Ibid., p. 68, note 22.〔原著でメーソンは、この註が24の誤植と指摘〕

◆19　Ibid., p. 68.

◆20　Satow, "The Revival of Pure Shinto," pp. 235–6.

◆21　Ibid., p. 196.

◆22　Satow, "Ancient Japanese Rituals," p. 7, note.

◆23　Hajime Hoshi, *Japan: A Country Founded by Mother*〔星一『日本略史――「お母さん」の創った日本』(The Columbia University Club in Tokyo, 1937)〕, pp. 74–5.

◆24　Satow, "Ancient Japanese Rituals," p. 7, note.

◆25　Ibid.

◆26　Satow, "The Revival of Pure Shinto," p. 238, note 51.

◆27　*Kojiki*, p. 69.

◆28　Ibid., p. 70.

◆29　Ibid.

◆30　Ibid.

◆31　Ibid., note 34.

◆32　*Kogoshui*, p. 63.

第七章　アラミタマとニギミタマ

◆1　*Nihongi*, Vol. I, p. 48.

◆2　Ibid., p. 50.

◆3　*Kojiki*, p. 282, note 9.

◆4　Ibid., p. 110.

◆5　Ibid., p. 72, note 2.

◆6 *Nihongi*, Vol. I, p. 57.
◆7 Ibid., p. 36, note 3.
◆8 Ibid., p. 58.
◆9 *Kojiki*, p. 73, note 10.
◆10 Ibid., p. 74, note 13.
◆11 Ibid., p. 73.
◆12 *Nihongi*, Vol. I, p. 53.
◆13 Ibid., p. 53, note 3; p. 205, note 3.
◆14 Ibid., p. 57.
◆15 *Kojiki*, pp. 40, 76, 118.
◆16 Ibid., p. 76, note 1.
◆17 Ibid., pp. 76–7.
◆18 Ibid., p. 124.
◆19 Ibid., p. 82, note 2.
◆20 Ibid., pp. 81–2.
◆21 Ibid., pp. 80–1.
◆22 Ibid., p. 82.
◆23 Ibid., p. 82, note 3.
◆24 塩水と真水の意味するものについては、ジョン・アイルズ(John Eills) 教授の示唆に負っている。
◆25 *Kojiki*, p. 37.
◆26 Ibid., p. 71.
◆27 Ibid., p. 85.
◆28 Ibid., p. 85, note 13.

第八章　神霊の国作り

◆1 *Kojiki*, p. 86.
◆2 *Nihongi*, Vol. I, p. 87, note 2. See also, Vol. II, p. 227.
◆3 Ibid., Vol. I, p. 59.
◆4 *Kojiki*, p. 46.
◆5 Ibid., p. 73, note 10.
◆6 Ibid., p. 90, note 2.
◆7 *Nihongi*, Vol. I, p. 60.〔原著では次の註と重複しているため、英訳『日本書紀』の該当箇所に差し替えた〕
◆8 *Kojiki*, p. 94. See also p. 97.
◆9 Brinkley, *A History of the Japanese People*, p. 58.
◆10 *Nihongi*, Vol. I, p. 297; Vol. II, pp. 237, 239, 252, 286, 322, 326, 352, 410.
◆11 *Kojiki*, pp. 102–5.
◆12 Satow, "The Revival of Pure Shinto," p. 222.
◆13 *Kojiki*, p. 102, note 4; *Nihongi*, Vol. I, p. 62.
◆14 *Kojiki*, p. 102, note 2.
◆15 Ibid., p. 103, note 6.
◆16 *Nihongi*, Vol. I, p. 60.
◆17 Ibid., p. 60.
◆18 Ibid., pp. 60–1.
◆19 *Kojiki*, pp. 105–6.
◆20 Ibid., p. 105, note 3; p. 106, note 4.
◆21 *Nihongi*, Vol. I, p. 80.
◆22 *Kojiki*, pp. 211–2; *Nihongi*, Vol. I, pp. 152–4.

◆23 *Kojiki*, p. 106, note 4.
◆24 Ibid., p. 107, note 13.

第九章　個性と統一

◆1 *Nihongi*, Vol. I, p. 110.
◆2 *Kojiki*, p. 112.
◆3 *Nihongi*, Vol. I, pp. 64–5.
◆4 *Kojiki*, p. 115.
◆5 Ibid., p. 114.
◆6 Ibid., pp. 163–4.
◆7 Ibid., p. 117.
◆8 Ibid., p. 114, note 9. See *Nihongi*, Vol. I, p. 65, note 5.
◆9 *Kojiki*, p. 115, note 12.
◆10 Ibid., p. 118, note 30.
◆11 *Nihongi*, Vol. I, p. 90.

第十章　天の優位性

◆1 *Kojiki*, pp. 119–20.
◆2 Ibid., p. 120, note 5.
◆3 Ibid., p. 36, note 12.
◆4 Ibid., p. 38, note 8.
◆5 *Nihongi*, Vol. I, p. 23.
◆6 *Kojiki*, p. 33.
◆7 Ibid.
◆8 Ibid., p. 121, note 11.
◆9 Ibid., p. 121.
◆10 Ibid., p. 122, note 20.
◆11 Ibid., p. 124.
◆12 *Nihongi*, Vol. I, pp. 61–2.
◆13 Ibid., pp. 132, 138.
◆14 *Kojiki*, p. 177.
◆15 Ibid., pp. 123–4.
◆16 Ibid., p. 124, note 31.
◆17 Ibid., p. 125.
◆18 Ibid., p. 125, note 32.
◆19 Ibid., p. 126, note 38.
◆20 Ibid., pp. 126–7.
◆21 *Nihongi*, Vol. I, p. 80.
◆22 Ibid.
◆23 Ibid., p. 36.
◆24 *Kojiki*, pp. 59–60.
◆25 *Nihongi*, Vol. I, pp. 162–3.

第十一章　霊的祖先

◆1 *Kojiki*, p. 127, note 2.
◆2 Ibid., p. 140, note 15.
◆3 *Nihongi*, Vol. I, p. 109, note 1.
◆4 Ibid., p. 77.
◆5 *Kojiki*, p. 129.
◆6 Ibid., p. 131, note 22.

◆7 *Nihongi*, Vol. I, p. 83.
◆8 *Kojiki*, p. 131.
◆9 *Nihongi*, Vol. I, p. 81.
◆10 *Kojiki*, p. 131.
◆11 *Nihongi*, Vol. I, p. 83.
◆12 Ibid., note 4.
◆13 Ibid., p. 77.
◆14 *Kojiki*, p. 134.
◆15 *Nihongi*, Vol. I, p. 84.
◆16 *Kojiki*, p. 134, note 5.
◆17 Ibid., pp. 134–6.
◆18 *Nihongi*, Vol. I, pp. 86–7.
◆19 *Kojiki*, p. 136, note 17.
◆20 *Nihongi*, Vol. I, pp. 70, 84, 87.
◆21 *Kojiki*, p. 135, note 15.
◆22 *Nihongi*, Vol. I, pp. 70, 84, 87, 90.
◆23 Ibid., pp. 87–8.

第十二章　神道と進歩

◆1 *Nihongi*, Vol. I, p. 110.
◆2 *Kojiki*, p. 157.〔原著の p. 110 は誤植のため該当頁に差し替えた〕
◆3 Ibid., p. 130.
◆4 Ibid., p. 135, note 12.
◆5 Ibid., p. 134, note 7.
◆6 Ibid., p. 134, note 10.
◆7 Ibid., p. XXVIII.
◆8 Ibid., p. 136.
◆9 *Nihongi*, Vol. I, p. 79.
◆10 Ibid., pp. 192–4.
◆11 *Kojiki*, pp. 79–80.
◆12 Ibid., p. 138, note 2.
◆13 Ibid., p. 139.
◆14 Ibid., pp. 139–40.
◆15 *Nihongi*, Vol. I, pp. 84–5.
◆16 *Kojiki*, p. 141.
◆17 *Nihongi*, Vol. I, p. 85.
◆18 Ibid., p. 89.
◆19 Ibid., p. 73.
◆20 Ibid., p. 101.
◆21 Florenz, “Ancient Japanese Rituals,” p. 15, note 28.
◆22 *Kojiki*, p. 26.
◆23 *Nihongi*, Vol. I, p. 148.
◆24 *Kojiki*, p. 126, note 38.
◆25 *Nihongi*, Vol. I, p. 220.
◆26 *Kojiki*, p. 145.
◆27 *Nihongi*, Vol. I, pp. 92, 96, 102.
◆28 *Kojiki*, p. 147, asterisk note.
◆29 Ibid., p. 147.
◆30 *Nihongi*, Vol. I, pp. 93, 96, 102.

◆31 Satow, "Ancient Japanese Rituals," p. 26, note 14.
◆32 *Kojiki*, pp. 148–9.
◆33 *Nihongi*, Vol. I, p. 98.
◆34 Ibid., p. 102.
◆35 *Kojiki*, p. 150, note 29.
◆36 *Nihongi*, Vol. I, p. 103.
◆37 *Kojiki*, p. 149, note 20.
◆38 *Nihongi*, Vol. I, pp. 106–7.
◆39 Ibid., p. 100.
◆40 Ibid., p. 103.
◆41 *Kojiki*, p. 151.
◆42 *Nihongi*, Vol. I, p. 107.
◆43 *Kojiki*, p. 151, note 3.
◆44 Ibid., p. 152.
◆45 Satow, "Ancient Japanese Rituals," p. 28, note 2.
◆46 *Kojiki*, pp. 171–2.
◆47 *Nihongi*, Vol. I, p. 123.
◆48 *Kojiki*, p. 155, note 1.

附録

J・W・T・メーソン小伝

幕末以来、日本固有の神道を研究した西洋人は数多い。しかし、神道を客観的研究対象とするにとどまらず、自らも信奉者であり、なおかつ哲学の立場から「言挙げせぬ」神道に詳細な思想的解釈を試みた点で、J・W・T・メーソンは異色の存在といえる。

メーソンは言う。「神道は政治上の手段でもなければ、何らの施政形式の支柱でもない。世界的精神概念を有する神道は、このような方法によって幽閉されるものではない。(…)それは国民の所有であり、一つの永久的国宝である。しかし神道は心の博物館に葬り去られてはならない。日本人は今や自覚的に神道を理解しなければならない。日本人がそうすればするほど、西洋は日本を理解するようになるだろう」
(『神ながらの道』今岡信一良訳)

神道の創造的精神の本質を解明しようとしたメーソンは、国家主義、軍国主義へと歩みを進めつつあった昭和初期の日本を三回訪れ、日本人に向けて「汝自身に目覚めよ」と訴えかける一方、欧米においても神道の本義を紹介すべく努めたのである。

ジョセフ・ウォレン・ティーツ・メーソンは一八七九年一月三日、米国ニューヨーク州ニューバーグに生まれる。ニューヨーク市立大学に学んだ後、ジャーナリズムに身を投じ、一八九九年、英国ロンドンへ赴任。スクリップス・マクレー通信社を経て、UP通信社のヨーロッパ支社長となる。国際情勢を報じる傍ら、フランスのアンリ・ベルクソン、イタリアのベネデット・クローチェ、英国のF・C・S・シラーなどとも親交し、哲学や宗教の源流を尋ねた。

日露戦争当時、ロンドンに駐在していたメーソンは、『源氏物語』を初めて英訳したことでも知られる政治家・文学者の末松謙澄らと交遊するうちに日本への関心を深め、その発展力の根幹をなす神道に心惹かれるようになる。

*

一九〇八年に帰米後は英紙『デイリー・エクスプレス』のニューヨーク特派員を長年務めながら、日本に関する文献を蒐集し、研究に没頭した。また機会あるごとに日本人をマンハッタンの自宅に招き、親しく語り合った。その一人、僧侶の暁烏《あけがらす》敏《はや》が初対面で「あなたの宗教は」と問うと、メーソンは「シントイスト」であると答え、「私は世界に比類のない神道を信奉する」と述べたという。

メーソンの神道解釈は、ベルクソンの「創造的進化」「エラン・ヴィタール（生命の飛躍）」の哲学の影響下に形成されていった。ベルクソンはメーソンとの対話で神道に興味を示し、「西洋は是非神道の真意を諒解するため学ばねばならない」と述懐している（本書二九三頁）。メーソンはパリで神道をテーマに講演会を開いているが、それはベルクソンの全面的な協力で実現したものであった（本書三〇〇頁）。

*

メーソンがエディス夫人と共に日本を初めて訪れたのは、一九三二（昭和七）年四月のことである。親日的ジャーナリストにして神道研究家の米国人メーソンの来日は新聞各紙でも報道され、注目を集めた。神社仏閣の巡拝や宗教家・学者たちとの交流を通じ、メーソンは神道研究を一段と深めていった。

来日後まもなく行われたメーソンと京都の神道家たちの座談会や講演会では、鈴木大拙が通訳を務めている。仏教思想の欧米への普及に大きく貢献したことで知られる大拙は、禅と浄土教に霊性の発現を見いだし、『日本的霊性』（一九四四年）や『霊性的日本の建設』（一九四六年）を著した。一方、戦前に神道の霊性を探究したのがメーソンであった。

メーソンは、神道とは「人類と自然とを、全能の神によることなく、自ら物質的進歩を創造する神霊だと考える原始的直観」であると解していた。世界各地に残る神話の母体ともいうべき潜在意識的真理は、かつて人類が共通して持っていたものであるが、多くの民族においては自覚意識が発達していく歴史の過程で失われ、もはや太古の精神的伝統と現代は断絶してしまった。しかし日本では、高度な発展を遂げた今もなお、生命や霊性に関する神道神話の原始的直観がほぼ完全に保持されてきた。その潜在意識的真理を自覚意識的に表現することが、人類の真の幸福を増進することにつながると彼は考えたのだった。

またメーソンは、神社とは「人と神霊は一であるという原始的直観を新たにする霊的元気回復の場所」「神霊に敬意を払い、普遍的霊性に挨拶をする場所」（『神ながらの道』）とも述べている。

メーソンは日本全国を巡り、一回目の来日（一九三二年四月一日-三四年二月一日）では百三十回以上の講演を行っている。日本のみならず欧米諸国でも幾度となく講演し、神道思想の紹介に尽くした。

その独特な神道観や明朗で温厚篤実な人柄は多くの日本人を魅了し、二回目に来日（一九三五年九月五日-三六年九月二十七日）した際には、各界の二百人以上が発起人となり「メーソンの友の会」が設立されている。

＊

J・W・T・メーソンの来日中には、軍国主義体制が強化される契機となった五・一五事件（一九三二年）や二・二六事件（一九三六年）などが発生した。二・二六事件の後、言論の圧迫に耐え兼ねたメーソンは「日本には最早神道は滅亡しつつあるようである。極端に言論の自由の許されるイギリスのハイド・パークに行ってこそ神道を学ぼう」と言って日本を脱出したこともある。しかし、メーソンは混乱する情勢も新しい時代に躍進するための陣痛と捉え、日本人の英知を信じ続けた。

時代は次第に戦時色を強め、一九三七年七月には日中戦争が勃発、日本国内の外国人をめぐる状況も急変していった。国家総動員体制下に民主主義や平和主義を掲げるメーソンの身の危険を案じる声が高まる中、一九三八年九月九日、メーソンは三回目の来日を果たす。滞日中にはメーソンの還暦記念会やベルクソンの第八十回誕辰祝賀会が開かれたほか、「友の会」の友人らはメーソンが日本の歴史における創造的原動力の象徴として最も崇敬していた第十代崇神天皇を祀る神宮の創建について帝国議会に請願を行うなどしている。

一九三九年九月、ドイツがポーランドを侵攻し、第二次世界大戦が始まる。国際情勢の緊迫を受け、メーソンは日英両文の『神道神話の精神』（冨山房）を残し、一九四〇年五月四日、龍田丸で帰米の途に就く。百人近くが集まった東京・如水会館での送別会で、メーソンは「必ず帰ってくる」と約束した。

ニューヨークに戻ったメーソンは、引退したＵＰ通信社に復帰する。同年五月末の米国各紙は、メーソンが第一次世界大戦中（一九一四‐一八年）に執筆し、国際的な名声を博した評論「今日の戦況（Today's War Moves）」を再開すると報じている。

日米両国の対立が深まり、予断を許さない状況下で多忙な記者生活を送っていたメーソンは、同年十二月に胸の不調を覚え、万一に備えて遺書を用意する。

一九四一年一月四日、ナチス・ドイツ占領下のパリでベルクソンが死去する。八十一歳であった。

同年五月十二日、仕事を終えてセントラルパークに隣接するバルビゾン・プラザ・ホテルの居室に戻ったメーソンは、心臓発作を起こす。ただちに病院へ搬送されたが、既に手遅れであった。翌十三日午前三時、メーソンは六十二年の生涯を閉じた。

メーソンの遺書には「遺骨は日本に葬れ」と書かれていた。また、崇神天皇を祀る神宮が創建された暁、許されるならばその近くに葬ってほしいとも記されていた。

遺言に基づき、遺骨は日米開戦前にニューヨークから帰来した最後の就航船、吾妻丸に寄託され、日本へと運ばれた。そして一九四二年、既に戦争の最中であったにもかかわらず、今岡信一良ら友人たちはメーソンのため、東京の多磨霊園に墓所を建立した。墓碑の隣には、友人総代として哲学者・井上哲次郎の名で石碑が立っている。

メーソンの業績を称える碑文の一節には「彼ハ国籍ニ於テハ米国人ナレドモ精神ニ於テハ実ニ日本人ナリト謂フベシ」と刻まれている。

文責・訳者

同時代人のメーソン評価

鈴木大拙（仏教学者）

同氏は若いときから新聞記者で身を立てたと云われ、今もそれを自分の仕事として居られるのだと思う。それ故メ氏は専門の学者でないのだ。この専門の学者でなくて、日本人と神道の研究に興味を有って居られると云うところが、わしの所感の中心なのである。

学者として神道研究の人は随分に、欧米にあることと信ずる。独逸のフロレンツ、英国のチェンバレン及びアストン等は、日本古代史の研究に於ては、何れも一家をなして居る人だ。併し是等及びその外の日本研究家は、何れも学者的態度を失わぬように見える。即ち彼等は何時も客観的態度で、その研究材料に対するのである。故に熱がない。尤もと思われることを言っても、こちらでは、「うん、そうか」と云う位の挨拶以上に出ることは不能である。

メ氏は之に反して、その所謂る研究なるものは、一種の深い同情心が、はいって居る。向うから、わざわざ進んで、日本の歴史や日本人を研究して、同情してくれるものがあれば、その人は大いに歓迎して然るべきでなかろうか。特にその研究が専門的でなく、学者的でない場合には一層然りと云いたい。

とに角、メ氏流の日本人研究家、神道研究家が、一人でも多く欧米に出ることを予は希望して止まぬ。

（「メーソン氏につきて」、『創造の日本』鹿野久恒編、大東出版社、一九三四年、初出『中外日報』）

井上哲次郎（哲学者）

米国人メーソン氏は、来朝以来京都に東京に、北海道にと各地に亙り、講演、談話その他の形式によって神道又は仏教に関する見解を発表し、大分人気を博しているようである。これまでいろいろの学者が英、米、独、仏等の諸国より来たけれども、メーソン氏のように日本の宗教界、殊に神道の側に於て人気を博した人は殆んど前例を見ないようである。

吾が日本に来ている米国人ホルトム氏の如きは日本の古典も読め、又日本語の講演も出来る。而して最も広く神道書を研究している人である。その他神道研究に多少の造詣ある人はないことはないけれども、しかし、哲学と言う立場から神仏二教を研究している人は、メーソン氏を措いて他に無いのである。この点、メーソン氏は他の人々と大いにその撰を異にしている。

或はメーソン氏の哲学はベルグソンのそれを丸呑みしたように考えて、ベルグソンの哲学を除き去れば何ものも無いように論ずるものもあるが、そのように蔑《けな》すべきではない。それはよくメーソン氏の哲学を理解していないからであろうと思う。

メーソン氏が最も興味を抱いているものは神道であり、そして傍仏教にも及んでいる。神道を哲学的に解釈すると言うこと即ち言換えれば神道を哲学的に基礎づけるということは、自分も非常に興味を抱いている点である。兎も角西洋の人で哲学上から神道を解釈しようと努力したものは、メーソン氏が最初であるから、この点に於てはその態度を大いに多とせねばならぬと思う。

（「メーソン氏に就て」、『創造の日本』鹿野久恒編、大東出版社、一九三四年、初出『教学新聞』）

河野省三（神道学者、國學院大學元学長）

従来、忠実な神道研究の外国人は少なくない。現に久しく我が国に足を留めている熱心な神道学者としての外人もおる。然るにナゼ斯くまでメーソン氏の神道論が我が官私大学の教授学生や東西の大新聞社を引付けたのであるか。それは謂うまでもなく明尊氏が神道の研究を発表して日本の学者の批判を仰いでおるのではなく、氏自身の信ずる神道論を披歴して日本人の魂に訴えようとしているが為である。氏の神道論は神道の神話や土俗の異民族のそれらに対する似寄りの比較ではなく、神道そのものの生命に対する憧れとその生命の自覚に依る日本民族の精神的解放論だからである。

氏は日本精神の本質の力を検討して、それがよく氏の立場とベルグソンの哲学と合して三位一体となった境地におる。その所論が創造的、発展的、独自的な点に於て神道の本質に接し、日本民族の精神生活の奥底に触れたのは自然である。併しそれは溝口（駒造）氏も気付かれた通り、日本神道の一側面であり、日本精神の一面観である。それは学究的にも日本国民としても再検討せねばならぬ問題である。唯メーソン氏が日本精神の創造性を力説しそこに神道の根柢を据えて神道に関して案外無頓着な日本人殊に若い日本国民に向って呼び掛けたことは否定し得ないお手柄である。

（「神道論　批判の批判　メーソン氏＝対＝溝口駒造氏を評す」、『読売新聞』一九三二年八月十二－十六日付）

浅野和三郎（英文学者、心霊研究家）

私をして頗る感心せしめたことは、メースン氏が普通の研究者流と異なり心霊問題につきての相当の知識と見解を有って居ることでした。従って氏の神道研究には相当の深みがあり、単に皮相なる観念の遊戯に陥って居ない点があるのでした。「この人ならば本当に日本神道の真髄に触れることができはしないかしら……」掛値なしに私はそう感じたことでしたが、今回氏の講演にかかる「神道の創造的展開」を一読するに及びて私の所見に大した間違いのなかったことを発見しました。

明治以後の学者達の所説に従えば、日本の神代とは歴史以前の野蛮蒙昧なる原始時代に過ぎないのであります。又彼等に従えば、日本の神々とは恐らく日本渡来以前の何所かの外国に於ける乱暴な酋長土豪の類に過ぎなかったのであります。要するに何所まで行っても彼等の視野は平面的な物質的現象界以外には出でなかったのであります。これでは恐らく百年経っても千年経っても日本神道の真髄を摑む見込みはありますまい。

ところがわがメースン君に至りては断じてそうではないらしいことがその講演の中に明かに窺われるのであります。彼には「神霊」並に「神霊の世界」の観念が立派にできているのであります。それ丈でもメースン君は明かに日本の学界又は宗教界の水平線を楽々と突破して居ると言わねばなりません。

（「メースン氏の神道観につきて――大阪心霊科学協会の十一月例会に於て」、『心霊と人生』一九三三年一月号）

正宗白鳥（小説家、劇作家、評論家）

空想惑溺実現力希薄な私は、創造的精神の旺盛な実行力に富んだ外人メーソン氏を自分と対照して大に興味を感じている。氏夫妻とは同じホテル（メーソンが東京での定宿としていた帝国ホテルのこと）に滞在しているため非常に懇意になったので、外国の風俗習慣、日常生活のさまざまを聞かされるのも、面白いが、それよりも、氏の耳目と頭脳を通して日本の語られるのが、私の好奇心を刺戟している。氏は、毎夜、必ずその一日の見聞、行動、感想を私に報告するのである。率直に明快に、隠すところなく（それは私の誤信かも知れないが）語るのである。

氏は二年近くも日本に滞在して神道研究を主要な目的として、諸方を旅行し、日本を去るに当って、研究の結果たる名著を残したのであるが、氏が日本の神道に関して独創的見解を施したことは別問題として、氏が日本渡来についての用意、滞在中の社交振りなど、水も洩らさぬ手際に私は感心している。

メーソン氏は、私よりも日本内地をよく旅行しているが、私などが見たくても見られない所をちゃんと見ていて、私に話してくれる。私は氏によって未知の日本をいくらか知ることが出来た。また社交の狭い私は、氏によって、方面の異った知名の日本人に紹介された。そういう時には、旅行先で日本人に会っているような感じがして面白い。

（「旅人の心」、『読売新聞』一九三四年二月七日付）

＊各稿とも、一部を抜粋・編集し、新字・新仮名遣いに修正している。

アンリ・ベルクソンからメーソンへの書簡（一九一三‐三八年）

一九一三年一月十八日

パリ、オートゥイユ、ティユール大通り一八番地
ヴィラ・モンモランシー

親愛なるメーソン
仕事に追われ、わずかな時間しかありませんが、それでも貴兄の「ベルクソンの方法」に関する論説[1]を拝読することができ、大きな喜びを感じたことをお伝えしたいと思います。貴兄が立証したつながりは非常に興味深く、ご指摘のように、両者がとった方法は一部の人が主張するような恣意的なものでは全くないことを示しています。これから米国に発つので、貴兄にニューヨークで直接お礼を言う機会があるかもしれません。[2]
貴兄の記事を通じて、オールデン氏の本を読みたくなりました。もう少し自由になりましたら、すぐに

読むつもりです。

敬具

H・ベルクソン

封筒：米国、ニューヨーク
サン・ビルディング
J・W・T・メーソン様

⁂

一九二三年二月四日
パリ、ヴィタル通り三二番地

拝啓
貴殿とお話ができればよかったことは申し上げるまでもありません。しかし私は年来、インタビューには（この言葉の持つ最高の意味においても）応じないこと、つまり全体的であれ部分的であれ、公表を目的とした会話は一切しないことを不変の規則としなければなりませんでした。非常に多くの方々の気分を害することなく例外を認めることはできず、このような理由で面会を申し込まれた場合、私はいつもこの点に関して自分に絶対的な規則を課しているとお答えしてきました。どうか私の遺憾の意をご理解ください。

敬具

H・ベルクソン▼3

封筒：パリ八区、ボワシー・ダングラ通り一五番地
ホテル・ヴイユモン
J・W・T・メーソン様

⁂

一九二三年二月八日
パリ、ヴィタル通り三二番地

▼1 『ノース・アメリカン・レビュー』一九一三年一月号にメーソンが寄稿した「確認されたベルクソンの方法（The Bergson Method Confirmed）」を指す。この論考でメーソンは、ベルクソンとヘンリー・ミルズ・オールデン（米国の作家、『ハーパーズ・マガジン』編集長、一八三六－一九一九）の著書『死の研究（*A Study of Death*）』（ハーパー・アンド・ブラザーズ、一八九五年）の方法を比較検討している。

▼2 ベルクソンは一九一三年二月、ニューヨークのコロンビア大学で講演を行った。メーソンが同大学滞在中のベルクソンに送った二月五－七日の書簡、およびそれに先立つ一九一二年十二月三十一日の書簡がパリのジャック・ドゥーセ文学図書館に保管されている。

▼3 四日後に書かれた次のベルクソンの手紙から、インタビューを一律に辞退するこの書簡は誤ってメーソンに送られたものと推測される。

拝啓
二度手間をおかけして大変申し訳ありません。明日金曜日の午前十一時半には在宅しております。[4]

敬具

H・ベルクソン

封筒：気送管速達
パリ八区、ボワシー・ダングラ通り一五番地
ホテル・ヴィユモン
J・W・T・メーソン様

⁂

一九二五年九月六日
ジュネーブ

親愛なるメーソン
まだ体調が非常に悪いため、貴兄のご親切なお手紙に手短にしかお返事できません。しかし、私がどれほど心を打たれたかをお伝えし、感謝を申し上げたいと思います。
貴兄のご著書[5]について書かれたことは、本当に興味深いものです。出版されたら、拝読するのをとても

楽しみにしていると申し上げる必要があるでしょうか？

現在、私はジュネーブの外科医院で新しい治療法を受けています。十二月から一月にかけてどこにいるかは健康状態によるため今お伝えするのは難しいのですが、新年の頃にモンテカルロにいらっしゃるなら、私はその近辺にいるかもしれません。

いずれにせよ、パリのヴィタル通り三二番地にお手紙をください。

敬具
H・ベルクソン

封筒：米国、ニューヨーク
フォート・ワシントン・アベニュー三五番地
J・W・T・メーソン様

⁂

一九二五年十二月七日
パリ、ヴィタル通り三二番地

▼4　一九二三年二月九日にメーソンがベルクソンを訪ねた記録は、本書「訪問記」（三〇五－八頁）参照。
▼5　J・W・T・メーソン『創造的自由（*Creative Freedom*）』（ハーパー・アンド・ブラザーズ、一九二六年）。

親愛なるメーソン

ご親切なお手紙にお返事を差し上げるべきでしたが、またしても体調がひどく悪化し、ジュネーブに戻らざるを得なくなりました。ジュネーブでは特別な治療を受けて、大幅に回復していたのです。今週ジュネーブに出発します。貴兄も今月中旬に行かれるご予定なのですね。私が治療を受けている診療所に会いに来てください[6]。「ブールカール医院、ジュネーブ、ケ・デ・ユー・ヴィーヴ六二番地」です。一日のうち一定時間は治療に専念してしまうので、電話で面会を申し込まれるとよいでしょう。通常私は面会を断っているため、電話を入れていただくことを強くお勧めします。電話の担当者にも伝えておきます。貴兄と語り合い、出版を知らせてくださったご著書を直接受け取ることができれば、とても喜ばしいことは言うまでもありません。残念ながら、私は非常に疲れているので、あまりお話しすることはできませんが。

敬具

H・ベルクソン

一月中旬ごろにジュネーブからリヴィエラに行く予定です。パリに戻るのはおそらく四月以降になるでしょう。

封筒：イングランド、ロンドン
ストランド
ホテル・セシル
J・W・T・メーソン様

⁂

一九二六年五月二十六日
パリ、ヴィタル通り三二番地

親愛なるメーソン

フランス語で手紙を書かせてください。そのほうが楽ですし、貴兄が私たちの言語を理解していることも覚えています。まず、ご無音に打ち過ぎたことをお詫びしなければなりません。それは私の健康状態のためで、ジュネーブを発った後、思わしくないことが多かったのです。さまざまな場所へ行って種々の治療を試みなければならず、幾分消耗して疲れました。しかし、最近改善が見られたので、この機会に貴兄に手紙を書いています。

ご著書『創造的自由』を大変興味深く読みました。本書は多くの思想と事実に満ちています。本書で扱われていない哲学的、道徳的な問題はほとんどなく、個人的で有益かつ示唆に富む考察が見いだされます。またこれらの見解はいずれも、本書を統合する「創造的原動力（Creative impetus）」と「純粋精神（Pure Spirit）」という概念を中心にまとめられています。ここにあるのは、ハーバート・スペンサーとは正反対の進化論です。すなわち創造と発展の精神的原理による現実の再構成であり、もはや機械論的に配列し、乱し、再配列するような既成の要素による物事の再構成ではありません。体調が良くなったらもっと詳し

▼6　メーソン夫妻と娘のマーガレットは一九二五年十二月、ジュネーブで療養中のベルクソンを訪問した。

く私の意見をお伝えしようと思いますが、今のところは貴兄の努力と成果に対して賛辞を贈るにとどめておきます。

もし留保をつけるとすれば、提起された問題や提案された解決法、取り上げられた主題の多さです。おそらく、焦点を当てた各領域で一つか二つの問題を選んでそれについてさらに長く論じていたら、より説得力を増したでしょう。しかし、貴兄は最初に全体像を示そうとしたのであり、具体的な部分に関しては今後立ち戻って掘り下げていかれるのだと思います。こうしたことを話し合う機会を持ちたいのですが、私が米国へ行けるのはかなり先になりそうです。けれども、貴兄がヨーロッパへ再びおいでになるのもそう遠くはないでしょう。奥様とお嬢様によろしくお伝えください。

敬具▼7

H・ベルクソン

⁂

一九二六年十二月二十三日

パリ、ヴィタル通り三二番地

心からの感謝と新年のご挨拶を申し上げます。▼8

封筒：米国、ニューヨーク

フォート・ワシントン・アベニュー三五番地

J・W・T・メーソン夫妻

⁂

一九二六年十二月二十五日

パリ、ヴィタル通り三二番地

親愛なるメーソン

貴兄が再びヨーロッパへおいでになり、近いうちにお会いできる機会があるかもしれないと聞いて、とてもうれしく思います。私はまだパリにおり、二月まで離れる予定はありません。一月十七日(月曜日)か十八日(火曜日)か十九日(水曜日)の四時から五時の間に、奥様と(ご同行されるのであればお嬢様も)一緒にお茶にいらっしゃいませんか。▼9 ご希望の日を少し前にお知らせください。

敬具

H・ベルクソン

▼7 この手紙のみ、東京の今岡信一良氏所蔵のメーソン関連資料に含まれていた(令孫・今岡迪郎氏の承諾により、二〇一五年、コロンビア大学C・V・スター東亜図書館にその他の資料と共に寄託)。

▼8 アカデミー・フランセーズ、道徳・政治科学アカデミー所属の名刺の余白に手書きで英語のメッセージが書かれている。

▼9 メーソン夫妻は一九二七年一月十七日にベルクソン家を訪ねた。本書「訪問記」(三〇九‐一三頁)参照。

封筒：イングランド、ロンドン
ポートマン・ストリート
モスティン・ホテル
J・W・T・メーソン様

⁂

一九二八年一月三日
パリ、ヴィタル通り三二番地
最高の賛辞と心から新年のご挨拶を申し上げます。▼10

封筒：米国、ニューヨーク
フォート・ワシントン・アベニュー三五番地
J・W・T・メーソン夫妻
マーガレット・メーソン様

⁂

一九三〇年十二月二十九日
パリ、ボーセジュール大通り四七番地

心からのご挨拶と新年のご多幸をお祈り申し上げます。[11]

封筒：米国、ニューヨーク
フォート・ワシントン・アベニュー三五番地
J・W・T・メーソン夫妻
マーガレット・E・H・メーソン様

⁂

一九三一年十二月十一日
パリ、ボーセジュール大通り四七番地

▼10 印刷されたベルクソン夫妻の名前の下に手書きでフランス語のメッセージが書かれている。
▼11 印刷されたベルクソン夫妻の名前の下に手書きで英語のメッセージが書かれている。

親愛なるメーソン

たとえ数日間でもパリにいらっしゃるとのこと、大変喜ばしく思います。来週月曜日、十二月十四日の午後四時半に奥様と一緒にお茶においでになりませんか。[12]私たちが今住んでいるボーセジュール大通りは、ヴィタル通りのすぐ近くです。

敬具

H・ベルクソン

封筒：パリ八区、ボワシー・ダングラ通り

ホテル・ヴィユモン

J・W・T・メーソン様

⁂

一九三四年八月十五日

スイス、ヴヴェイ、グランド・ホテル

親愛なるメーソン

貴兄から連絡があり、もうすぐパリでお会いできると知って、どれほどうれしかったか言葉では言い表せません。長い旅をされている間に、貴兄から何度か非常に興味深い手紙を受け取りました。私が返事を出さなかったとすれば、それは第一に、返事を出しても貴兄が手紙を書いた場所にもういないのではないかというおそれが常にあったからであり、第二に、私の健康状態が悪く、日中に仕事をしたり、読書をしたり、手紙を書いたりする余裕がほとんどなかったからです。幸いなことに今は良くなったので、貴兄が出版されるご著書▼13を喜んで読むことを約束します。

日本の宗教に関する貴兄の講演会は、大変興味深いものになると確信しています。しかし、もしパリで行われるとすれば、フランス語でなければならないでしょう。フランスでは、英語は書き言葉として知られ、流暢に読む人はかなり増えてきていますが、英語の講演についていけるほど十分に訓練された耳を持つ人は比較的少ないのです。この条件に、フランスでは関心の薄い東洋哲学に興味があるという条件が加わると、おそらく聴衆を集めることはほとんど不可能に近いでしょう。

ソルボンヌでは英語と英文学の非常にきめ細やかで集中的な教育が組まれ、一流の教師陣が学生を指導し、学生の多くが自らも英語を教えることを志しています。このような難しいテーマについて英語で講演できる場所は、ほかには考えられません。とはいえ、そこではおそらく「神道についての講演」ではなく、「英語での講演」として受け止められるでしょう。貴兄が新しく独創的な哲学的題材をもたらすことを考えると、それは極めて残念なことです。いずれにしても、数日中に親戚のソルボンヌの英文学教授にこのことを話します。彼はたまたま休暇でスイスにおり、私たちが今いるヴヴェイからそう遠くないところで過ごしています。もし彼が何か有益な提案をしてくれたら、またお知らせします。言い忘れましたが、九月と十月は休暇期間なので、ソルボンヌでもほかの大学でも、講演会を開くことはできません。大学が再

▼12 メーソン夫妻は一九三一年十二月十四日にベルクソン家を訪ねた。本書「訪問記」(三一三–四頁)参照。

▼13 J・W・T・メーソン『神ながらの道(*The Meaning of Shinto*)』(日本語訳：冨山房、一九三三年、原著：E・P・ダットン、一九三五年)。

開するのは十一月です。

私が大きな思い違いをしているのか、あるいは、たとえフランス語であっても、講演より本や雑誌記事のほうがここでは効果的なのかのどちらかです。

ヴヴェイの上記住所に九月十五日ごろまで滞在しています。十月一日にはパリに戻る予定です。貴兄はその頃にはおいでになるでしょうから、お電話いただければ日程を調整します。パリの私の電話番号は電話帳には載っていません。「オートゥイユ八九‐三二」です。

妻と娘が貴兄ご夫妻によろしく申し上げております。

敬具

H・ベルクソン▼14

追伸　英語で手紙を書かなかったことをお詫びしなければなりません。しかし、フランス語で書くほうがずっと楽なのです。老いのせいで私は怠惰になってしまいました。

封筒：イングランド、ロンドンSW一
ウォータールー・プレイス一一番地
ナショナル・シティバンク・オブ・ニューヨーク気付
J・W・T・メーソン様
〔住所に取り消し線が引かれ、次の場所に転送〕
ブライトン
ノーフォーク・ホテル

＊＊＊

一九三四年十月八日
パリ、ボーセジュール大通り四七番地

親愛なるメーソン
貴兄の書かれた本や論文の簡易なリストを送っていただけますか。また、訪問した国々の滞在期間、アジアや日本などで出会った哲学者の名前も教えてください。グザヴィエ・レオンとエリー・アレヴィにはまだ手紙を書いていません。おそらく彼らはフランス哲学会のほかの会員と相談する際に、こうした詳細な情報を知りたがるからです。
さて、先週貴兄とお話しできて私たちがどれほどうれしかったかお伝えしなければなりません。[15] 日本へお戻りになる前に、ぜひパリでお過ごしください。妻と娘が貴兄ご夫妻によろしくお伝えするよう申して

▼14　この手紙は、書籍化されたベルクソンの『書簡集（*Correspondances*）』（フランス大学出版局、二〇〇二年）に草稿（日付は一九三四年八月十三日）が収録されている。同書の註に、メーソンは一九四〇年一月、ベルクソンに『神道神話の精神』を送ったとある。

▼15　メーソン夫妻は一九三四年十月三日にベルクソン家を訪問した。パリから京都の『中外日報』社主・真渓涙骨宛にメーソンが同日送ったはがきには「エディと私と二人は今パリのベルグソン教授と同夫人とお茶を共にしている。私はベルグソン教授に神道のことを話しているが教授は大変神道に興味をもって西洋は是非神道の真意を諒解するため学ばねばならぬと語っている」（同紙一九三四年十一月一日付）とあり、ベルクソンも自筆で署名している。

ております。

敬具

H・ベルクソン

封筒：イングランド、ロンドンSW一
ウォータールー・プレイス一一番地
ナショナル・シティバンク・オブ・ニューヨーク気付
J・W・T・メーソン様
〔住所に取り消し線が引かれ、次の場所に転送〕
ブライトン
ノーフォーク・ホテル

⁂

一九三四年十一月二日
パリ、ボーセジュール大通り四七番地

親愛なるメーソン
多忙のため、英語では遅くなってしまうので、再びフランス語で書かせてください。貴兄の手紙と、L・P・ジャックスの優れた論説に対する貴兄の評価は、私に大きな喜びをもたらしてくれました。

さて、貴兄の講演会についてお伝えしなければなりません。エリー・アレヴィが不在の間、私はソルボンヌの哲学教授でアレヴィとグザヴィエ・レオンの個人的な友人であるブランシュヴィックに、哲学会で神道に関する講演会を開催するという私たちの企画について話をしました。彼は（そして私も最終的には彼に同意したのですが）、二つの障害に直面することになるだろうという意見でした。一つは、既に分かっていたことですが、通訳によって常に中断される議論を行うことの難しさです。もう一つは、当初は思いもよらなかったある会則によるものです。哲学会（『形而上学・道徳評論』誌の一部門）では、対象となる哲学者が『形而上学・道徳評論』に発表した論文についての議論、あるいはその哲学者が最近フランスで出版した書籍の検討にのみセッションを充てるという規則があるのです。この規則の理由（会の成功の主な要因の一つ）は、招かれた哲学者が本格的な「講義」をする必要がなくなるからです。十五分か二十分で出席者全員が知っているはずの自分の論文や著書の概要を述べ、残りの時間はすべて徹底的な議論に費やすことができます。これは私たち二人の考えであり、私の甥でソルボンヌの英文学教授、フロリス・ドラットルの意見でもあります。

パリには少し前からブリティッシュ・インスティテュートがあるようです（私は孤立していて何も知らなかったのですが）。英語で行われる講義のため特別に設けられたもので、ここがにわかに重要性を帯びてきました。同所は元英国高官のセオドア・モリソン卿によって運営されています。ソルボンヌの真向かいにあり、パリ大学との取り決めで、同所主催の講義はしばしばソルボンヌで開催されています。ブランシュヴィックとドラットルの意見では、これこそまさに貴兄が望んでいるものです。ただ一つの難点は、聴衆の中で最も理解を示すであろう哲学や東洋学などの学生や教授が自由である日時を設定することです。私たちは夜の一時間、例えば午後九時を考えています。私はすぐにモリソン卿に詳しい手紙を書き、この件をすべて説明しました。貴兄がこれまでの著作や講演などについて送ってくださった手紙も添付しました。

これは二週間ほど前のことですが、返事がなく、とても気がかりでした。その返事が今日届いたので、同封して送ります。▼16 これで簡単に話がまとまりそうです。

モリソン卿はインドで高官を務めており、彼自身も東洋の哲学に特別な関心を持っていると聞いていまず。

取り急ぎ、貴兄と奥様に、私たちからご挨拶いたします。

敬具

H・ベルクソン

たった今、貴兄が送ってくださった『ヒバート・ジャーナル』が届きました。ありがとうございます。私の新著を出版日から貴兄のために用意していたのですが、送付先が分からずにいました。近々お手元に届くでしょう。

封筒：イングランド、サリー
キュー、グロスター・コート八六番地
J・W・T・メーソン様

⁂

一九三四年十一月十八日

パリ一六区、ボーセジュール大通り四七番地

親愛なるメーソン
数日前、貴兄の講演会について打ち合わせるために来られたセオドア・モリソン卿と長時間話をしました。彼の意見では、この講演会は貴兄がモロッコから戻った後に行うべきだということでした。今から十二月中旬までの間に必要な宣伝をする時間がないからです。モリソン卿は、少なくとも五十人、可能であれば百人の聴衆を望んでいます。とはいえ、英国の政治や英文学に触れないテーマでの英語の講演会で、その人数を集めるのは容易ではないでしょう。モリソン卿は十分な聴衆を確保するため、定期的に会報を発行しているフランス・グレートブリテン協会にまず働きかけると思います。また、貴兄に直接手紙を書くつもりだとも言っています。親愛なるメーソン、貴兄に対する最高の賛辞を受け入れ、心からの友情を信じてください。

H・ベルクソン

封筒：イングランド、サリー
キュー、グロスター・コート八六番地
J・W・T・メーソン様

▼16 本書簡には、スコットランドに出張中のセオドア・モリソンから、パリに戻り次第詳細を検討する旨の返信（一九三四年十一月一日付）が同封されている。

⁂

一九三四年十二月五日

パリ、ボーセジュール大通り四七番地

親愛なるメーソン

ご親切なお手紙にお礼を申し上げるべきでしたし、貴兄の講演会の準備がすべて整ったことをどれほどうれしく思っているか、お伝えすべきでした。貴兄の主著を、献呈の言葉を添えてセオドア・モリソン卿に送ってはいかがかと思いつきました。モリソン卿は、おそらく講演会の「議長」になるでしょう。そのため、貴兄を聴衆に紹介するのは彼です。

貴兄がもうすぐロンドンを去ろうとしていると思い、急いでこの二つのことを書きました。

敬具

H・ベルクソン

言い忘れていましたが、貴兄と私の筆跡を再現した不思議な絵はがきが届いたことを、私たちはとても喜びました。

封筒：イングランド、サリー

キュー、グロスター・コート八六番地

J・W・T・メーソン様

⁂

一九三五年一月一日

パリ

メリークリスマス
素晴らしく幸せな一年でありますように▼17

H・ベルクソン
ルイーズ・ベルクソン
ジャンヌ・ベルクソン

封筒：モナコ、モンテカルロ
ウィンザー・ホテル
J・W・T・メーソン夫妻

▼17　印刷されたフランス語のメッセージの下にベルクソン一家が自筆で署名。カードの表紙はパリ・セーヌ川沿いの古書店「ブキニスト」を描いたモノクロの風景画。

〔ホテル名に取り消し線が引かれ、次の場所に転送〕
ワゴン・リ・クック

⁂

一九三五年三月十二日

パリ、ボーセジュール大通り四七番地

親愛なるメーソン

セオドア・モリソン卿から、講演会の日時と場所の連絡があったことでしょう。また、招待状も何枚か届いているはずです。[18] まだお受け取りになっていないかもしれませんので、念のため一枚お送りします。その場合、必要な分はブリティッシュ・インスティテュートにお求めください。貴兄のお話を聞きに行けず、非常に残念です。妻を出席させてメモを取らせ、講演について詳しく説明してもらうつもりでしたが、妻は娘と予定していたサン＝ジャン＝ド＝リュズへの旅行を前倒ししなければならなくなりました。妻も講演会に出席できないこと、翌日パリで貴兄ご夫妻を迎えられないことを大変残念に思っています。しかし私は家におりますので、もし三月二十日水曜日の四時半に奥様とおいでいただけるなら、お茶をご一緒しましょう。貴兄が前日にブリティッシュ・インスティテュートで何を話したか、教えてくださることを期待しています。

それではまた。奥様によろしくお伝えください。心からの親愛を込めて。

H・ベルクソン

封筒：イングランド、サリー
キュー、グロスター・コート八六番地
J・W・T・メーソン様

⁂

一九三五年五月十二日
パリ一六区、ボーセジュール大通り四七番地

親愛なるメーソン
『神ながらの道（*The Meaning of Shinto*）』をご恵送いただき、早速お礼を申し上げます。残念ながら、じっくり読めるのは二週間ほど先になりそうですが、ざっと目を通してみたいという誘惑には抗えませんでした。本書が既に私にとってどれほど興味深く、重要であるかをお伝えしたいと思います。哲学でも宗教で

▼18 パリ大学の招待状（コロンビア大学C・V・スター東亜図書館所蔵）によれば、メーソンの講演会「日本の神道（The Shintoism in Japan）」は、一九三五年三月十九日午後四時半からブリティッシュ・インスティテュートで開催された。本書三四三頁の写真参照。

もなく、その中間にあるものを理解し、他者に理解させるには、概念や言葉の束縛から解き放たれた貴兄のような哲学者でなければなりません。

専門の哲学者は本書に何か新しいものを発見し、哲学一般にとっても有益なものとなるでしょう。しかし、私は虚心坦懐に読むつもりです。

米国へのご旅行が順調で、お母様もお元気でいらっしゃるとのこと、何よりと存じます。貴兄ご夫妻に、私たちから幸運をお祈りいたします。

敬具

H・ベルクソン

追伸　年に四回発行される『形而上学・道徳評論』は、最近の著作物に関して非常に簡潔な解題のみを掲載していますが、これは真剣に書かれており、哲学者の間では一定の権威があります。貴兄のご著書を送ってみてはいかがでしょうか。住所は次のとおりです。

パリ八区、マチュラン通り三九番地

『形而上学・道徳評論』編集長

グザヴィエ・レオン氏

もし手紙を添えてご著書を送付される場合は、私の助言で送ることになったと編集長にお伝えください。

封筒：イングランド、ブライトン

ノーフォーク・ホテル

J・W・T・メーソン様

⁂

一九三八年七月三日

定住所：パリ、ボーセジュール大通り四七番地

夏の住所：サン゠シル゠シュル゠ロワール（アンドル゠エ゠ロワール県）、ゴディニエール

親愛なるメーソン

老齢のためか、英語をかなり忘れてしまったので、フランス語で手紙を書かせてください。貴兄の魅力的で興味深い手紙を読み、どれほどうれしかったか言葉では言い表せません。アイルランド、ドイツ、プラハ、そして日本について、貴兄は経験から導き出された詳細を伝えてくださるので、とてもためになります。経験こそ唯一重要なものです。何よりも、こうした国々の現在の道徳的雰囲気を知ることができました。そのような雰囲気について私たちはほとんど知りません。それを感じ取り、言葉で表現するには、真に哲学的な精神が必要だからでしょう。

五月の初めからトゥーレーヌで過ごすつもりでしたが、大腸菌感染症の重い発作が長引き、六月の初めまでパリにいました。今は良くなっています。パリには十月まで戻りません。その間、トゥーレーヌを一時的に離れ、スイスのレマン湖近くで四、五週間過ごします。

妻と娘も一緒に、貴兄ご夫妻に親愛のご挨拶を送りますので、小さなお孫さんを含むご家族全員にお伝えください。人生の終わりに近づくほど、これから人生を始めようとする人たちにますます共感を覚えます。小さな赤ん坊ほど魅力的で愛らしいものはありません。赤ん坊はとても真摯で、大人よりもずっと真

摯なのです！

H・ベルクソン
敬具

封筒：イングランド、ロンドンSW一
セント・ジェームズ、チャールズ・ストリート二九番地
J・W・T・メーソン様
〔住所に取り消し線が引かれ、次の場所に転送〕
米国、ニューヨーク
西五七丁目一二三番地
ソールズベリー・ホテル

アンリ・ベルクソン（Henri Bergson、一八五九―一九四一）
二十世紀のフランスを代表する哲学者。コレージュ・ド・フランス教授。生命の創造的な進化を促す原動力としての「エラン・ヴィタール（生命の飛躍）」の概念を中心に壮大な「生の哲学」を打ち立て、思想界に大きな影響を与える。一九二七年度のノーベル文学賞を受賞。著書に『時間と自由』『物質と記憶』『創造的進化』『道徳と宗教の二源泉』など。

J・W・T・メーソンのベルクソン訪問記（一九二三 - 三八年）

一九二三年二月九日

〈ベルクソン教授が私との対話で語ったこと――パリ、パッシー地区ヴィタル通り三二番地の自宅で〉

若い頃、私は数学に魅了され、ハーバート・スペンサーの影響を受けて懐疑論者になった。やがて「時間」について考え始めたが、それをスペンサーの哲学と調和させることができなかった。そこで、スペンサーの観点から離れて、独自の思索を始めた。「持続」の真の意味が分かるようになると、それが生命とどのように関わっているのかを示したいと思った。ほかのさまざまな例を挙げることもできたが、私は「自由意志」を例にとることにした。そして最初の本、『時間と自由』を書いた。この本は四カ月ほどで非常に早く書き上げた。続いて、人間の身体に内在する持続や創造性を明らかにしなければならないと感じて著したのが二作目の『物質と記憶』だ。その後、精神《スピリット》あるいは神を説明する必要があり、『創造的進化』を執筆した。

次作〔『道徳と宗教の二源泉』〕では、道徳と倫理について解釈することになる。この主題には膨大な量の調査と読書、研究を要する。戦前に始めた仕事だが、戦争が起こったため、読書が中断された。戦後に再開したものの、アインシュタインの理論の研究によって滞っていた。アインシュタインの研究は何気なく始めたのだが、すっかり没頭してしまい、丸一年を費やした。アインシュタインに関する私の著書〔『持続と同時性』〕はまだ英訳を許可していない。なぜなら、同書の一部で専門的な数学を扱っており、翻訳者を探すのが難しいからだ。数人の翻訳者からの申し出を断ってきた。現在は初版の改訂をしている。第二版が出版されたら、カー教授に翻訳を頼むかもしれないが、彼はほかにも仕事をたくさん抱えている。私は自分で翻訳する力量があるとは思っていない。〔手書きで「私はアインシュタインの理論は全面的に受け入れるが、アインシュタイン自身ではなくほかの人々によってなされた哲学的解釈は認めていない」と追記〕

本を書くのはとても速いのだが、まずは主題を完全に理解しなければならない。それには多大な時間がかかる。言いたいことを徹底的に練り上げる必要があり、その後は文章を自然に書くことができる。しかし思考を整理する過程が非常に難しいために、私は多くの本を書かないのだ。『創造的進化』を執筆する前には、十年かけて言いたいことを練っていた。『創造的進化』はすぐに書き上げた。正確な執筆期間は覚えていないが、四カ月以上だった。哲学の概要を含む最終章は、目新しいものではなかった。その主題に関しては何度も講義をし、長年なじんできた。ほかの章は新しいものだった。初めに手早く書いた後、入念に検討した。なぜなら、文章を書いている間は心の中のさまざまな考えが不意に浮かんできたり、ほかの考えが入り混じったりするからだ。そのために、私の意図が十分に表現され、説明が思いどおりになっているか、細心の注意を払って文章を見直す必要がある。

文体のために書き直すことはない。私には意識的な文体というものはない。おそらく、あなたが文体の明晰さと呼んでくれるものは、言いたいことを言う前に最大限明確に考え抜く方法によるものかもしれない。思考を明確にするのは、私にとって非常に困難なことなのだ。

あなたが言われるような天才性が私にあるとは思わない。私の研究の方法は、主題に関してできる限りの本を読み、あらゆる角度から考え、その後、読んだことや考えたことをすべて頭の中から捨て去ることだ。心を完全に自由にして、印象が自ら生じるようにしなければならない。これは想像を絶するほど難しく、長い修練と強い意志力によってのみ成し遂げられる。もし私に才能があるとすれば、おそらく執筆を始める時に先入観や他人の考えから心を解き放つ意志の力だろう。

私が宗教的な人間かというあなたの問いについては、私はいかなる信条も教義も受け入れていないが、霊魂を信じている。個人の死後の存続が完全に証明されたとは思っていない。だが、死後の存続を信じる側が証拠を示す必要性より、否定する側が反証する義務のほうが、今やはるかに大きいと考えている。テレパシーの存在については、証明されていると思う。心霊研究団体の会報を注意深く調べたが、もしテレパシーが存在しないとすれば、われわれは証拠の法則の定義を全面的に見直さなければならない。私はスピリチュアリズムに転向したわけではない。個人的にスピリチュアリズムの実験をしたことはあるが、満足のいく結果は得られなかった。ほかの人々によってある程度の成果が得られているとは思う。しかし、最終的にはスピリチュアリズムに基づくものではない説明がなされる可能性もある。私はこの問題に関してはオープンな考えを持っている。

私の哲学的傾向が遺伝によるものかというご質問について、私は遺伝をあまり信じていない。遺伝の影響は過大評価されていると思う。類似性は遺伝以外でも説明がつくのではないだろうか。科学の問題点は、現在われわれが有するごく限られた知識で宇宙のすべてを説明しようとすることだ。そのために、新たな発見がなされると科学は頻繁に立場を変えなければならない。私の父はポーランド系で、音楽の才能があった。母は英国生まれのアイルランド系で今も健在だが、並外れた心の持ち主だ。特別な才能があるということではなく、物事の真意を驚くほど容易に把握できるのだ。そのとおり、私はユダヤ人で、両親は共にユダヤ人だ。私はフランスに生まれた。八歳までは英語とフランス語を同じぐらい楽に話した。後に英語は使わなくなったが、必要な時には思い出せる。

哲学では、私は主にフランスの影響を受けている。だが、アングロサクソンの影響も強く、フランスに次いで重要だと考えている。

ウィリアム・ジェイムズ〔米国の哲学者・心理学者、一八四二－一九一〇〕には深い敬愛の念を抱いてきた。彼がむなしく探し求めていたものを私が哲学で見いだしたというのは正しくない。ジェイムズがそう示唆したのは、謙虚さ故だ。彼は極めて独創的な精神の持ち主で、誰も彼の師であると主張することはできなかった。自らが師だったのだ。彼独自の思考法と私のそれが同じ方向に向かっていた、それだけのことだ。

政治のために割く時間があるかというご質問に関しては、通常はないだろう。しかし時節柄、政治情勢に関心を持つのはすべてのフランス人の義務だと考えている。ポアンカレがルール地方に進駐したのはもっともだと思う。フランス全体がその政策を支持している。フランスはドイツから賠償金を得なければならない。それはわれわれにとって極めて重要であり、ドイツ人に支払わせるには強硬な手段を講じるしかない。ドイツ人は強制されれば支払う能力がある。フランスはルール地方をドイツから分離したり、南ドイツを北ドイツから分離したり、ライン川左岸を占拠したりしたいのではない。フランスが望んでいるのはドイツからの正当な賠償金だけであり、それこそがわれわれの求めるものなのだ。

英国と米国がわれわれだけに回収の仕事をさせたのは遺憾だ。あなたはウッドロー・ウィルソンが独裁的で、忠告に耳を貸さなかったのは残念だと言う。だが、戦争に米国の力を動員したのはウィルソンだ。ウィルソンはそれを単独で行った。米国は成り行きで参戦したのかもしれないが、ウィルソンは国家の総力を挙げて戦争に加わったのだ。それは素晴らしいことだったが、多くのフランス人が忘れてしまったように思えて悲しい。

⁂

一九二七年一月十七日

〈ベルクソンとのお茶〉

エディ〔メーソン夫人〕と私は一九二七年一月十七日、ベルクソン夫妻の招待でパリのヴィタル通り三二番地の自宅を訪問し、午後四時から五時半までお茶を共にした。ベルクソンは杖をついて部屋に入ってきたが、一九二五年十二月に彼が治療を受けていたジュネーブの療養所で前回会った時より健康状態はかなり改善していた。あれから数カ月間はひどく悪化していたが、三カ月ほど前にパリの医師が硫黄を取り入れた新しい治療法を始めたところ、好反応を示していると彼は語った。まだ弱っているとはいえ、ベルクソン夫人によると、お茶は飲まないものの食欲は旺盛だという。ベルクソンは一人で過ごすことが多く、ほとんど誰とも会わない。研究を再開し、倫理に関する本の執筆に取りかかっているが、世に出ることはないかもしれないと彼は言った。これに関連して彼は政治と、いくらか宗教についても研究している。しかし体が弱っているため、文章を書くことは困難になっている。夫人に口述筆記をさせようと試みたが（夫人の彼に対するいたわりは素晴らしく、極めて感動的だ）、そのような方法では思考を明確にできないため、口述筆記は時折正式な手紙を書く時だけにしている。大事なことは何でも、彼自身が手書きしなければならない。

私たちはとりわけ、民主主義について語り合った。民主主義はどこでも成功していないとベルクソンは述べた。フランスには集団政治はあっても、国政に対する真の関心はない。個人的野心であれ、集団的野心であれ、利己性が強過ぎると彼は思っていた。残念なことに、それはフランスだけの特徴ではなく、民主主義の失敗は至るところで見られた。知性の力と誠実さに基づく、彼が言うところの民主主義における貴族制（aristocracy of democracy）が存在すべきなのだ。特にベルクソンは、誠実さの必要性を強調した。彼は、民主主義はどのように貴族制を形成するかという問題をまだ解決していないと考え、これが民主主義の最も重要な問題だとした。

米国は民主主義を成功させる上で他国より良い状況や立場にあるとベルクソンは語った。そして、米国には民主主義にとって特に有利な二つの要因があると説明した。すなわち、（一）連邦制であるため、各州において民主主義の地域的な実験が可能であり、民主主義が大規模では機能しないという難点を克服していること、（二）米国は孤立しているため、外交政策は二の次であり、民主主義にとっては理に合わない国防や戦争の問題に注意を集中する必要がないことである。民主主義が戦争を成功させるのは極めて困難なことであり、独裁的な軍紀は民主主義の精神とは相容れないものだ。

英国における民主主義の成功は、その孤立によるところが大きいとベルクソンは考えているが、英国のかつての孤立は今や失われつつあり、大陸システムの一部になろうとしていると語った。

ベルクソンは、日本が孤立しており、外国に征服される現実的な恐れがないため、民主主義の動きが強まる傾向にあるのではないかという考えを示した。彼は日本について詳しくは知らないが、その文明は主として美的であり、同時に西洋の物質主義的な方法も取り入れているようだと述べた。

異人種間の結婚は好ましくないとベルクソンは考えている。国籍の異なる人々の間の結婚も、両者に共通する文化の類似性がない限り良くないとの意見だった。

世界国家という考え方をベルクソンは批判した。さまざまな国民性の発展が、創造的活動の多様性を促進するべきであり、これについては自然なあり方が最善だとした。ドイツは世界国家を構築しようとする過ちを犯したが、もしドイツが世界大戦に勝利していたら、この理由だけでも悲惨なことになっていただろうと言った。

オズワルド・シュペングラーについて、ベルクソンは『西洋の没落』には多くの示唆に富む考えが含まれているが、彼の悲観主義は悪影響を及ぼすと論じた。そして悲観主義全般を批判し、ショーペンハウアーの哲学は大いに敬服するものの、彼の悲観主義は別であり、悲観的な結論を除けばショーペンハウアーの思想は保持されるかもしれないと述べた。

ベネデット・クローチェは卓越した思想の持ち主だが、もし彼が哲学的訓練を受けず、先入観なしに自分の考えを発展させていたら、より良かっただろうとベルクソンは評した。クローチェはヘーゲルの影響を強く受け過ぎ、生命における創造的要素の自発性を感じているようだが、それを受け入れて研究するのではなく、むしろ回避する傾向があり、これはドイツの機械論的影響によるものだとした。私が、クローチェは人が水の存在を感じるように生命の霊性を感じているのだが、水の目的や特性を探究する代わりに酸素や水素を分析する以上のことをしなかったのではないかと言うと、ベルクソンも同意した。

世界大戦が勃発した当時、クローチェが彼（ベルクソン）を、親フランス派で戦争に対して公平な哲学的態度を取っていないと批判したことをベルクソンは思い出した。クローチェ自身は戦時中、親ドイツ派だったとベルクソンは言及した。それでもなおベルクソンは、クローチェを攻撃することを恐れているかのようなムッソリーニに立ち向かうクローチェの姿勢を称賛していると話した。

ベルクソンは、ジェンティーレの著作については熟知していないが、ジェンティーレとクローチェは、今よりも昔のほうが相互に影響し合っていたと思われると語った。

自身の哲学的見解を語る中で、ベルクソンは最初に影響を受けたのはハーバート・スペンサーの機械論的哲学だったと述べた。すなわち、新奇性も創造的自発性もなく、すべては既に自然法則の中に存在し、進化の必然性はあらかじめ定められた道をたどるという考え方だ。やがてベルクソンは、もしそれが真実であれば、「時間」の必要はなくなると気づき始めた。一切があらかじめ決まっているとすれば、存在の全体が未来のすべての可能性を今その中に備えていることになり、時間を必要とせずにすべてが瞬時に示されるかもしれない。それにもかかわらず、時間は存在している。そこでベルクソンは、存在とは機械論的ではなく、自発的、自己創造的であり、自らの運動のために時間を必要とすると結論づけた。つまり、時間とは創造的過程そのものなのである。

ベルクソンは、研究をする際の困難について説明した。読むべき本や論文、書類があまりにも多いため、彼は秘書を雇おうとしたが、うまくいかなかった。なぜなら、いかに博識な者であろうと、ベルクソンが何を探しているのかが分からなかったからだ。彼らにとっては特に意味のない一つの段落が、ベルクソンにとってはまさに思想を練り上げるために探し求めていたものかもしれない。そのため、彼は独力で研究せざるを得なかった。

パリに行く前、私はロンドンでF・C・S・シラーと昼食を共にした。彼はアリストテレス以来最も革命的な論理学の本を書くことに専念するため、オックスフォードでの教職を辞したばかりだと私に語った。シラーは、アリストテレス以降の論理学には欠陥があり、同じ言葉が常に同一の内的意味で使われていなかったと説いた。そして、一度使われた言葉は二度と全く同じ意味を持つことはないのだから、壊して破棄されなければならないという誰かの言葉を引用していた。

シラーについて私が話すと、ベルクソンはこの考えに非常に共感し、シラーは存命中の人間で最高の知的能力と優れた頭脳の持ち主の一人だと言った。

ベルクソンにはジャンヌという三十歳の令嬢がおり、芸術、特に動作の芸術を学んでいる。舞踊の動きに習熟するため、パリのオペラ座でバレエのリハーサルにも参加している。ベルクソン家の壁には彼女の絵が何枚か掛けてあり、彼は娘が驚くべき速さで描いたものだと説明した。

ベルクソンはヴィタル通り三二番地の自宅を所有し、そこに満足している。だが、パリ市当局がその魅力的な裏庭を通り抜ける道路を建設するために家を手放すことを強いるのではないかと不安に思っている。自宅のすぐ裏手で庭を覆うように大きなアパートが建設中であることは気にしていない。今の家に住んで六年になり、そこを彼の住まいとして知られることを望んでいる。それ以前は二十年ほどオートゥイユのヴィラ・モンモランシーに住んでいたが、家賃を払っていたため、わが家とは感じていなかったという。

グラース〔フランス南東部の都市〕はベルクソンに適さなかったため、二月には泥浴のためダクス〔フランス南西部の温泉保養地〕へ行くとのことだった。現在彼が理解しているところでは、病気は体内の細菌性中毒により悪化した原因不明のリウマチ性疾患とのことである。

彼は杖をつきながら、ゆっくりではあったが、かなり力強く歩いていた。

⁂

一九三一年十二月十四日

〈ベルクソンの病〉

ベルクソン夫人が一九三一年十二月十四日、パリの自宅で語ったところによると、ベルクソンの病気が最初に始まったのは一九二四年十二月十二日のことだった。パリで講演を終えて帰宅した際に、あたかも靴で痛むかのような軽い足の痛みを訴えたという。翌日、彼は散歩に出かけて本を取りに行った時、あまりにも足が痛いので帰れないと思ったと述べた。医師を呼んで診てもらったところ、単なる局所的な不調と診断され、マッサージをするよう指示されたが、後にリウマチであることが判明した。

ベルクソンは同日私に、それは「進行性リウマチ」だと話した。彼の指の関節はかなり曲がっていた。

夫人は、ベルクソンが歩行に苦労していると言った。彼は夜九時か十時ごろ寝て、朝七時ごろ起きる。特に腰の痛みを抑えるため、ベッドに寝かせるのは長くかかるという。クッションを脇に置いて体を固定することで彼はよく眠れる。食事はしっかり取り、日中はアスピリンを服用している。

⁂

一九三七年一月二十三日

〈ベルクソン覚書〉


一九三七年一月二十三日、アンリ・ベルクソンとパリの自宅で交わした対話は二時間近くに及んだ。彼は次のように語った。

偉大な人間にはユーモアがなければならない。もしユーモアが欠けていれば、それは偉大さの欠陥である。ウィリアム・ジェイムズはセオドア・ルーズベルトが大統領に選出された後、ベルクソンにこう書き送った。「彼は政治に道徳性をもたらすだろう。かつては私の学生だったが、彼にはユーモアがない」。ユーモアがないという寸評はジェイムズの手紙の終わりにあり、最も重要な部分だとベルクソンは言った。

ベルクソンが戦時中に訪米した際、ルーズベルトはオイスターベイから彼のホテルに電話で面会を申し入れてきた。名前を聞き取れなかったベルクソンが「どなたですか」と何度も尋ねると、相手は「ルーズベルト、ルーズベルト。米国元大統領ですよ」と答えた。そして、翌日五番街のホテルで朝食を共にしたいとベルクソンを招き、ニューヨークを急いで通過することになったと説明した。ベルクソンは奇妙に思ったものの、赴くことにした。両者は二時間にわたって語り合ったが、「ルーズベルトがほとんど話していた」という。ルーズベルトはベルクソンに、行動なき言葉は無意味だと語った。

ベルクソンは、ウィルソン〔ウッドロー・ウィルソン米国元大統領〕にはユーモアがないと述べた。ウィルソンは長老派であったため、道徳観は厳格だった。おそらくそれが時代の通念を超えた高尚な道徳観であったために、彼のリーダーシップを困難なものにしていたのだろう。ウィルソンはしばしば進むべき道が定まらず、自信がなく、神の代弁者であると感じながらも、神の命令を常に確信できるわけではなかった。ベルクソンは米国やパリでウィルソンと何度か会談し、非凡な精神の持ち主ではあるが、ユーモアがないと気づいた。

ヒトラーにはユーモアがあるだろうかと私は尋ねた。ベルクソンは、ヒトラーに関しては非常に多くの相反する報告があると言った。彼は怪物なのか、それとも偉大な指導者なのか？　ベルクソンには分からなかった。しかし、ヒトラーには何らかの際立った要素があるに違いない、そうでなければドイツ国民に受け入れられるはずがないだろう。だが、ドイツでヒトラーは自由な思考を弾圧している。ドイツの人々は最も親しい友人や家族の間でさえ、自分の考えを話すことを怖がっている。ベルクソンは、息子が父親を、友人が友人を糾弾したという実例をいくつも耳にしている――恐ろしいことだ！　もしヒトラーがヨーロッパを支配するようになれば、思想の自由は四十‐五十年間は失われるだろう。ヒトラーは不誠実であるようだ。彼はフランスとの相互理解を求めるが、ベルリンのフランス大使が具体的な発言を求めて接近するたびに逃げ腰になる。しかしおそらく、それは戦後の状況の結果なのだろう。

ヴェルサイユ条約は、心理作戦を理解していない者たちによって結ばれた失敗作だった。ドイツは植民地を与えられるべきだが、それで問題は解決するのだろうか？　ドイツ国民は、次の戦争で勝者となるまでは失った自信を回復できないと感じているかもしれない。ドイツは無敵だと自負していたが、敗北した。戦争をして誰かを打ち負かすことなく、ドイツ人が求める「対等」を取り戻すことはできるのだろうか？ヒトラーはフランスと戦争する決意を固めているようだ。これは彼の根強い願望らしい。だが、おそらく彼はロシアかほかのどこかを攻撃するだろう。私〔ベルクソン〕は、仏ソ相互援助条約は良くなかったと思う。しかし、断言はできない。それを締結したフランス人たちは、必要だと考えているのだ。私には分からない。

ヒトラーは常に、ボルシェビズムがあたかもドイツ最大の懸念であるかのように語っている。だが、これはカモフラージュであり、彼の不誠実さの表れだ。あらゆる国の中でドイツはボルシェビズムの脅威から最も免れている。私はボルシェビズムを好まないが、ドイツがそれを恐れる必要はない。ドイツはモロッコを望んでおり、アルジェリアに進撃するかもしれない。おそらくムッソリーニはチュニスを占領するため、そのような時機をうかがっている。ヨーロッパでの新たな戦争を回避することはできるかもしれないが、紛争が起きる可能性は高い。

英国は、戦争を始めるいかなる国とも戦うと正式に宣言すればそれを防ぎ得るが、事前に誓約することは決してないだろう。英国人は未来が不確実で予見できないことを知っており、不測の事態に備えておきたいと考えている。われわれフランス人は、未来を見通そうとするには論理的過ぎる。確実に予測することはできないのだ。ドイツの主な敵は、最も重要な植民地を持っている英国だ。ドイツにおける自給自足のための四カ年計画は、まさに次の戦争が起きた場合に英国の封鎖を乗り切ることを真の目的としている。

ドイツが自給自足であれば、紛争において封鎖は決定的なものにならないだろう。

ベルクソンは自分の哲学について、受容されるか拒絶されるかのいずれかだと語った。中途半端な立場はないようだった。拒絶する人々はベルクソンに怒りや敵意を示し、まるで自分たちには何かが欠けているように感じて、その感情を克服するために直観を存在しないものとして非難する。人間には直観がある人とない人がいる。直観を持たない人々はベルクソンの哲学に憤りを覚えるのだ。私が「スコットランド人にジョークが通じないからといって世界にユーモアが存在しないわけではない」というエディントンの言葉を引用すると、ベルクソンは笑いながら「そのとおり」と言った。

ベルクソンの著書『思考と動くもの（*La Pensée et le Mouvant*）』について話し合う中で、彼は"le mouvant（動くもの）"とは"movement（運動）"ではなく、"the moving（動くもの）"を意味すると述べた。真に静的なものは何もないのだが、活動のためには運動の流れが固定化して見えなければならず、それが知性や思考の目的なのだ。哲学者であればこの本の書名を「思考と実在（Thought and Reality）」と訳すかもしれないが、運動の絶え間ない流れという意味での実在を理解しなければ、その意図を表現することはできないだろう。私はこの本が英訳された場合にふさわしい書名をいくつか提案し、"Thought and Pure Motion（思考と純粋な動き）"はどうだろうかと問うと、ベルクソンは、それはふさわしいと思えると言った。「思考」と「動くもの」は、「静」と「動」を対比させている。思考はいわば、われわれの活動のために動きを固めるようなものだ。言ってみれば、それは「運動の中の運動」を生み出す。英語で正確に"le mouvant"を解釈する表現はないが、ベルクソンは教養のあるフランス人なら誰でも意味を理解できると考えている。ベルクソンは、宇宙全体が流れる動きであると説明した。過去は静的な間隔の連なりではなく、流れ続けているのだ。

学生だった若い頃、こうした考えに至った経緯をベルクソンは語った。物質は分割不可能な究極の微粒子である原子に達するまで分けられるとする当時の科学的学説を、彼は認められなかった。原子が分割不可能であることをベルクソンは否定した。実在とは物質化した何かではなく動きであると彼は主張し、この考えを初期の著作に書いた。グザヴィエ・レオン（『形而上学・道徳評論』誌の編集長）がベルクソンに、哲学者やほかの専門家の集まりで講演して自分の考えを解説するよう招いた時、彼は断ったという。ベルクソンは、科学がさらに発達するのを待つ必要があり、さもなければ彼の概念は受け入れられず、それを正当化しようと取り計らっても無駄になるだろうとレオンに伝えた。今や科学は、物質とは本質的に動きであるというベルクソン哲学の結論に達している。

脳内には記憶を保存する中枢があることをベルクソンが否定したのも同じだった。彼は研究の初期にこれを否定し、脳の中枢は、物質的に留まる場所を持たずそれ自体も非物質的である記憶を放つに過ぎないと考えていた。当時、ベルクソンは生理学者などから、そのような思い込みを唱えるのは自分を愚かに見せるからやめるべきだと忠告されたが、彼は続けた。ベルクソンは専門家の公開会議で自分の立場を主張するよう再び求められた。しかし、学校の知識を詰め込まれた、学位を持つ何千人もの若い卒業生が彼を嘲笑するだろうと言って断った。彼は笑われたり論破されたりするために公の場に出ることを望まなかった。

ベルクソンは科学的調査によって方法が見つかるまで待つつもりだと述べたが、それから約十五年後、失語症やその他の精神疾患の研究を通じて、脳自体には記憶は保存されないことが判明した。これは、彼が常に独自の研究をしていたために著作が極めて困難となった一例だという。純粋記憶の原理について執筆するまでに、彼は五年を費やして失語症やその他の精神疾患の症例を数百件収集した。世界中の医学雑誌に掲載された全医学論文を索引化したワシントンＤＣの出版物がなければ、彼はこうしたことはできなかっただろう。

ベルクソンはユダヤ教の信仰に生まれながらも、キリスト教が行動を重んじることやその他の理由から文明の最高到達点であると信じていると述べた。彼はキリスト教がそうした点で唯一であるという信念を持っていたが、神道を知り、キリスト教と神道は創造的活動の領域において類似性があると感じるようになった。神道とキリスト教が全く異なる起源から発していながら同じような目的に向かって進んでいることは、その概念の真実性を示唆すると考えている。ベルクソンはまた、創造的活動の哲学（彼が体系化した）は、まるで違う方法で到達しているにもかかわらず神道の思想に極めて近いため、その真理性を暗示しているとも語った。

キリスト教はユダヤ教の連続的発展となり得たかもしれず、またユダヤ人にもそう受け入れられるべきだった。しかし、キリスト教が常にユダヤ人を迫害してきたという事実が、おそらくユダヤ人のキリスト教受容に対する反感を引き起こしたのだろうとベルクソンは考察していた。

ベルクソンの机の脇にある回転式本棚に、私が一九一三年に送ったヘンリー・ミルズ・オールデンの『死の研究（*A Study of Death*）』を見つけた。彼はそれを忘れており、七年前から本棚にあったに違いないと言った。彼はその本棚を「後悔の本棚」と呼んでいた。なぜなら、そこには読むべきでありながら時間がなく読めない本が収められているからだ。部屋の奥には「第二の後悔」という別の本棚もあった。

〈ベルクソンの出自と敵――ドラットル覚書〉

ベルクソン夫人の姪を妻に持つフロリス・ドラットル（フランスの英文学者、ソルボンヌ大学教授、一八八〇－一九五〇）が一九三七年一月二十三日、私に語ったところによると、ベルクソンの父親はポーランド生まれの音楽家で、ショパンの弟子だった。ジュネーブで交響楽団のリーダーを務め、後にパリに来たがあまり成功せず、ロンドンへ行き、そこで亡くなった。父親はフランス国籍を取得することはなかった。彼はユダヤ人だった。

パリで出生したという事実によって、ベルクソンはフランス人となった。両親がロンドンに移った時、彼は教育を受けるためパリに残された。母親は彼に英語で手紙を書き、二人は常に英語で会話した。

ベルクソンの母親はアイルランド系で、フランス語を話さなかった。彼女もユダヤ人だった。

ベルクソンはキリスト教が文明の最高到達点であるという信念や、正統派ユダヤ教徒として生まれながら後に正統派を拒絶したことから、ユダヤ人社会で多くの反感を買っている。彼はほかのユダヤ人から背教者と見なされている。戦時中にフランスの使節として訪米した際、ベルクソンはシナゴーグで開かれるユダヤ人の集会での講演の招待を断ったため、ニューヨークのユダヤ人の間に極めて険悪な感情を引き起こした。ベルクソンは、もし引き受ければ、フランス人としてではなくユダヤ人として渡米したと受け取られるだろうと考えたのだった。彼は以前、ドラットルにこう語ったことがある。「私には五人の敵がいるが、全員ユダヤ人だ」

ベルクソンの令嬢はカトリック教徒になりたいという願望を示している。ベルクソンは「彼女がそうしたいなら、教会に入るか否かにかかわらず本当にカトリック教徒なのだから、認めてあげたらどうだろう」と同意している。だが、ベルクソン夫人はリベラルとはいえ正統派であるため、令嬢が信仰を離れることを望んでいない。夫人は娘に言った。「あなたがそんなことをしたら悲しい。カトリック教徒になりたいのなら、私が死ぬまで待ちなさい」

令嬢は喉音《こうおん》を発することができる。一緒に育ったドラットル夫人にはそれが理解できるが、ドラットルには分からない。彼によれば、ベルクソン嬢は読唇ができ、時にはまるで心の中に隠していることを見通すかのように、言外の意味まで読み取ってしまうことがある。彼女はフランス語を理解し、英語も少し読めるが精通はしていないという。

⁂

一九三七年三月十八日

〈ベルクソンとの対話の覚書〉

一九三七年三月十八日、ベルクソンとパリの自宅で一時間半語り合った。私は彼に、旧約聖書のユダヤ人は神霊の普遍性の概念を持っていたかどうか尋ねた。ベルクソンは、彼らはそのような段階には達していなかったと答えた。イザヤがそうした考えを抱いていた可能性はあるが、彼の言葉はユダヤ人だけに当てはまると解釈されるかもしれないため、確かではない。ベルクソンは、ユダヤ教の神は「選民」でない者を制圧することに喜びを感じていたようであり、それは普遍性という考えを裏付けるものではないと語った。

キリストは普遍性の観念を持っており、それは間違いなく以前にはなかった創造的な考えだった。ベルクソンはこの事実と、キリスト教では活動性（個人は積極的に善をなし、道徳的行為に取り組まなければならないこと）が重視されるという事実が特に彼をキリスト教に惹きつけた要因だと捉えている。ユダヤ教の道徳律がユダヤ人を団結させる「閉じた規範」である一方、キリストの規範は社会的価値観を超えて前進する「開かれた」ものだった（ベルクソンの『道徳と宗教の二源泉』参照）。ユダヤ人は現在、精神的な退化の傾向にある。彼らの食事規定には迷信があり、かつてユダヤ人は基本的に道徳的だったが、ベルクソンは今の彼らに関して同じことはいえないという。そしてこう述べた。「私には多くの国に無数の友人がいる。精神的な敵は五、六人いるが、皆ユダヤ人だ。不思議なことに、彼らは私がキリスト教について何かを書いたり、真剣に考え始めたりする前から敵意を示していた。おそらく私が展開しようとしてきた哲学の中にユダヤ人に反感を抱かせるものがあるのかもしれない。ユダヤ教には静的な要素がある」（ベルクソン主義は動的だ）

「師範学校に通っていた頃」とベルクソンは続けた。「高等教育機関の教員を養成する学校だったが、そこでは唯物論とギリシャ哲学という二つの哲学が教えられていた。どちらも受け入れなければ、残るのはカントだけだった。優秀な教授たちがいたにもかかわらず、私はいずれも受け入れられなかった。彼らの教えることを信じられなかったのだ。私はまず意識に興味を持ち、次に記憶、それから身体と心の関係に興味を持つようになり、徐々に創造的進化という考えに至った。しばらくはそれで満足していたが、神秘主義について読み始め、生命力とは別の力が存在し、それが神秘家たちに入り込み、彼らを通して語りかけていると信じるようになった。ジャンヌ・ダルクはいまだ解明されていない。神秘家は皆、強烈な活動の人だった」

私は、もし何らかの外部の力が存在するならば、東洋と西洋の神秘家が異なる考えを表現したことをどのように説明できるのかと質問した。ベルクソンはこう答えた。「私は東洋の言語を知らないし、翻訳では思想が適切に表現され解釈されているのかどうか分からない。むしろ、東洋的観念の中には翻訳できないものもあるのではないかと思っている。東洋の神秘家には、西洋（キリスト教）の神秘家が言っていることと直接矛盾するようなものは見当たらない。どちらかといえば、キリスト教の神秘家は東洋よりもさらに進んでいるといえる」

ベルクソンは私の意見を尋ねた。そこで、私は一元論的な概念に大きな影響を受けており、外部の力というのは創造する神と創造された被造物という概念を持つキリスト教と同様に二元論に向かう傾向があるように思われると答えた。また、人間の能力や知識に対する感受性に違いがあるように、神秘家はわれわれには分からない何らかの方法で普遍的思想を熟考し表現することに一段と開かれていると解釈できるのではないかと言った。ベルクソンは、それは彼自身の信念とも矛盾しないと述べた。そして、二元論と一元論の間には何らかの中間的要素があるのかもしれないと論じた。われわれは皆、自己の内に神秘主義の萌芽がある、そうでなければ神秘家の語ることを理解できないだろうとも話した。私が神秘家にはその萌芽を発達させるためのより適した素地があるのかもしれないと言うと、ベルクソンは同意した。彼は、神秘主義に対する自身の態度は誤解されていると語った。

私は、彼のエラン・ヴィタール（生命の飛躍）の展開は、外部の力が彼の内に入って自己を表現したものといえるのかと尋ねた。彼は、そのような力を感じたことはなく、エラン・ヴィタールは誰もが経験したことのあるような認識の自然な発展であり、神秘主義的と呼ぶに値するほど崇高な思想ではないと答えた。彼はウィリアム・ジェイムズが、自分自身は神秘体験をしたことはないが、だからといってほかの人々がそのような体験を持つことへの反論にはならないと語った言葉を引用した。

普遍的霊性の話題に戻り、ベルクソンはキリスト教において、カトリック教会のドグマ（教条）は普遍性から離れていったが、プロテスタンティズムには普遍的霊性を目指す傾向があったと述べた。私は、キリスト教では信徒となるために救済の過程を経ることが必要であり、それがむしろ普遍性の欠如を示しているように思えると言った。ベルクソンはそれには答えず、自分はギリシャ哲学を深く研究し、長年教えてきたが、おそらくソクラテス以外にはそこに普遍性の思想を見いだすことはなかったと話を続けた。ソクラテスとキリストの間には四百年もの隔たりがあるにもかかわらず、驚くべき類似性があると彼は語った。ソクラテスは、キリストもそうであったように、書くことではなく話すことによって教えた。ソクラテスは、キリストを迫害したユダヤ人に似た集団によって迫害された（つまり、ソクラテスもキリストも当時の正統派の信者に虐げられた）。キリストと同様に、ソクラテスは「開かれた」（普遍的な）道徳を信じたようだ。両者とも、自分の教えを変えるより死を選んだ。

ベルクソンは以前、ユダヤ人はキリストを受け入れるべきだったと私に話したことがある。そこで私は今回、ユダヤ人はキリストを彼らの王として迎えるべきだったという意味なのかと尋ねた。そうではないと彼は言い、ユダヤ人はキリストを預言者として、しかも単なる預言者以上の存在、すなわち、その教えにおいて唯一無二の存在として受け入れるべきだったのだと答えた。彼らがそうしなかったのは、当時のユダヤ人の中に偽善者がいたためだとベルクソンは考えていた。しかし、キリスト教がこれほど世界中に広まったという事実は、それが神秘的な力を秘めていることを示しており、実に説明のつかないことだと彼は話した。

ベルクソンは自分がキリスト教徒であるとは言わなかったが、「ほとんど」その境地に達していると語った。この会話をしている時にはベルクソン夫人も同席していた（〈ドラットル覚書〉〈本書三一九–二一頁〉参照）。

『創造的進化』執筆後の自身の思想の展開については、倫理と道徳に沿ったものであったとベルクソンは述べた（これは彼の著書『道徳と宗教の二源泉』に表れている）。彼はキリストの教えの普遍性について語り合う中でこのことに言及した。ギリシャ人はその哲学の中に倫理と道徳の体系を持っていたが、自分たちだけに当てはまるもので、外国人には適用されなかったと彼は言った。それは旧約聖書におけるヘブライ人についても同様である。

ベルクソンは、マルクス・アウレリウスを読み、その倫理的寛大さに感銘を受けたが、一種の空言に過ぎないようにも思えたと付け加えた。例えばマルクス・アウレリウスは奴隷制の不当性を感じていたようだが、皇帝になった時（彼は古今東西で唯一皇帝となった哲学者である）、奴隷制を廃止するために何もしなかった。

師範学校時代の哲学に対する自身の態度について論じていた際、ベルクソンは、なぜ運動が静止の後に起こるものであるかのように、静止が運動に先立つものと見なされるのか理解できなかったと話した。運動は静止に先行し、静止は運動にとって偶発的でまれな現象だと彼は考えた。そこで、ベルクソンはゼノンのパラドックスを検討し始めたのだが、そこに見いだした欠陥が、彼を純粋な動き（le mouvant）の概念へと導いたのだ。

ベルクソンは、神道や日本のスピリチュアリティについては、私が彼に話したことや書いたものを通じてのみ知っていると述べた。

キリスト教についての対話の中で、私はベルクソンに、悪の問題や救済の概念は二元論を示唆しているように思えるが、私自身の思想は一元論に向かっており、神道は完全に一元論であるようだと言った。ベルクソンは、二元論と一元論の間には何らかの中間領域があるかもしれないが、それを説明することはできないと語った。しかし、彼はそのような中間領域が存在すると感じていた。

⁂

一九三八年三月二十四日

〈ベルクソン教授との対話の覚書――パリ、ボーセジュール大通り四七番地の自宅で夫妻とお茶を共にし、午後四時から五時四十五分まで滞在〉

部屋に入った時、私はB〔ベルクソン〕に、この冬はモンテカルロで『神道神話の精神』の執筆に多くの時間を費やしたため、運動不足で太り過ぎてしまったと話した。彼はこう言った。

「音楽と体操を両方やったほうがいい。それはプラトンが言ったことだ。彼の『音楽』というのは九人のミューズを指しているのだと思う。古代ギリシャ人が知性において非常に優れていた理由の一つは、体操を重視し、精神面だけではなく肉体面も鍛えていたからだろう」

Bに若い頃スポーツをしていたかと尋ねると、彼はこう答えた。

「私が若い頃、フランスにはスポーツがなかった。五十年前、教えていたクレルモン＝フェランの教授会で、フットボールを導入してはどうだろうかという提案があったが、そんなスポーツは英国人のもので、フランス人のためのものではないという結論に達した。しかし、それから二十年後、フランスでは誰もがフットボールをするようになった。クレルモン＝フェランではよく歩いたものだ。毎日一時間半ほど、たいてい同じ道をたどった。というのも、私はいつも問題について考えていて、歩くことには気を使っていなかったからだ。四十歳まではフェンシングを大いにやったが、心臓の問題でやめざるを得なかった。フェンシングはフランスの独特なスポーツだ。絶えず前後に素早く動いて身構えなければならず、相当な緊張を強いられる。そこにはエラン〔躍動〕があるのだ。私はなかなかの腕前だったと思っている。少なくとも教授たちは私を優れたフェンシングの選手だと見なしていたが、選手たちの間では、教授としてのほうが優れていると思われていたようだ」

ウィリアム・ジェイムズ教授について語り合う中で、ベルクソンは言った。

「ジェイムズはドイツの哲学者フェヒナーに大変関心があると私に話した。フェヒナーは、諸惑星を統括する特別な神々や魂が存在する可能性を信じ、とりわけこの地球を統括する特別な神や魂がいると考えた。

ジェイムズはそこに何らかの真理があるかもしれないと述べていた。しかし、その考え方をどう受け止めればよいのか、私には分からない」

私たちはモンテカルロでのギャンブルについて話した。ベルクソンは、ニースやカンヌよりも、モンテカルロがリヴィエラ海岸沿いで最も美しい場所だと述べた。だが、彼はギャンブルやトランプには全く興味が湧かず、トランプはギャンブルとは少し異なるものの、類似点はあるかもしれないと付け加えた。モンテカルロのゲーム台でのギャンブラーたちの張り詰めた顔の話になり、ベルクソンは「彼らを見ていると、人は哲学に対してもあれほど真剣になれればいいのにと思うことがある」と語った。

そして、こう続けた。

「ギャンブラーには多くの迷信がある。人が発揮しながら理解していない何らかの力が影響しているのではないだろうか。ルーレットの小さなボールがくるくると回転した後、この数字に落ちようか、あの数字に落ちようかとためらって揺れ動く。もしかするとその動きは心の力でコントロールできるのかもしれない。そうしたことは説明のしようがないが、少なくとも可能性はある。ギャンブルでは初心者が必ず勝つと信じられている。そこには何かあるのだろう。クレルモン＝フェランの若い教授だった頃、私はトランプをしたことがなかった。しかしある夜、学長主催のパーティーで二人の男がエカルテをしており、多くの教授たちが周囲に集まって賭けをしていた。学長が君も賭けろと言ったが、そんなことはしたことがないと答えた。だが、そうするのが礼儀かと思い、始めることにした。ほかの何人かは、私がギャンブルの経験がないと言ったのを聞いて、黙って私のするとおりに従った。初めは一方のプレーヤーに賭け、次に他方に賭け、夜通し私は勝ち続けた。ビギナーズラックだったのだ。それは説明がつかない。

私はクレルモン＝フェランを離れたくないと思っていた。とても満足していたからだ。しかし、パリへ行くよう要請があった。私にとって幸運だったのは、パリで妻に出会えたことだ。少し前にもそのことについて話していた。（ベルクソン夫人に向かって）覚えているか？　まさに今暮らしているこのボーセジュール大通りに住んでいた共通の友人が私たちを引き合わせてくれたのだ。よく名付けられた通りだ（ボーセジュール（Beauséjour）は「素敵な滞在」の意味）」

私はBに、彼の著書の日本語訳について尋ねた。そして、『ベルグソンと科学精神』という本を書き、東北帝国大学で科学、九州帝国大学で哲学を修めた吉岡修一郎という日本の青年がベルクソンの『思想と動くもの』を翻訳し、東京の第一書房の経営者である長谷川氏がベルクソンの全著作を日本語訳で出版することを提案していると伝えた。ベルクソンはこう言った。

「『思想と動くもの』は、私のすべての著書の中で最も翻訳が難しいと思う。最初に出した本（『時間と自由』）は翻訳を含むいくつかの事柄について出版人と論争し、全権利を私自身が留保した。その次の本（『物質と記憶』）の翻訳権は『道徳と宗教の二源泉』や『思想と動くもの』と同様に出版人が有している。私は『時間と自由』のほかに、『創造的進化』『精神のエネルギー』『笑い』、そしてまだ英訳されていない『持続と同時性』の翻訳権を持っている。

私が管理している著書の日本語訳を承認する権限をあなたに与えよう。その他の三冊については、翻訳者が私に手紙を書いてくれれば、出版人と相談し、印税を支払うことなく翻訳を許可する承諾が得られるはずだ。私自身は印税を望んでいない。出版人との契約では、出版人が翻訳を管理できるが、翻訳者を指名する権利は私にある。ほかの言語で正確に意味を表現することは非常に難しいため、私はいつも翻訳してもらうことは気が進まなかった。私の著書のロシア語訳は悲惨なものだと言われてきたし、スペイン語訳もお粗末だ。

『創造的進化』の英訳は、当時ウィリアム・ジェイムズの弟子でハーバード大学講師だったミッチェル博士が手掛けた。ジェイムズが彼を選び、私が翻訳の推敲をした。しかし、大変良くできていたため、修正はほとんど必要なかった。

『宗教と道徳の二源泉』の英訳は二人で行われたが、使う用語について両者が常に同意できたわけではなく、まるで私が自分ですべて翻訳したかのような時間を推敲に費やさねばならなかった。この二冊の本はどちらも私の言いたいことが英語で正確に表現されている。

最近、ドイツの教授に私の著書の一冊を翻訳することを許可し、プラハのある人物にも許可した。ほとんどの場合、私は許可を出さないのだが、例外もある。そういうことで、あなたが日本語訳を承認することを許可しよう。ただし、私の著書は既に何冊か日本語に訳されており、新たな翻訳に関する日本の法律がどうなっているのかは知らない。もし日本の弁護士が新訳について法的に抵触しないと言えばそれでいいだろう。しかし概して、私の真意を求める人は、フランス語で読んだほうがいいと思う」

ヨーロッパ情勢をめぐる対話の中で、ベルクソンは将来の戦争についてかなり悲観的だと述べ、ヒトラーは遅かれ早かれフランスを滅ぼすつもりだと確信していると明言した。ヒトラーは誠実な人間だと自認しているようだが、犯罪者であることに疑いの余地はない、なぜならレーム〔エルンスト・レーム、ナチス突撃隊の指導者〕やほかの者たちを自らの手で同時に殺害したか、もしくは傍観して殺人を許可したかのいずれかだからだと彼は言った。ヒトラーのオーストリア併合は冷酷であり、オーストリア国民は今やドイツ人のような性格になるだろうとも語った。また、ヒトラーは世界がかつて見たこともない強大な軍隊を築き、それを遅かれ早かれ行使するだろうと主張した。ベルクソンは、ヒトラーがオーストリア併合に際して、イタリアにスペインからの補償、おそらくスペイン領モロッコかバレアレス諸島、もしくはスペイン北部の領土の一部の併合を約束することでムッソリーニの同意を得たと考えていた。そうだとすれば、それは戦争を意味することになる。なぜなら、英国はジブラルタルの反対側、バレアレス諸島の領土をイタリアが所有することを決して容認しないからだ。彼は次のように付け加えた。

「英国がヨーロッパで戦争をすれば、フランスはそれに続かざるを得ない。なぜなら、もし英国が負ければ、次に敗れるのはフランスだからだ。しかし、フランスが戦争に踏み切ったとしても、必ずしも英国が後に続かなければならないわけではない。とはいえ、英国は巻き込まれることになるだろう。英国が事前に全条件にわたる取り決めをすることはおそらく不可能だ。起こり得るすべての条件を事前に知ることはできないからだ。ネヴィル・チェンバレンがムッソリーニと交渉しているのは賢明だと思う。ヒトラーがムッソリーニに根回しもせずオーストリアに突然侵攻した可能性はあり、イタリア人はドイツの支配が自国の国境にまで及ぶことを快く思っていない。そのため、チェンバレンはイタリアがドイツから英国のほうへと向かうよう仕向けるかもしれない。

チェンバレンがヒトラーとドイツについて交渉することも、ヨーロッパでの戦争勃発を少なくとも先延ばしにするための努力としては有効だろう。英国は、ヒトラーがチェコスロバキアに侵攻した場合にどうするかを事前に取り決めはしないが、英国が介入するような事態に発展する可能性があることをヒトラーに明確に伝えるべきだと思う」（現にチェンバレンは本日三月二十四日、Bがその話をしていた頃に下院でこの立場を取った）

Bに、もし自分がフランスの最高司令官で、ドイツがチェコスロバキアに侵攻したらどうするかと尋ねると、彼はこう述べた。

「私はただのベルクソン教授に過ぎないから、何とも言えない。ドイツの実力も、チェコスロバキア軍に何ができるのかも私は知らない。さらには、わが国の軍事状況も他国が何をするかも分からない。だから、私が答えることは不可能だ」

私は、かつてローズベリー卿が語ったことをBに伝えた。それは、議会の野党は政府の意に反して戦争を強いようとは決してすべきでない、なぜなら野党は潜在的な敵の秘める戦力や自国の真の戦力を知るはずがなく、それは政権の座にある政府のみが知り得るからだということだ。Bも同意して、こう付け加えた。

「われわれはチェコスロバキアの援助に行くことを約束しているが、それはわが国と他国を結びつける約束でもある。もし他国、特に英国が行動を起こさなければ、われわれは免責されたと考えるかもしれない。しかし、戦争がヨーロッパ全土に及び、ドイツが勝利すれば、文明は三千年も後退してしまうだろう。思想の自由は残酷に抑圧され、果てしない恐怖が続くことになる。ドイツでは今日でさえ、子どもたちが政府のために親をスパイすることになっている。私たち全員が同じことになるのだ。

ヨーロッパで再び戦争が起きれば、米国も参戦するかもしれない。だが、先の大戦で米国は参戦すべきでなかったと考える米国人は多い。ウィルソン大統領は、一九一七年まで介入を避けたいと望んでいたが、それができなかった。

文明を守るという問題であれば、南米も参入するかもしれない。南米、特にアルゼンチンでは非常に進歩的な文化が発展している。アルゼンチンには偉大な哲学者はまだ出現していないが、優れた若い哲学の学生たちがいる。また、南米はかつてデフォルト国の大陸と考えられていたが、アルゼンチンは今や世界で唯一、債務不履行に陥っていない大国となっているようだ。南米の人々はラテン文化に関心が高く、スペインやフランス、そしてイタリアにおける自由を守ろうとする自然な感情を持っていると思う。チュートン〔ゲルマン〕文化があっさりと世界を支配することを南米の人々は望まないだろう」

私たちが話している最中に、ジョルジュ・クロード〔フランスの化学者、一八七〇－一九六〇〕がベルクソンのアパートを訪ねてきた。Bは私に、彼は潮汐のエネルギーをコントロールする問題に取り組んでおり、いつか解決法を見つけるかもしれないと語った。クロードは部屋に入らず、後日の約束をしていた。彼はBに何か政治的な請願書への署名をしてもらうために訪問したようだった。というのも、Bがこう言ったからだ。

「多くの人が請願書に署名を求めてくる。希望に背きたくはないが、署名をするのは好きではない。私にはいくらか野蛮なところがあり、特定の政党に属したことがない。ある政党の立場について、好ましく思う点もあるが、そうではない点もある。それに、たとえある政党の何かの問題に対する現在の態度が気に入ったとしても、その態度は一夜にして変わり得るし、私はその変化を気に入らないかもしれない。だから私はいかなる運動に対しても支持を表明することを望まないのだ」

会話の中で、“reciprocate（恩に報いる、返礼する）”という単語が出てきて、Bはフランス人にはその言葉が必要だと述べた。

メーソン講演録「ベルクソンと神道」

一九三九年十月十八日、東京・学士会館、ベルクソンの第八十回誕辰祝賀会にて

今晩私たちが生誕八十年を祝うアンリ・ベルクソンは、人間の魂に自由を取り戻しました。これは、オックスフォード大学の偉大な学者であるジャックス教授〔L・P・ジャックス、英国の哲学者・教育者、一八六〇－一九五五〕が、哲学に対するベルクソンの主要な貢献を説明する際に用いた表現です。ベルクソンの将来の名声は、そのような礎の上に築かれるでしょう。ベルクソンが若い頃、科学と哲学は、生命や物質的な宇宙を機械論的なものと教えていました。自由はわれわれの生存の要素としては存在せず、すべての生物と宇宙は基本法則に従うとされました。人間の心は機械であり、過去の知識が十分に得られれば未来はすべて予測できると大胆にも公言されていたのです。

全く新しいことは起こり得ませんでした。われわれの人生はあたかも最初に巻き取られたかのように存在し、生きることは巻かれたものをほどくことであると言明されました。こうした人生の解釈では、人間が真に選択の自由を持つ余地はありません。行動は不変の法則を条件としていました。結果には必ず先行

する原因があり、それが結果を支配するものとされていました。

そのような考え方では、人間は機械的な装置となります。機械に過ぎない人間は、不変の行動を必然的に運命づけられていました。人間にはいかなる活動もコントロールできないということです。自然も同じように、運命論の強制的な法則の下にありました。こうした原理は悲観主義に導くだけであり、完全に受け入れられれば進歩を損なうことになります。なぜなら、人間は何をしようとも自分ではどうすることもできないと信じるようになるからです。

哲学においては、ハーバート・スペンサーがこの考えの最も人気のある教師でした。スペンサーは西洋だけではなく、ここ日本でも研究されました。彼の影響力は世界的だったのです。一九〇五年に出版されたW・G・アストンの著書『神道（*Shinto: The Way of the Gods*）』の索引を調べると、天照大神よりもハーバート・スペンサーに言及しているページのほうが多いことが分かります。

ベルクソン自身も若い学生時代、当初はスペンサーの信奉者でした。しかし、フランスのクレルモン＝フェランで教鞭を執っていた頃、ベルクソンは「時間」の意味の研究に関心を持ち始めます。ベルクソンは時間を実在するものと考えていましたが、スペンサーの原理の中には時間のための根拠を見いだすことができませんでした。その理由はこうです。もし起こることがすべて機械論的であり、人生には新しいものが生じないとすれば、将来起こることは既に何らかの形で用意されていることになります。将来に何かが生じるために、時間は本質的な要素ではなくなります。もし宇宙が機械であるならば、機械の生産活動は極限まで高速化できます。十分な速度があれば、すべての未来は瞬時に起こり得ます。なぜなら、一切の未来は既に機械の中に存在し、いわば機械を空にするだけの問題だからです。出力が十分に速ければ、時間は機械の生産活動に役立ちません。時間は機械の中身には影響しません。中身は既に機械に内在しているのです。

この時間という要素がベルクソンの天才性を刺激しました。彼は弱冠二十四歳の時に、科学や哲学の機械論的原理が時間の要素を無視していることに疑問を抱き始めます。そして、その後の五年間で独自の哲学を発展させ、最初の著書『時間と自由』を出版しました。ベルクソンは、生命の哲学には時間が組み込まれなければならないと考えたのでした。また、時間が真に存在するならば、それには意味があるに違いないと思ったのです。この出発点から、ベルクソンは生命が機械論的なものではないという考えを展開していきます。人間の心は、あらかじめ用意された結果を空にするだけの機械ではありません。生命は創造的であるとベルクソンは言います。つまり、生命は全く新しいものを生み出す能力があるということです。生命はかつて存在しなかったものを生み出せるのです。生命は自ら原因を創造します。過去の条件に完全に依存しているわけではありません。生命には自由があります。すなわち、選択の自由があるのです。
もし何をするかを選択する自由が人間にあるとすれば、時間は必要となります。未来があらかじめ知り得ない要素を含んでいるならば、その未知のものを出現させるために時間は不可欠です。以前の原因がない全く新しい概念にある部分において依存するアイデアや創作物を生み出すためには、時間が用いられなければなりません。ベルクソンは、この創造的な力としての時間に「持続」という名称を与えました。持続と創造性は同じです。ベルクソンによれば、持続とは創造的なものの永遠の流れです。

生命を自己創造的な方法で前進させる力を、ベルクソンはエラン・ヴィタール（élan vital、生命の飛躍）と呼びました。ベルクソンの哲学におけるエラン・ヴィタールは、活動に向かいます。それは創造的行為、つまり未決定な活動の多様性を求めています。この目的のために、エラン・ヴィタールは知性を進化させるのです。ベルクソンによれば、知性とは生命が活動を拡充するために発展させる方法です。知性は物質的な宇宙と調和しています。活動するためには、知性は活動が起こるように物質を部分に分割する必要があります。心の知的過程によってなされるそのような分割がなければ、個々の活動に従事することはできません。

しかし、持続そのものは分割不可能です。生命の根底にある実在は絶え間なく流れています。従って、知性は実在を洞察することはできません。知性は調査するために分割しますが、持続すなわち創造性は分割できないのです。宇宙の実在というものを理解するためには、知的な検討方法を放棄しなければならないとベルクソンは明言しています。私たちは持続という永遠の流れの中に入り込み、そこで創造性を観察する必要があるのです。これは直観を通じて行われる非常に難しい過程です。

エラン・ヴィタールはこの目的のために知性を進化させたのではなく、私たちが日々経験している物質的な世界における個人の努力に対応するためです。個人主義が極端に進めば、人は完全にエゴイスティックになってしまいます。しかし、エラン・ヴィタールはそのような行き詰まりを防いできました。個人の間には常に、団結し、自己を超えるものについて考察しようとする傾向があります。こうした動きは極めて原始的な人々の間でも見られるものです。原始的な神話は、個人に自己よりも高次の概念について深く考えさせるため、大きな価値があります。神話は集団を一つにまとめ、極端な利己主義を克服するのです。ベルクソンは、神話の中にはおそらく真理が存在し、さらなる発見を待っていると述べています。

生命の絶え間ない拡充を求めるエラン・ヴィタールにとって、死は最大の災厄です。エラン・ヴィタールは常に活動の原動力を発揮し、人間を全く新しい道へ進むよう駆り立てます。ベルクソンは研究において、一六六二年に亡くなったブレーズ・パスカルから多大な影響を受けました。パスカルは、神は個人を吸収することなく統合すると言いました。また、人間の目的は存在し行動することであるとも述べました。こうした考えは、ベルクソン自身の哲学に対する比類ない貢献と密接に結びついています。ベルクソンは、フランス革命の時代に生きて一八二四年に亡くなった、あまり知られていないフランスの哲学者、メーヌ・ド・ビランからも影響を受けました。メーヌ・ド・ビランは、努力に関するわれわれの知識は現象を超えて実在との交わりに導くと言いました。この発言をよく考えてみてください。活動における努力は、私たちにとって自覚意識的なものであり、いかなる探究の過程によっても説明できません。努力は存在するということが、私たちの知っているすべてです。しかし、私たちは日々それを感じ、活動に用いています。努力なしには何も成し遂げることはできません。私たちが創造的になれるのは努力を通じてであり、この努力は私たち自身の内にあります。それは自己努力です。

数千年前に原始的な日本人の間で発展した古神道には、ベルクソン哲学との驚くべき類似性があります。事実、神道はエラン・ヴィタールの哲学と同じ原理を持っているように思われます。神道神話の冒頭には、タカミムスビノカミ（高御産巣日神）とカミムスビノカミ（神産巣日神）という二柱の神様が登場します。これらの名前にあるムスビという言葉は、自己努力、自己成長、自己発展を意味しています。重点が置かれているのは、自己が活動的な力であるということです。すなわち、人生の結果を生み出す機械は存在しません。活動的な力は自己の力です。これが意味するものは、ベルクソンの創造性の概念と同じです。

神道にも、個人主義や自己中心性が限界まで拡大されると極端なエゴイズムに陥るというベルクソンが重視した事実への理解はあります。神道神話はこうした傾向を、思慮を包括する神を意味するオモイカネノカミ（思金神・思兼神）という名の神様を描くことで乗り越えています。つまり、神道では個人主義を調整し、すべての思考を一つの結果にまとめることの必要性が重んじられているのです。さらに神道神話では、ムスビの神の一柱であるタカミムスビノカミに、統合の神を意味するタカギノカミ（高木神）という別名が与えられています。このように、神道は個人主義が行き過ぎて協調的な努力を損なう前にそれを抑制しなければならないことを極めて注意深く強調しているのです。

また神道は、ベルクソンのエラン・ヴィタールの分析のように、死を最大の災厄と見なしています。神道は死を忌避し、根本的な関心を生命の拡充と創造的活動に注いでいます。

神道は神話を用いて思想を表現し、太古の日本人は神道神話を通じて個人主義的な領域を超えた概念を発展させることができました。これらの神話には確かに、生の実在性に関する真理がいまだ発見されずに残っています。ベルクソンの研究は、神道が包含する存在の大いなる意味をより深く理解することにつながるといえるかもしれません。そのため、今夜私たちが日本でベルクソンの八十歳の誕生日を祝うために集まったのは、特にふさわしいことです。ベルクソンの天才性は、生命の根本原理についての洞察を私たちにもたらしてくれました。ベルクソンは幸運にも、生命の創造力という自らの発見が科学的研究によって証明されたことを生きて確かめることができました。というのも、今日の科学はもはや機械論的な宇宙を信じておらず、創造性が至るところに存在するという理解に向かって進んでいるからです。

＊アンリ・ベルクソンの書簡、J・W・T・メーソンの訪問記と講演録の原資料は、コロンビア大学C・V・スター東亜図書館所蔵。

メーソンに関連する写真

①初来日の数年前、ニューヨークで束帯姿のメーソン（1920 年代）

②浄土宗管長・山下現有と（1932 年 4 月 9 日、京都・知恩院で）

③大本の亀岡・天恩郷を訪問（前列中央に出口王仁三郎、向かって右隣にメーソン、左隣に『中外日報』社主・真渓涙骨。1932年4月11日、更生館前で）

④京都の主要神社の宮司たちとの神道座談会で（中列中央にメーソン、向かって右隣にエディス夫人、その右隣に通訳を務めた鈴木大拙。1932年4月17日、平安神宮で）

⑤二代目市川猿之助と（1933年8月5日、東京・歌舞伎座で）

⑥京都府神職会から贈られた上賀茂神社の神殿模型とメーソン夫妻
（1934年春、米国コロンビア大学内の日米文化学会で）

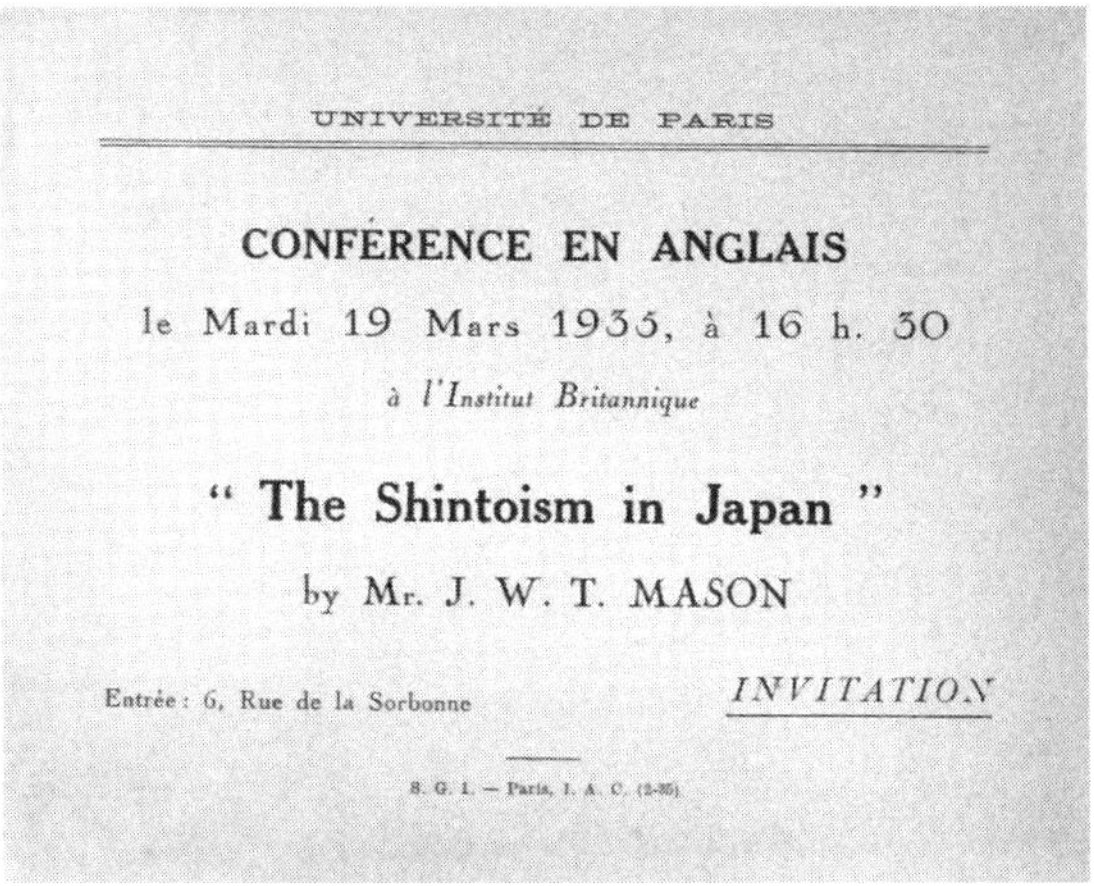
UNIVERSITÉ DE PARIS

CONFÉRENCE EN ANGLAIS

le Mardi 19 Mars 1935, à 16 h. 30

à l'Institut Britannique

" The Shintoism in Japan "

by Mr. J. W. T. MASON

Entrée : 6, Rue de la Sorbonne

INVITATION

S. G. I. — Paris, I. A. C. (2-35)

⑦アンリ・ベルクソンの協力によりパリで神道をテーマに行われたメーソンの講演会（1935年3月19日）の招待状

⑧二・二六事件後に粛軍演説を行った政治家の斎藤隆夫（前列右端）、牧師・政治家の内ヶ崎作三郎（前列左端）、通訳・翻訳などでメーソンを支えた今岡信一良（後列右）と（1939年5月6日、斎藤隆夫邸で。メーソンは1936年5月の粛軍演説直後にも斎藤を訪問している）

⑨出来上がったばかりの『神道神話の精神』原著を読むメーソン夫妻（1939 年 12 月 11 日、東京・帝国ホテルで）

⑩太平洋戦争中の 1942 年、日本の友人たちの寄付により東京・多磨霊園に建立されたメーソンの墓所

①⑤⑥⑦⑧⑨：コロンビア大学 C.V. スター東亜図書館所蔵／
Courtesy of C.V. Starr East Asian Library, Columbia University

解説 『神道神話の精神』のメッセージ

鎌田東二

制度論的神道論と生成論的神道論

米国のジャーナリスト、J・W・T・メーソン（一八七九－一九四一）の著作『神道神話の精神（*The Spirit of Shinto Mythology*）』（原著一九三九年）は、神道哲学の名著である。

「名著」であるという意味は、歴史的評価が高く、定まっているという意味ではない。むしろ、この著作に対しては、批判もある。毀誉褒貶ある本書が「神道哲学の名著である」とあえて言い募る理由は、この著がまさしく『古事記』神話の精神史的本質を射抜いた議論を大胆かつ明確に展開しているからである。

これまで、神道論の多くは「制度論的神道論」であった。それらは、神道が歴史的に、また宮中制度や律令体制下でどのような制度として、具体的には「神社」という形式をもって存続してきたか、その流れと概要を踏まえた論点が中心をなしていた。それを私は「制度論的・統治論的神道論」と位置付けている。それらの大半は、天皇という日本独自の王権の形態ないし制度と切り離せない歴史的具体的実態としての神道論を展開した。

それに対して、本書『神道神話の精神』は、「生命論的・生成論的神道論」の成果の一つを大胆に明示するものである。それも、二十世紀前半のフランスを代表する哲学者アンリ・ベルクソン（一八五九‐一九四二）の主著『創造的進化』とのリエゾンを奏でながら、主に『古事記』を中心に神道神話の哲学的かつ体系的考察を完遂した点で、ユニークでオリジナリティに富む著作である。

確かに、今日の研究水準からすれば、その論述には未熟な考察や事実誤認と思われる理解も含まれている。だが、そのような瑕疵を含めて、本書が提示している「生命論的・生成論的神道論」は、『創造的進化』の中で衝迫的に力説された「エラン・ヴィタール（élan vital、生命の飛躍・生の跳躍）」の洞察と共鳴し合いながら、神道の生命力・生存力を神道神話の中から汲み上げ論じている点で注目すべき先駆的な著作となっている。

要するに、これまでの多くの神道学者や歴史学者の視点は「制度論的・統治論的神道論」で、律令体制とか神社制度とかの現実的制約と枠組みの中での議論となり、それらは大変緻密で専門的だが、神道の生命論的本質に届かない議論がほとんどであった。この点、メーソンの問題提起のほうが遥かに新鮮で、現代的かつ未来的意義がある。

それは、ある面で、ラフカディオ・ハーン（小泉八雲、一八五〇‐一九〇四）の説いた感覚的神道論とも結び付くが、それ以上に、ベルクソンが『道徳と宗教の二源泉』で書いた、未来にも立ち起こってくる「神秘主義（mysticism）」を内包している点で、哲学的かつ宗教的な深みと広がりを持っている。

J・W・T・メーソンの神道論の核心には何があるか？　創造性の原動力に対する認識と畏怖畏敬の念がある。

前述したように、私は神道についての言説を制度論的神道論と生成論的神道論に二大別して見ている。その観点から見ると、歴史学や神道学に基づく神道論の多くは前者の制度論的神道であるが、それらの論述は手堅く現実の歴史や事例に即していても、ハッとするような「神話的驚き」はない。センス・オブ・ワンダーを感じることがないともいえる。

それに対して、著者独自の直感や捉え方に拠る後者の生成論的神道には、多くのハッとする「神話的驚き」があり、センス・オブ・ワンダーを鮮やかに喚起してくれる。ラフカディオ・ハーンの神道論や折口信夫（一八八七－一九五三）の神道論がその代表的なものである。そして、J・W・T・メーソンの神道論も後者に属すると私は見る。

とはいえ、ラフカディオ・ハーンと折口信夫とJ・W・T・メーソンのアプローチも神道論もそれぞれ特異性があり異なっている。ここでは少し迂回路になるが、明治期から昭和初期にかけて国内外の日本に関心を持つ人々に大きな影響を与えたラフカディオ・ハーンとJ・W・T・メーソンの神道論を比較しておきたい。

両者の違いについては、東京帝国大学文学部の初代哲学教授を務め、後に東京帝国大学文化大学学長に就任した井上哲次郎（一八五六－一九四四）が「メーソン氏に就て」と題するエッセイで、「よく世人はメーソン氏と小泉八雲氏とを対照して論評しているが成る程或る点は共通しているようである。両者とも日本の書物が読めず、又日本の言葉を話すことが出来ないにも関らず、よく日本の人情を理解し神仏両教に対して深厚なる同情を有している点などは大体似通っている。しかしながら、メーソン氏と小泉氏との間には又余程異ったところがある。小泉氏は却々《なかなか》勝れた文学方面の人で一種の文章家であった。メーソン氏は文章家と言うよりも一種の思想家でやはり一種の哲学の立場から論ずるのである。メーソン氏はそう云うように哲学の立場から神仏二教を評論するがその根底は創造哲学である。小泉氏は仏教とスペンサーの哲学とを調和することに努めたけれども、氏は哲学者と言うよりは寧ろ天才肌の文学者であった。そういう差違点をよく考えないで両者を同じようなタイプの人として大雑駁に論ずるのは、よく両者の特色のあるところを理解していないからである」(『創造の日本』鹿野久恒編、大東出版社、一九三四年)と述べているように、感覚的・文学的神道論と理論的・哲学的神道論と差異化できる。だが、そうした表面的な違いを超えて、両者には神道を生命論的かつ生成論的に捉える点で共通項がある。

ラフカディオ・ハーンは、ギリシャの小島レフカダ島でアイルランド人の父とギリシャ人の母の間に生まれ、二歳の時、父の故国アイルランドに移住し、幼少期を首都ダブリンで過ごした。明治二十三(一八九〇)年に来日して松江中学の英語教師になった。

ハーンが日本の大地に初めて立った時のエッセイ「東洋の土を踏んだ日」(『神々の国の首都』平川祐弘編、講談社学術文庫、一九九〇年)の中で、ハーンは、「柔らかな透明さ」にあふれた日本を、「小さな妖精の国」「お伽の国」と感じた。「人も物も、みな、小さく風変わりで神秘をたたえている。青い屋根の下の家も小さく、青いのれんを下げた店も小さく、青い着物を着て笑っている人々も小さいのだった」。そこには、「奇妙にごたごたした愉しい混沌」があり、「街のすばらしい絵のような美しさ」がある、と。

「すべてがわれわれのところよりも、こぢんまりと優雅にできている世界、——小柄で、見るもやさしそうな人々が、幸福を祈るがごとく、そろって微笑みかけてくる世界——あらゆる動きがゆったりと穏やかで、声をひそめて語る世界——土地も人も空も、これまでよそで見て知っていたとは似ても似つかぬ世界——そんな世界にいきなり身を置くとき、イギリスの昔話ではぐくまれた想像力の持主なら、昔見た妖精の国がとうとう現実になったと思うのも無理はない」

「日本のものはすべて、繊細で巧緻で賞讃すべきものに思われる」

「どうしても手が出てしまうほど安い芸術品が無尽蔵」

「いや、何を隠そう、不思議な魅力を持つ樹木、光みなぎる大気、数々の都市や町や神社や寺院、加えて全世界でもっとも愛すべき四千万の国民をひっくるめた、日本全部がほしいのだ」

この国には、「遠くまで妖しいまでに澄み渡った大気、絵ならぬ現実の驚くべきあえかな色合、夏近い空の途方もない高さ」がある。この「日本の日の光の魅せられるばかりの白々い柔かさ」に惹き付けられたハーンは、「この神々の国では、昔から木々もまた、人間になれ親しんで我が子のようにいとおしまれ、その果てに木々にさえ魂というものが宿る」と言っている。

まるで、この日本列島が〝アニミスティック・ユートピア〟であるかのように、その魅力を感覚的かつ文学的（詩的）に表現した点で、ハーンの叙述は日本びいきの中でもピカ一のセンス・オブ・ワンダーに満ちあふれている。

加えて、明治二十七（一八九四）年十月二十七日、英字新聞『神戸クロニクル』に、「地震と国民性（Earthquakes and National Character）」と題する記事を発表している（『ラフカディオ・ハーン著作集　第五巻』斎藤正二ほか訳、恒文社、一九八八年）のだが、そこで、「定期的に起こる大災害の後に見られる日本人の素晴らしい回復力」「苦難に際しての見事な忍耐力」「何千年にもわたって日本が苦しんできたこと」「そうした異常な条件が国民性に何らかの影響を及ぼした」ことを日本の風土的経験として指摘し、この日本の特殊性＝災難の条件＝日本の大いに手の込んだ文明の発展を「不安定（instability）」という特徴として位置付けている。

自然災害大国の日本には、ヨーロッパのように、堅固な石やレンガ造りの「長持ちする家がない」。それは、日本の風土的特性の中で現実的に育まれてきた生活様式である。そこで育まれた日本人の国民性として、「根気・忍耐性・環境への自己順応性」を挙げている。これは、東日本大震災時にも日本人の「美徳」として語られた定型的な表現である。

興味深いのは、ハーンが、「自然の影響に永遠なる消滅《エターナル・ヴァニッシング》の教義を持つ深遠な仏教」が日本に与えた影響を明確に指摘している点である。私自身は、神道の「むすひ（産巣日・産霊、自然生成力）」と仏教の「むじょう（無常・永遠不滅の実体性の無さ）」の概念が矛盾するものではなく、存在や生存の表裏を成すものと考えているので、神仏習合は当然の帰結であり、神仏習合文化を生み出す基底に四枚のプレート習合や日本列島を取り巻く四大海流（暖流二流と寒流二流）と旧石器や新石器（縄文）時代からの「神神習合」があると捉えてきたので、このハーンの炯眼の観察にはわが意を得たりとの思いを抱くものである。

もう一つ、出雲大社（杵築大社）を外国人として初めて昇殿参拝した時の体験を、まず船で宍道湖を渡っていく時の空気感からハーンは書き起こしている。澄み切った蒼い宍道湖の上を往きながら、遥か東南方向に大山の山並みを望み、そして蒼穹を仰ぎ見て、ハーンはこうつぶやく。

> There seems to be a sense of divine magic in the very atmosphere, through all the luminous day, brooding over the vapoury land, over the ghostly blue of the flood — a sense of Shinto.
>
> この大気そのものの中に何かが在る――うっすらと霞む山並みや妖しく青い湖面に降りそそぐ明るく澄んだ光の中に、何か神々しいものが感じられる――これが神道の感覚だろうか。
>
> （原著一八九四年。「杵築――日本最古の神社（Kitzuki: The Most Ancient Shrine of Japan）」遠田勝訳、『神々の国の首都』平川祐弘編、講談社学術文庫、一九九〇年）

見事な洞察と表現である。これほど「神道の感覚（a sense of Shinto）」をセンス・オブ・ワンダーをもって詩的に捉え切った表現はないだろう。

ラフカディオ・ハーンの、このような大変魅力的で受けのよい感覚的かつ詩的・文学的な神道論に対して、メーソンの神道論は確かに理屈っぽくとても硬い印象を与える。また読者の側にもそれを咀嚼する理性と根気が要求される。しかし、メーソンの論理と記述を最後まで読み通した時、これまた「見事な洞察」である、という感慨に浸される。それは、ハーンの感覚的神道論とは対極にある感動である。

J・W・T・メーソンの生成論的神道論

その理論的・哲学的神道論は、どのような論理構造で展開されるのか？ その枠組みは目次に示されている。

序
第一章　神道の創造的精神
第二章　歴史と天
第三章　神道における死
第四章　禊と悪
第五章　象徴と人格
第六章　天は全能ならず
第七章　アラミタマとニギミタマ
第八章　神霊の国作り
第九章　個性と統一
第十章　天の優位性

第十一章　霊的祖先
第十二章　神道と進歩

『神道神話の精神』の巻頭には「日本の人々に捧ぐ」という献辞が記され、「序」は「神道神話の原初の作者たちは、分析家でも知識人でもなかった。彼らは新しい考えや進歩に関心を持つ大胆な活動家たちだった。人間関係や宇宙について思索した結果ではなく、潜在意識から湧き上がる実在の直観や内なる知識を物語にすることによって、彼らは生の根本概念を口承の形で表した。こうした直観的で精神的《スピリチュアル》な実在の理解と遠い昔の歴史的な出来事に関するおぼろげな記憶が結びついて、神道神話は形成されたのである」（九頁）というメーソンの「神道神話」理解の大胆な表明から始まっている。

それでは、その「神道神話の原初の作者たち」とは誰であるか、を議論し始めれば収拾がつかないくらいに百家争鳴の侃侃諤諤の大シンポジウムになりそうで、しかもそれらの原初の作者たちが「分析家でも知識人」でもなく「新しい考えや進歩に関心を持つ大胆な活動家たちだった」という主張にも賛否両論・反論続出が予想される。巻頭からそれほどポレミックな神道論をズバズバとフルスイングするのは、メーソン流の神道愛であり、神道讃美である。この大胆不敵な、「論敵」を恐れることのない言説は、生成論的神道論者に特徴的に見られる傾向であるが（私もその系流に属すると自認している）、中でも次の指摘は重要である。

> 神話の作者たちが知的に分析することの少なければ少ないほど、合理的かつ厳密であろうとする関心が少なければ少ないほど、潜在意識的な知識はより自然に、自発的に表面化する。恣意的な自覚意識が内面から流れ出る知識の泉を分析しようとすればするほど、結果はより作為的になる。だが、自

覚意識が先入観にとらわれることなく柔軟性を保っていれば、知性はより潜在意識的な意味に共鳴し、神話の意図を理解できるようになる。しかし、神話の作者が論理の正確さを実現しようとする自覚意識的な努力は、真理の流れを妨げてしまう。

神話の中には自覚意識の影響をより強く受けているものもあるが、神道の神話はこの点で比較的純粋である。それは日本人が自覚意識や自己表現を重点的に発達させてこなかったためである。日本人は環境や内面の働きに対する直接の反応により多く依拠してきた。そのため古代の神道の伝承は、中世や現代におけるさまざまな変化や影響の下に本来の意味を埋没させることがなかったのである。神話は過去幾世紀となく同じ形で今日もなお存在している。従って、伝承の内なる意味を求めることによって日本人の原始的心性《メンタリティ》に触れることができる。原始的とは、自覚意識的には未発達であるが、深遠な潜在意識的行動力と探求心を有するという意味である。

（九―一〇頁）

メーソンは、「神話的思考」の根幹にある「心性」のありようや「潜在意識」のはたらきを制度論的にではなく、生成論的に捉えている。そしてそれを基礎に超高速でこの「神道神話」論を展開し切る。そもそも神話を理解できる心とは何なのか、それ自体をメーソンは問題にする。それは「知性」でも「論理の正確さ」でも「自覚意識」でもない。むしろその反対に、それは「作為」を離れた無意識のはたらきとしてうごめく「潜在意識」的ダイナミズムである。そしてそれこそが、アンリ・ベルクソンの主張する「生命の躍動（エラン・ヴィタール）」に棹差す源泉である。

神道神話に登場するすべてのものが太古の日本人にとって有意義であった。そうでなければ、受け継がれてきた伝統の一部を形成するほど長く存続することはなかっただろう。しかし、われわれは原始的心性を見下すような偏見に満ちた自覚意識をもって神話に接するから、その意味が分からないのである。神道神話の精神を探求するには、真摯でなければならない。すなわち、より優れた心性を持つ者としてではなく、むしろ潜在意識が自己を現実世界に適応させるために獲得した生命と宇宙に関する知識を探し求める者として臨むべきである。伝説というのは、原作者にとっては理にかなった正常なものと思われていたことを常に忘れてはならない。

しかし、その探求には特別な困難が伴う。なぜなら神道の神話は生命の精神的解釈と日本文化の起源の歴史が結びついているからである。神話の中で名前が挙げられる人物はしばしば錯綜したいくつもの意味を持ち、それぞれが相互に独立している。二重人格は現代心理学で周知の事実であり、現実生活における二重人格は、当面の間どちらの人格が優勢であっても、その行動はつじつまが合う。けれども神道神話では、一個人の中に三重人格、四重人格が存在するため、ある人格が別の人格に入り込んでくるような物語では、行動が複雑化する。一つの行動が精神的と物質的の両方の意味を持つかもしれず、天気模様と同時に農業への影響、さらには部族間の争いを象徴するかもしれない。火を水で消すこと、征服を果たした英雄、海上の遠征、あるいは鉄の発見を表すものとして刀剣が用いられるかもしれない。原始的な生命観の洞察を深めるには、このような重なり合った意味を丁寧に分離していく必要がある。

（一〇 - 一一頁）

メーソンの言説は熱い。哲学者として大胆ではあってもかなり慎重なベルクソンとは異なり、ジャーナリスティックな「箴言」に近い言説を多く含み、その明確かつ大胆で直截的な物言いは多くの読者を魅了した。たとえば、上記の引用中には「神道神話」に登場する神々や英雄（「一個人」）が「三重人格」や「四重人格」ともいえる多重人格者であることが指摘されているが、これは大国主神が五種類の神名の異称を持つことを考えれば、あながち不思議なことではない。

また、上記引用中の「潜在意識が自己を現実世界に適応させるために獲得した生命と宇宙に関する知識を探し求める者として臨むべきである。伝説というのは、原作者にとっては理にかなった正常なものと思われていた」という表現などは、ニューエイジ的な言説の先駆であるといえるほどだ。実際、「神道神話の精神」の探求者は、「生命と宇宙に関する知識を探し求める者」であるという捉え方など、ニューエイジの源泉の一つである「神智学（Theosophy）」に酷似する。また、「伝説」が原始的心性の遺物などではなく「理にかなった正常なものと思われていた」との見解も見過ごしてはならないところである。

さて、紙幅の関係もあるので、本解説では「序」と次の「第一章　神道の創造的精神」の中の「宇宙の神性」と「ムスビ」についての一節にコメントすることにとどめ、読者にはとにかく虚心坦懐に本書を全読していただきたいと熱望する。メーソンは言う。

一般的に用いられるDeityやGodという語は、人間と神霊、また物質と神霊の隔絶を暗示する。通常の神学的意味では、それは二元論のみならず、しばしば三元論的な実在観につながる。すなわち、第一に宇宙から懸け離れて存在する神霊、第二にさまざまな過程によって神性の要素を獲得することもあれば拒否することもできる人間、第三に神性を所有することから永久に除外された自然界、物質および動物である。

神道にはそのような意味はない。従って、カミやミコトをいかなる外国語に翻訳することも不適切なのである。神道は、生物・無生物を問わずあらゆる形態の物質的存在と神霊との間に、何らの区別も認めない。すべては神性であるということが、神道の文字通りの意味である。シントウは日本語でカミノミチと読む中国語の表意文字（漢字）を発音したもので、カミの神聖な道を意味する。この言葉自体は、元の日本語であるカミナガラノミチの短縮形であり、あるがまま、またはいかようにあってもそれはカミの神聖な道であることを意味する。さらに簡潔に表現すれば、一切は神霊である。森羅万象は、神霊の進化が物質的形態をとったものである。

天上の神霊と物質的存在のいずれも神道にとってはカミである。神道によれば、天上の神霊は非物質性から出現し物質的形態へと進化するが、その過程で自己の神性を失うことはない。それは人間が人間性を失わないのと同じである。祖先を根絶することができない以上、カミあるいはミコトでないものは何も存在しない。天上の神霊は万物の始祖であり、本源である。神道神話の物語が進むにつれて、いかにあらゆる生命や自然界にカミもしくはそれに代わる語であるミコトの称号が与えられているかが分かるだろう。カミやミコトは、寓意表現でも比喩表現でもなく、むしろ神道の礎の一つを成すものである。この事実を理解しなければ、神道の一貫性はなくなり、その霊性的な意味も失われる。カミという言葉には神道で表現された最初の思想が含まれるため、神話がその意義を全面的に展開するに当たって、この言葉が何よりも重要であることを心に留めておかねばならない。

現代の思潮は、太古の時代に人間が直接かつ潜在意識的な知識において宇宙の霊性を自明の理として受け入れていたことを知らずに、古神道の考えに回帰しつつある。（一九－二〇頁）

「分ける」ということが知ないし知性の核心であるとすれば、神道の核心にあるものはその対極のはたらきである「むすひ（生成）」である。「無常」は生成状態が解体していくプロセスを焦点化した概念であるから、そしてそこからの執着を解きほぐす智慧の勧めであるから、その意味では神道的「むすひ」と仏教的「むじょう」とは対照的な焦点化のアングルを持つ。

生成の過程に、「エラン・ヴィタール」にも似た、あらゆる要素や分子が一挙に結び付けられ融合し変容するダイナミズムがあるとすれば、ハーンの言う「永遠なる消滅《エターナル・ヴァニッシング》」に目を凝らす仏教は解体し分けられていく過程を分析する冷静かつ冷徹なまなざしを持っている。そしてそれは、「無我」や「空」など否定性の楔を打ち込む思考の屈折を巧みに利用して、物事の生起の陰影を余すところなく解析して提示する「科学《スキエンティア》（Scientia, Science）」との共通性も含んでいる。

それに対して、「むすひ」を焦点化した神道の思想性は、メーソンによれば、「現代の思潮」が迫ろうとしている哲学的概念を先取りしているように見える。それは、メーソンと同時代のベルクソンの哲学、とりわけ、「創造的進化」の「生命の飛躍」の概念であり、さらに敷衍して言えば、ドゥルーズの「リゾーム」やガタリの「三つのエコロジー」の概念であり、量子力学の波動性と粒子性の概念である。『古事記』における「むすひ」のちからとはたらきをメーソンは次のように述べている。

神道神話は創造というものを、宇宙の外に存在し働く神が独立した行為として物質や生命を生み出すことだとは考えていない。神道にはそのような神は存在しない。神道における創造とは、天から外界へと非物質性を具現化する神霊の力、エネルギー、衝動であり、多様な活動形態を発展させ、無数の方法で表現される。それは自己創造的な動きであり、その原動力は天の霊として拡張しながら自らを個性化する。あたかも太陽光線が多方向に進みながら同一であるように、個性化する一方で中心となる本源は保持されるのである。

現代の思潮傾向に極めて近いこうした神道の概念は、『古事記』においてアメノミナカヌシノカミと共に造化三神を成す二柱の天つ神の名によって示されている。すなわち、タカミムスビノカミ（高御産巣日神）とカミムスビノカミ（神産巣日神）である。二神の名で根幹かつ共通の部分は「ムスビ」

であり、これは神道において最も啓発的な言葉である。古代の世界におけるほかのいかなる神話にも、同様の表現は見つからない。あらゆる原始的概念の中で唯一無二のものである。ムスビは通常、musu（ムス〔生む〕、producing）とbi（ビ〔驚くべき〕、wondrous）として翻訳される。（中略）

ムスビは自然界に内在するものであり、切り離されて存在する創造力ではないということの事実こそが、神道に自己創造性という特質をもたらしている。"producing（生成する）"と訳されるムスビの真の意味は、自己生産的、自己発展的、自己成長的、自己創造的ということである。ムスビは自己努力の原動力であり、日本人の性格形成や日本民族の発展に根本的な役割を果たしてきた。ムスビは、宇宙と全生命をつくるという行為により被造物から隔絶している創造主としての支配的な神とは正反対である。創造的精神が自己を拡張し、宇宙およびそれが包含する万物になることをムスビは意味している。そのため、物質と生命の進化とは、ムスビの原動力による神霊の自己進化である。それは別個の力によって導かれた進化ではなく、物質的形態をとった神霊の展開なのである。神霊は自己の活動や行為の自発性から生じる新しい方法や状況の下、自らの努力によって伸びゆこうとする。

伝承の原初にさかのぼるこのムスビの概念は、神道において今日まで続いている。（二六－八頁）

「むすひ」（メーソンは「ムスビ（musubi）」と表記）を「自己創造性」と捉えるメーソンは、「むすひ」の語を内包する二神、すなわち「たかみむすひ（高御産巣日・高皇産霊）」と「かみむすひ（神御産巣日・神皇産霊）」を、知的かつ人間的過程としての自己創造性と、動物や植物に進化し変容する生命的で非知的な自己創造性との対称として位置付け、その相補的ダイナミズムを強調する。これを、ベルクソン哲学を媒介にして「神話」と「現代の思潮」をブリッジさせるメーソンが今現在に生きているならば、波動性と粒子性という二重性を持つ量子力学理論との相似構造として強調するであろう。

メーソンの生成論的神道論とベルクソンの「創造的進化」と「エラン・ヴィタール」

言うまでもなく、メーソンが説く「現代の思潮」の代表者はアンリ・ベルクソンである。ベルクソンは、生命の本質を「エラン・ヴィタール（生の飛躍・躍動）」と捉え、生命の進化の壮大なダイナミズムを『創造的進化』（一九〇七年）で打ち出し、後にノーベル文学賞（一九二七年）を受賞している。

本書に収録したメーソンのベルクソン哲学についての講演録（「ベルクソンと神道」一九三九年十月十八日、東京・学士会館）の中で、メーソンはスペンサーの社会進化論やその根底にある機械論的思考に対して、ベルクソンが「時間」と「持続」に注目して思索を深め、『時間と自由』を著し、生命が「選択の自由」を持つことに着目して次のように講演を展開する。

この時間という要素がベルクソンの天才性を刺激しました。彼は弱冠二十四歳の時に、科学や哲学の機械論的原理が時間の要素を無視していることに疑問を抱き始めます。そして、その後の五年間で独自の哲学を発展させ、最初の著書『時間と自由』を出版しました。ベルクソンは、生命の哲学には時間が組み込まれなければならないと考えたのでした。また、時間が真に存在するならば、それには意味があるに違いないと思ったのです。この出発点から、ベルクソンは生命が機械論的なものではないという考えを展開していきます。人間の心は、あらかじめ用意された結果を空にするだけの機械ではありません。生命は創造的であるとベルクソンは言います。つまり、生命は全く新しいものを生み出す能力があるということです。かつて存在しなかったものを生み出せるのです。生命は自ら原因を創造します。過去の条件に完全に依存しているわけではありません。生命には自由があります。すなわち、選択の自由があるのです。

もし何をするかを選択する自由が人間にあるとすれば、時間は必要となります。未来があらかじめ知り得ない要素を含んでいるならば、その未知のものを出現させるために時間は不可欠です。以前の原因がない全く新しい概念にある部分において依存するアイデアや創作物を生み出すためには、時間が用いられなければなりません。ベルクソンは、この創造的な力としての時間に「持続」という名称を与えました。持続と創造性は同じです。ベルクソンによれば、持続とは創造的なものの永遠の流れです。

生命を自己創造的な方法で前進させる力を、ベルクソンはエラン・ヴィタール（élan vital、生命の飛躍）と呼びました。ベルクソンの哲学におけるエラン・ヴィタールは、活動に向かいます。それは創造的行為、つまり未決定な活動の多様性を求めています。この目的のために、エラン・ヴィタールは知性を進化させるのです。ベルクソンによれば、知性とは生命が活動を拡充するために発展させる方法です。知性は物質的な宇宙と調和しています。活動するためには、知性は活動が起こるように物質を部分に分割する必要があります。心の知的過程によってなされるそのような分割がなければ、個々の活動に従事することはできません。

しかし、持続そのものは分割不可能です。生命の根底にある実在は絶え間なく流れています。従って、知性は実在を洞察することはできません。知性は調査するために分割しますが、持続すなわち創造性は分割できないのです。宇宙の実在というものを理解するためには、知的な検討方法を放棄しなければならないとベルクソンは明言しています。私たちは持続という永遠の流れの中に入り込み、そこで創造性を観察する必要があるのです。これは直観を通じて行われる非常に難しい過程です。

（三三五－六頁）

メーソンは、ここで、分割可能なものと分割不可能なものについて言及している。知性は分割可能性を推進する。そして、分析し「調査するために分割する」。しかし、「持続＝創造性」は「分割できない」と指摘する。「宇宙の実在というものを理解するためには、知的な検討方法を放棄しなければならない」のだと。そして、「持続という永遠の流れの中に入り込み、そこで創造性を観察する必要」がある、と。

メーソンはこの生命の創造的進化と時間の持続と「永遠の流れ」を「神道神話の精神」の核心として洞察した。そして、こう講演をつづける。

数千年前に原始的な日本人の間で発展した古神道には、ベルクソン哲学との驚くべき類似性があります。事実、神道はエラン・ヴィタールの哲学と同じ原理を持っているように思われます。神道神話の冒頭には、タカミムスビノカミ（高御産巣日神）とカミムスビノカミ（神産巣日神）という二柱の神様が登場します。これらの名前にあるムスビという言葉は、自己努力、自己成長、自己発展を意味しています。重点が置かれているのは、自己が活動的な力であるということです。すなわち、人生の結果を生み出す機械は存在しません。活動的な力は自己の力です。これが意味するものは、ベルクソンの創造性の概念と同じです。

神道にも、個人主義や自己中心性が限界まで拡大されると極端なエゴイズムに陥るというベルクソンが重視した事実への理解はあります。神道神話はこうした傾向を、思慮を包括する神を意味するオモイカネノカミ（思金神・思兼神）という名の神様を描くことで乗り越えています。つまり、神道では個人主義を調整し、すべての思考を一つの結果にまとめることの必要性が重んじられているのです。さらに神道神話では、ムスビの神の一柱であるタカミムスビノカミに、統合の神を意味するタカギノカミ（高木神）という別名が与えられています。このように、神道は個人主義が行き過ぎて協調的な努力を損なう前にそれを抑制しなければならないことを極めて注意深く強調しているのです。

　また神道は、ベルクソンのエラン・ヴィタールの分析のように、死を最大の災厄と見なしています。神道は死を忌避し、根本的な関心を生命の拡充と創造的活動に注いでいます。

　神道は神話を用いて思想を表現し、太古の日本人は神道神話を通じて個人主義的な領域を超えた概念を発展させることができました。これらの神話には確かに、生の実在性に関する真理がいまだ発見されずに残っています。ベルクソンの研究は、神道が包含する存在の大いなる意味をより深く理解することにつながるといえるかもしれません。そのため、今夜私たちが日本でベルクソンの八十歳の誕生日を祝うために集まったのは、特にふさわしいことです。ベルクソンの天才性は、生命の根本原理についての洞察を私たちにもたらしてくれました。ベルクソンは幸運にも、生命の創造力という自らの発見が科学的研究によって証明されたことを生きて確かめることができました。というのも、今日の科学はもはや機械論的な宇宙を信じておらず、創造性が至るところに存在するという理解に向かって進んでいるからです。（三三七－八頁）

「神道神話」の「ムスビ」をこのように大胆にベルクソン哲学と結び付けたことには当時から批判があった。そのことは、本書附録に置いた同時代のメーソン評価を読んでいただきたい。

　メーソンの神道論がベルクソン哲学の受け売りだと批評する論者に対して、先に引用した井上哲次郎は前掲同エッセイの中で、「メーソン氏は精神主義と審美主義と実用主義との三者を合せて社会文化を解釈するのである。社会文化の最も尊い所はこの三者を合せてこれを統一するにあると、こう見たのである。西洋は実用主義に最も長じている。印度は最も精神主義に長じている。そして支那は最も審美主義に長じている。しかし、何れもそれ等一方に偏し過ぎた為めに多大の犠牲を払ったような次第である。唯、日本はこの三者を合せて一種特色ある文化を創造し目ざましき発展を遂げつつあるのである。このような調和し難い三方面をよく調和して、文化発展を遂げつつある国民は外には無くして世界に於て唯、日本あるのみである。そして日本文化の根本は神道であるから、日本の創造的文化は神道の特有の性質から来たものである。こう言う風に考えたのはメーソン氏であって決してベルグソンではない。ベルグソンは日本に対して何等特別の知識を有している人ではない。尤もメーソン氏の今言ったような主張はいろいろ批評すべきことがある。それを批評するのは差支えないけれども、メーソン氏の哲学は悉くベルグソンの請売であると言うように批評するのは抑々メーソン氏の立場をよく理解しないところから来るので、寧ろそう言う批評をする人は自ら深く反省すべきであろうと思う」と擁護している。

また、國學院大學学長も務めた神道学者の河野省三（一八八二－一九六三）も、「神道論　批判の批判　メーソン氏＝対＝溝口駒造氏を評す」の中で、「メーソン氏の神道論が、溝口氏の細説された通り、ベルグソン哲学を背景としていることは氏自身も又氏の所説を聴いた人たちも皆等しく認めている点である。余は氏の体験とその長年月の東洋研究が、ベルグソン哲学と同化したればこそ、氏の神道論が成立ち、而もその神道論に一面の真実が有り相当の価値があるものだと考えている。併しそれは神道精神の一面観でもあり、亦ここに問題とする点でもない。／問題は明尊氏がベルグソン哲学の包装を以て神道論を飾っておることを咎めるよりもヘーゲルやフィヒテやオットーの哲学で神道を包装すると、直ぐ活きた神道論、現代に適した神道論、斯くあらねばならぬ神道論としてこれを歓迎しこれに随喜する従来の神道界や一部の日本人への傾向に警告を与える方が意義があるかも知れない。併しながらどんな包装でも持って来るがよい。仏教や儒教について既に多くの経験を持っている日本人である。殊にシックリ合った包装ならば、一度被せてみるもよし、又それをシックリ合うような包装にしてもよい。元来が純な神道だから、あまり遠慮には及ばぬ。要は日本人自身が神道の本質に就いて常に忠実に之を認識し、勇敢に之を進展させて行くことに在る。創造的な力に富んで、而も純真な内容を有する魂はとかく多くの包装を取替え往々にして包装しつつある本体自身を忘れることがある」（『読売新聞』一九三二年八月十三日付）と鷹揚に擁護的批評を加えている。

このような一時代の歴史的評価を踏まえるとしても、今ふたたび、虚心坦懐に神道を考えていこうとする時、このメーソンの指摘とその核心にある思考をもう一度根本から再吟味しなければならない。その時、ベルクソン哲学が現代思想や現代哲学の諸問題を考え抜いていく際に必読文献になるように、本書は、現代に神道を再興する時の必読文献になる、と私は強調したいのである。

ベルクソンの神秘主義論『道徳と宗教の二源泉』（一九三二年）のメッセージ

アンリ・ベルクソンは七十三歳にして最後の主著といえる『道徳と宗教の二源泉』（一九三二年）を上梓する。そこで、ベルクソンは、宗教と神について大胆に斬り込み、「閉じた道徳」と「開いた道徳」、「静的宗教《スタティック》」と「動的宗教《ダイナミック》」を切り分けた。

「閉じた道徳」とは、いわゆる生活習慣や常識としての社会道徳で、「静的宗教」がそれを神話的物語として支える。たとえば、悪を為せば神仏や諸霊に罰せられたり、祟りが起こったりして、地獄に堕ちるという思考や物語である。

それに対して、「開いた道徳」、すなわち「動的宗教」には「愛の飛躍《アムール》（エラン・ダムール）」がある。イエスにもブッダにも孔子にもマザーテレサにも中村哲にもそのような根源的な衝迫があるといえるだろう。

このような「開いた道徳」と「動的宗教」のはたらき、展開していく社会は「開いた社会」であるとべルクソンは主張し、そのような「愛の飛躍」を生き、「開いた道徳」の実践者が「神秘家」であり、「神秘家」の宗教こそが「動的宗教」だと言うのである。

ルドルフ・シュタイナーは『いかにして超感覚的世界の認識を獲得するか』（原著一九〇九年）の中で「神秘学徒」になる子どもは「畏敬の念」を持っていると指摘したが、ベルクソンは「神秘家」になる人は「自分を引き込んでいく奔流に、魂の深いところで揺さぶられて」生きると述べている。神秘家は「輪をなして支えあうようにさせている法則から一瞬離脱」し、「自分に語りかける声を聞いたかのように、立ち止まる」り、「魂は身を任せ、真っ直ぐに運ばれていく」者たちである。これはおそらくすべての「預言者」についていえる言葉であろう（『道徳と宗教の二源泉』第三章）。また神秘家は、「神に対しては受動的で、人々に対しては能動的に関わる、神の協働者」である。その神秘家はビジョンを見る。「すると、巨大な歓喜が押し寄せる。魂が呑み込まれる恍惚、脱魂である。神ここに在し、いま《いま》や魂は神のうちにある。もはや神秘はない。すべての問題は消滅し、暗さは霧消する。これが照明である」

このように、「神秘家」や「神秘主義」を「生命の飛躍」の道徳的宗教的進化形態としての「愛の飛躍」として描き出す。それが、哲学者ベルクソンの最後の主要な仕事となった。

ベルクソンがこの『道徳と宗教の二源泉』を出版したのは、一九三二年、すなわち、昭和七年であった。その前年の昭和六（一九三一）年には、満州事変が起こり、日本帝国は国際連盟を脱退してアジア侵略を推し進めてゆく。出口王仁三郎はこの「一九三一年」を「戦さの始め」と読み、同年が皇紀「二五九一年」に当たるのを「地獄の始め」と読み、警告を発したが、昭和十（一九三五）年十二月八日に治安維持法違反と不敬罪で逮捕され、大本は国家に徹底弾圧された（詳しくは、拙著『予言と言霊　出口王仁三郎と田中智学――大正十年の言語革命と世直し運動』平凡社、二〇二四年四月刊、を参照されたい）。

ベルクソン主義者といえるメーソンは、このベルクソンの哲学的遺作のメッセージをどう読みとったか？

メーソンとベルクソンは、ともに、昭和十六（一九四一）年に死去している。メーソンは日本の軍国主義や帝国主義的侵略に猛反対した。が、同年十二月八日（奇しくも第二次大本事件が勃発した日と同日）の大日本帝国の真珠湾攻撃と太平洋戦争と原爆投下とその終息を知ることなく逝った。彼らがそれ以後の世界と日本の動向を、そして今の世界情勢を知ったら、なんと言うだろうか？　その根源的で大胆不敵で真にラディカルなメッセージが聴こえてくるかのようだ。本書にもそれに通底する響きが激烈に、かつきわめて理性的に発信されている。

最後に、本書に収められている一九二六年五月二十六日付のベルクソンからメーソンに宛てた書簡に一言しておきたい。

親愛なるメーソン

フランス語で手紙を書かせてください。そのほうが楽ですし、貴兄が私たちの言語を理解していることも覚えています。まず、ご無音に打ち過ぎたことをお詫びしなければなりません。それは私の健康状態のためで、ジュネーブを発った後、思わしくないことが多かったのです。さまざまな場所へ行って種々の治療を試みなければならず、幾分消耗して疲れました。しかし、最近改善が見られたので、この機会に貴兄に手紙を書いています。

ご著書『創造的自由』を大変興味深く読みました。本書は多くの思想と事実に満ちています。本書で扱われていない哲学的、道徳的な問題はほとんどなく、個人的で有益かつ示唆に富む考察が見いだされます。またこれらの見解はいずれも、本書を統合する「創造的原動力（Creative impetus）」と「純粋精神（Pure Spirit）」という概念を中心にまとめられています。ここにあるのは、ハーバート・スペンサーとは正反対の進化論です。すなわち創造と発展の精神的原理による現実の再構成であり、もはや機械論的に配列し、乱し、再配列するような既成の要素による物事の再構成ではありません。体調が良くなったらもっと詳しく私の意見をお伝えしようと思いますが、今のところは貴兄の努力と成果に対して賛辞を贈るにとどめておきます。（二八五－六頁）

この書簡は、メーソンの著書『創造的自由（*Creative Freedom*）』（一九二六年）に対する礼状である。ここで、ベルクソンは、メーソンの著作の中心概念が「創造的原動力（Creative impetus）」と「純粋精神（Pure Spirit）」であると指摘しているが、それは自身の哲学的概念である「創造的進化」と「純粋持続」を念頭に置いたコメントであろう。遡って言えば、近代哲学は、カントの「純粋理性」批判を挙げるまでもなく、「純粋」な知のありように多大な思索と言説を費やし遺した。ヘーゲルの「絶対知」も、西田幾多郎の「純粋意識」もそうである。

メーソンがそのような「純粋」概念の哲学的探求の延長線上に「純粋精神（Pure Spirit）」を持ち出していることは明白であるが、しかし、「純粋」哲学はみな臨界域に突入して身動きが取れなくなる。ベルクソンもメーソンもそのことに気づいていたからこそ、「創造的進化」や「創造的原動力」や“musubi”の生成論的ダイナミズムに目を向けたのである。今、混迷するこの世界と自己の混乱や錯乱や破局の中で、目を向けるべきは「唯一絶対」でも「純粋」でもなく、「創造的進化」や「創造的原動力」や「むすひ」であろう。

本書『神道神話の精神』は、外国人の書いた神道研究や神話研究として、『古事記』上巻について、天地開闢から神武天皇生誕までの物語を丁寧に辿りながら一貫した体系的な解釈を加えたユニークな著作であり、外国人神道研究家がそれを成し遂げたことに驚かされる。
しかもこの著作が、本居宣長の『古事記伝』のような註釈の付け方、つまり綿密周到な逐語的語釈ではなく、「神道神話」の核心を成す中心概念に論理を収斂させていく思想解釈として哲学的に考察し、明確な一貫性と体系性を持って神代巻の全体を網羅しているところに特色があることに襟を正される思いとなる。そして、今なお新鮮な問いの命題とそこから浮かび上がってくる生成論的神道のダイナミックなイメージとメッセージに、多大な示唆と勇気を与えられるのである。

神の道　辿りしすゑの　夕まぐれ
飛ぶ鳥明日香に　消えてゆくらむ

かけまくも　かしこき夜半の　裂くいかづち
この世のよどみ　祓ひきよめん

ひのもとは　あめつちかみひと　やほよろづ
いのちのうみに　うかぶまほろば

訳者あとがき

本書は、J・W・T・メーソンが一九三九年に原著を発表した『神道神話の精神（*The Spirit of Shinto Mythology*）』の八十五年ぶりとなる新訳である。

戦前に神道を研究した米国人ジャーナリストのメーソンは、一九三二年から八年間に三度日本を訪れており、最後の来日中に出版された本書は三十年以上に及ぶ神道研究の集大成ともいえる。日本語版が出た翌年の一九四一年にメーソンは六十二歳で世を去ったため、本書は遺作となる。

メーソンの著書には次のようなものがある。

『創造的自由（*Creative Freedom*）』（原著、ハーパー・アンド・ブラザーズ、一九二六年、未訳）

『創造の東洋（*The Creative East*）』（原著、ジョン・マレー、一九二八年／真渓龍三訳、中外出版、一九二八年／『東洋の叡智』と改題、原谷一郎訳、経済往来社、一九七五年）

『神ながらの道（*The Meaning of Shinto*）』（今岡信一良訳、冨山房、一九三三年／原著、E・P・ダットン、一九三五年／新版、たま出版、一九八〇年、一九八九年／『神道の本義』と改題し現代語訳復刻、冨山房インターナショ

ナル、二〇一九年）
『創造の日本』（鹿野久恒編、大東出版社、一九三四年）
『神道眼で観た欧米』（小谷徳水訳、立命館出版部、一九三五年）
『神道神話の精神（*The Spirit of Shinto Mythology*）』（原著、冨山房、一九三九年／今岡信一良訳、冨山房、一九四〇年／『神話学名著選集15』に復刻、ゆまに書房、二〇〇五年）

太古から現代に至る神道を論じ、戦後も新版や現代語訳が出て読み継がれている代表的著作『神ながらの道』（『神道の本義』）に比して、神道神話を独創的に解釈し、太平洋戦争開戦の前年に刊行された本書はさほど知られていない。しかし、神道の根本に創造的精神や普遍的霊性、民主主義の思想を見ていたメーソンの自由で柔軟な神話論は時代を超えたメッセージを秘めているのではないかとの思いから、新たな翻訳を試みた。

メーソンの神道研究を初来日から献身的に支えた今岡信一良氏（一八八一－一九八八）の格調高い名訳には遠く及ばないが、できるだけ平易な訳を心がけ、また『古事記』『日本書紀』の引用にも訓み下し文と現代語訳を併記して理解の一助とした。

日本語を解さなかったメーソンは、当時の英語文献に依拠して神道神話を研究している。そのため、誤認識や今日の定説と異なる点も散見されるが、ラフカディオ・ハーン（小泉八雲）と並び称され神道を共感的に捉えた数少ない西洋人の一人であるメーソンが、日本人にも珍しいほどの熱意を傾けて神道神話の全体を哲学的・思想的に読み解いたところに本書の独自性がある。

附録として、フランスの哲学者アンリ・ベルクソン（一八五九－一九四一）からメーソンへの書簡（二十通）とメーソンのベルクソン訪問記（六編）、およびメーソンの講演録「ベルクソンと神道」（いずれも米国コロンビア大学C・V・スター東亜図書館所蔵）を収録した。

ベルクソンは自ら公にしたもの以外の出版を遺言で禁じていたが、時の経過に伴い、既にベルクソンはプラトンやデカルト、ヘーゲルなどの哲学者と同様の歴史的存在、すなわち考証学的研究の対象になったとの見地から、小論集や講義録などが次々と公刊されるようになった。二〇〇二年にはベルクソンが書き送った約千八百通の手紙を収める『書簡集』（*Correspondances*）』、二〇二四年には約千通を収める『書簡集II』がフランスで出版され、メーソン宛も計十一通収録されている。こうした趨勢を踏まえ、メーソンを通じた神道との関わりなどベルクソンの知られざる一面に光を当てることは哲学・宗教研究の観点からも意義があるものと判断し、本書に収めることにした。書簡のうち十五通はフランス語、五通は英語で、いずれも手書きの原資料を解読して訳出した。メーソンからベルクソンに宛てた書簡は、パリの図書館に一部保管されているが、未見であり、収録はかなわなかった。

なお、メーソンはエディス夫人と共にパリのベルクソン家を幾度も訪問し、詳細な対話の記録を英文で残したが、ベルクソンの意を汲んで生前に公表することはなかった。この訪問の記録も、両者の交流を示す思想史的価値を持つ資料として訳出し収めた。講演録は一九三九年十月十八日に東京の学士会館で開かれたベルクソンの第八十回誕辰祝賀会でのものであり、メーソンと通訳した今岡信一良氏がそれぞれ持っていた英文原稿を訳出している。

出版に際しては多くの方々にお世話になった。本書を新たな形で現代によみがえらせてくださった作品社の髙木有氏、福田隆雄氏に心から御礼を申し上げたい。また、企画段階からご病身をいとわず多大なお力添えをいただき、解説をご執筆くださった鎌田東二先生に限りない感謝と敬意を表したい。学生の頃に先生のご著書『宗教と霊性』を通じてメーソンを知ったことが、本書の原点になっている。
新訳をご了承いただいた原著の版元・冨山房インターナショナル、訪問時を含め種々ご高配をいただいたコロンビア大学C・V・スター東亜図書館の関係者各位、御祖父様所蔵の貴重なメーソンの資料をご提供くださった今岡信一良氏のご令孫・今岡迪郎氏にも深く感謝申し上げる。

二〇二四年九月

高橋ゆかり

著者＊J・W・T・メーソン（Joseph Warren Teets Mason）
一八七九年、米国ニューヨーク州ニューバーグ生まれ。ニューヨーク市立大学に学び、一八九九年に渡英。スクリップス・マクレー通信社、UP通信社を経て、英紙『デイリー・エクスプレス』のニューヨーク特派員となる。約三十年にわたって神道を研究し、一九三二年から一九四〇年の間に三度来日する。一九四一年、ニューヨークで死去。遺言により日本に遺骨が運ばれ、東京の多磨霊園に墓所がある。著書に『創造的自由』『創造の東洋』『神ながらの道』など。大英帝国勲章（オフィサー・OBE、一九二〇年）、勲四等旭日小綬章（一九三四年）受章。

監修・解説者＊**鎌田東二**（かまた・とうじ）

一九五一年生まれ。國學院大學文学部哲学科卒。同大学院神道学専攻博士課程単位取得中途退学。岡山大学大学院医歯学総合研究科社会環境生命科学専攻博士課程単位取得中途退学。宗教哲学・民俗学。博士（文学）。京都大学名誉教授。天理大学客員教授。石笛・横笛・法螺貝奏者。神仏習合諸宗共働フリーランス神主・神道ソングライター・ガン遊詩人。著作に『神界のフィールドワーク』『神道のスピリチュアリティ』『宗教と霊性』『悲嘆とケアの神話論――須佐之男と大国主』など。

訳者＊**高橋ゆかり**（たかはし・ゆかり）

一九七六年生まれ。宗教専門紙記者を十二年務めた後、通信社、放送局、出版社などで翻訳・編集業務に従事。

新訳　神道神話の精神

二〇二五年一月二十日　初版第一刷印刷
二〇二五年一月二十五日　初版第一刷発行

著者　J・W・T・メーソン
監修・解説者　鎌田東二
訳者　高橋ゆかり

発行者　福田隆雄
発行所　株式会社作品社
〒一〇二‐〇〇七二　東京都千代田区飯田橋二‐七‐四
電話　〇三‐三二六二‐九七五三
ファクス　〇三‐三二六二‐九七五七
振替口座　〇〇一六〇‐三‐二七一八三
ウェブサイト　https://www.sakuhinsha.com

装幀　伊勢功治
本文組版　大友哲郎
印刷・製本　シナノ印刷株式会社

Printed in Japan
ISBN978-4-86793-068-7　C0014

第二版［増補改訂版］

イエスという男

田川建三

イエスはキリスト教の先駆者ではない、歴史の先駆者である。イエスをキリスト教の呪縛から解き放ち、歴史の本質を担ったひとりの逆説的反逆者として捉えた、画期的名著の増補新版。

田川建三 訳著

新約聖書 訳と註

全7巻［全8冊］

子安宣邦
神と霊魂
日本人にとって、神と霊魂とは何か？
なぜ、“カミ”と呼ぶのか？
著者のライフワーク！

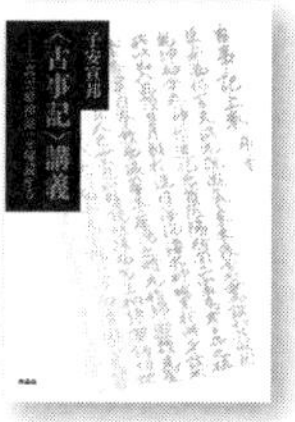

子安宣邦
〈古事記〉講義